Günter Matthes · Menschen, Macht und Meinung

Argon

Günter Matthes

Menschen, Macht und Meinung

Betrachtungen eines Journalisten aus vier Jahrzehnten

Mit einem Vorwort von Jürgen Engert

Argon

Zur Person

Günter Matthes, geb. 31.12.1920 in Leipzig als Sohn eines Beamten. Dort 1939 Abitur am humanistischen König-Albert-Gymnasium. Arbeits- und Wehrdienst 1939-1946, ab 1944 als Adjutant einer schweren Flakabteilung. Unterbrechung 1940 durch zwei Trimester Jurastudium an der Universität Leipzig. 1946 Entlassung aus britischer Gefangenschaft nach Berlin. Heirat mit Else geb. Rösner. Seit 1948 Journalist beim Berliner »Kurier«, von 1951 an als Ressortleiter des Berliner Teils. Seit 1952 in gleicher Stellung beim Tagesspiegel. Von 1954 an tägliche Kolumne »Am Rande bemerkt«. Auswahlbände daraus in mehreren Auflagen von 1963-1980 (»Berliner Spitzen«). Seit 1984 Mitglied der Redaktionsleitung und des Kuratoriums der Pressestiftung Tagesspiegel. 1966 Theodor-Wolff-Preis in der Sparte »Meinung, Leitartikel, Kommentar«. 1968 Bundesverdienstkreuz 2. Klasse, 1979 (30. Jahrestag des Grundgesetzes) Bundesverdienstkreuz 1. Klasse. Zwei Söhne, geb. 1952 und 1959. Hobby: Schwimmen.

Inhalt

Sein Adressat war und ist die Leserschaft seiner Zeitung

Was haben Willy Brandt und Günter Matthes gemeinsam? Sie sind beide Konservative.

Aber was ist ein Konservativer? Wir, die Deutschen, übersetzen den Begriff mit reaktionär. Und wir haben gute Gründe dafür.

Denn: Was haben Hindenburg und Honecker gemeinsam? Sie hängten sich an das, was gestern war. Sie wollten es auf ewig verlängern. Und sie beförderten damit das, was sie verhindern wollten: die Revolution.

Der Konservative aber, dieses bei uns so seltene Exemplar, wird sich nicht hängen an das, was gestern war, er wird sich bekennen zu dem, was immer gilt.

Aber was gilt immer? Daß das Wesen der Geschichte der Wandel ist. Der Konservative redet der behutsamen Veränderung in Staat und Gesellschaft das Wort. Weil sonst der radikale Umsturz unausweichlich wird. Deshalb huldigt er nie dem Status quo als einem vermeintlichen Finale. Weil er weiß, daß der nur eine Phase in einem Ablauf sein kann, mag er auch über Jahrzehnte dauern.

Willy Brandt sagte 1987 bei der 750-Jahr-Feier Berlins: »Die Mauer hat sich von uns nicht wegrufen lassen, und doch steht sie gegen die Geschichte. Was immer diese in ihrem Schoß tragen mag, das Modell von zwei Städten in einer kann es nicht sein. Die Zukunft sollte und kann davon handeln, daß willkürliche Trennungen nicht vertieft, sondern überwunden werden.«

Günter Matthes betrachtete 1956 den Bahnhof Zoo und schrieb: »Wir freuen uns jedenfalls schon darauf, daß nach der Aufhebung der Grenzsperren die Exberliner auf dem Fernbahnsteig eintreffen, die heute am Ammersee und am Starnberger See oder sonst irgendwo an bayerischen Kaminen wehmütig vom Glanz und Ende der deutschen Hauptstadt träumen. Die Berliner träumen nicht. Sie sehen das rote

Licht am deutschen Freifahrtsignal aus allernächster Nähe. Aber sie wissen, daß am Bahnhof Zoo nicht Berlins Endstation ist.«

Vorhersagen? Nein. Gewißheiten wurden formuliert. Und daß sie wirklich bestätigt werden, ist kein Zufall. Es mußte so kommen.

Worauf ist solche Zuversicht gegründet? Für den Konservativen ist Geschichte kein Abstraktum, auch kein galoppierender Weltgeist. Sie wird von Menschen gemacht. Und die sind und bleiben relativ. Sie können sich noch so mühen, ihre Gegenwart und die von ihnen geschaffenen Einrichtungen absolut zu setzen, die Endlichkeit ist nicht zu überwinden. Dem Konservativen ist die Erkenntnis geläufig, daß er auf der Durchreise ist. Er ist verpflichtet einer Zukunft, die die seine nicht mehr sein wird und die er dennoch mitbedenkt durch verantwortliches Gestalten der Gegenwart. Er ist gebunden an die Vergangenheit, die er annimmt und für die er mit zu haften bereit ist, ganz unabhängig davon, ob er in ihr Handelnder oder Behandelter gewesen ist. Der Konservative ist ebenso gefeit gegen abgrundtiefen Pessimismus wie gegen platten Optimismus. Die beste aller Welten kann es für ihn nicht geben. Er ist kein rückwärtsgewandter Verklärer und kein vorwärts gerichteter utopischer Designer. Als Deutscher kennt er die explosive Mischung, die daraus entstehen kann. Er hat sie erlitten.

Als Willy Brandt am Denkmal für das Warschauer Ghetto die Knie vor den Toten beugte, war das keine kalkulierte Geste für die Galerie. Ein Emigrant, frei von Schuld, nicht verstrickt in das Geschehen von 1933 bis 1945, demonstrierte überpersonales Geschichtsbewußtsein. Prompt wurde er von den Ewig-Heutigen kritisiert. Günter Matthes erzählt diese unsere deutsche Geschichte immer wieder in vielen Geschichten. Er bemerkt sie am Rande und rückt sie dorthin, wo gemeinhin Haupt- und Staatsaktionen stehen: in den Mittelpunkt. Er erinnert. Nicht um eines Lernziels willen. Matthes erzählt, um zu dokumentieren, wozu der Mensch, im Guten wie im Bösen, fähig ist, was ihm zuzumuten ist, was seine Kräfte übersteigt. Wesentliches wird in Episoden verdichtet und damit augenfällig. Der Konservative mag den Menschen, er ist kein Zyniker. Matthes urteilt, und das streng, aber er verurteilt nicht. Hinrichtungen finden bei ihm nicht statt. Das verbietet sein Respekt vor dem Anderssein. Die Aktualität liefert ihm die Vorlage für den ersten Gedanken, bei dem es aber nicht bleibt. Der zweite, der dritte, der überraschende, der über den Tag hinausweisende wird dazugetan. Nicht Zustimmung wird vom Leser verlangt, nachdenken ist erwünscht.

Es gehört zum Kennzeichen des Konservativen, daß er Schulen nicht bildet. Die Vereinzelung ist sein Schicksal. Er ist und bleibt ein Unikat. Er plaziert sich nicht auf einem der vielen angebotenen, bequemen Stühle, er sitzt unbequem dazwischen. Die schrecklichen Vereinfacher und parteiischen Egoisten haben immer wieder versucht, Günter Matthes in ihre üblichen Schubfächer zu zwängen. Sie haben es nicht geschafft. Hier war einer, hier ist einer, auf den sich keiner verlassen kann. Unberechenbarkeit als Tugend. Wem heute Anerkennung zuteil wird, kann morgen schon Zielscheibe der Kritik sein. Sympathie und Antipathie trüben nicht den Blick von einem, der der Sache gerecht werden will. Und weil man ihn nicht handhabbar machen kann, hat man Günter Matthes in dieser Not das Etikett »liberal« aufgeklebt. Ein Zufallstreffer. Denn Offenheit ist ein Essential des Konservativen. Er erhebt nicht den Anspruch, für jeden und alle zu entscheiden, was ihnen zu Nutz und Frommen zu sein hat. Er ist kein Ideologe, er ist ein Ideologiekritiker.

Zugehörig einer Generation, die Vormundschaft erleiden mußte, die im Jungsein zum Altern gezwungen wurde, die Verführbarkeit erfuhr und die das Jahr 1945 als Befreiung empfand, hat Günter Matthes alle Fahnenappelle und Morgenfeiern hinter sich. Er ist allerdings immun geblieben gegenüber der Versuchung, aus den spezifischen Erlebnissen seiner Generation eine Dogmatik zu filtern. Er sah nicht von vornherein braun, wenn er rot beobachtete, bei Protestmärschen der Apo oder der Alternativen zog in seinem Geist kein Jungvolk mit, grün steht für ihn als Symbol einer Natur, die wir mit technologischem Fortschritt bedrohen, grün ist für ihn kein bloßes Segment in der politischen Farbenlehre. Vernunft als die Einsicht in die Notwendigkeit ist parteiisch nicht zu fixieren.

Das Vorurteil wird von Günter Matthes wegrecherchiert. Hören, sehen, lesen - und das ganz genau. Pflöcke werden eingeschlagen und Grenzen markiert, wo die Basis des Gemeinwesens angegriffen wird. Toleranz als allgemeine Verpflichtung, das Gewaltmonopol des Staates als Instrument besonders zum Schutz der Schwachen. Die Kehrseite: das Mißtrauen gegenüber der Macht und den Mächtigen. Günter Matthes praktiziert ein Ethos, das für Journalisten nicht selbstverständlich ist: ihr dort, ich hier. Dazwischen steht zwar keine Barrikade, aber der Trennungsstrich ist deutlich gezogen. Günter Matthes: keiner, den es in den Dunstkreis der Macht zieht. Keiner, der dazugehören möchte. Einer, der Distanz hält. Die Nähe verzerrt die Proportionen, die Ferne läßt sie deutlich hervortreten. Die Mächtigen faszinieren Günter Matthes nicht. Ihnen auf die Finger zu sehen, das allein ist wichtig. Weil mit der Macht stets die Gefahr des Mißbrauchs verbunden ist. Ansonsten: die Mächtigen sind für ihn Fixsterne. Hell leuchten sie und schnell verschwinden sie. Zeiterscheinungen. Er hat sie in langer Reihe kommen und gehen sehen. Günter Matthes hat sie vermessen. Viele wurden für zu klein befunden, an manche, zu Unrecht Vergessene, wird erinnert, wenige sind bleibende Maßstäbe. Ernst Reuter und Willy Brandt gehören dazu. Aber auch mit ihnen hat Günter Matthes keinen Dialog unter Insidern geführt. Sein Adressat war und ist die Leserschaft seiner Zeitung. Sie zu informieren, sie mit seinem Meinen zu konfrontieren, um deren eigenes Urteil zu reizen und zu schärfen, unter diesem selbstgewählten Gesetz ist Günter Matthes angetreten und ihm ist er treu geblieben.

Günter Matthes ist aus Sachsen gebürtig. Theodor Fontane, der sich als Apotheker sowohl in Dresden als auch in Leipzig umtat, hat bei diesem Volksstamm zwei Typen ausgemacht: den Gemütlichen, den Kaffeesachsen, und den Nervösen, den, der sich mit jedem über das Schnupftuch schießt. Als jahrzehntelanger Leser von »Am Rande bemerkt« meine ich, es gibt auch eine Mischung aus beiden. Die Spezies Matthes. Günter Matthes mag die Idylle. Und die beschreibt er. Dort läßt er die Seele baumeln. In Maßen. Nervöse Kontemplation. Auch das ist sächsisch: stetes Bedenken des Nutzeffekts. Was lehrt uns das Schlagen der Nachtigall? In jedem Sachsen steckt ein Pädagoge. Die Lektionen aber kommen nicht im Stakkato daher. Der Sachse nähert sich der Sache auf Umwegen und Umschreibungen. Der Sachse: der Erfinder des Relativsatzes. Das befriedigt seine Lust an der Sprache und entspricht seiner Scheu, zu verletzten. Der Schriftsteller Roda Roda faßte einst seine Eindrücke von Leipzig zusammen: »Nicht mit Unrecht gilt... Andererseits wieder muß man zugute halten, daß ... Kurz: man kann verstehen.« Günter Matthes bemüht sich, zu verstehen. Aber alles verstehen ist für ihn nicht gleichbedeutend mit alles verzeihen. Er ist gemütvoll, aber er ist nicht gemütlich. Damit schlägt er aus der sächsischen Art. Die meisten seiner Landsleute wollen es nämlich so genau gar nicht wissen. Das erleichtert ihnen die Anpassung an Gegebenheiten. Die einen nennen das Flexibilität, die anderen Opportunismus. Die weiche Sprache korrespondiert mit einer weichen Verfassung.

Vielleicht, möglicherweise, wahrscheinlich wäre Günter Matthes ein anderer als er heute ist, wäre er in Sachsen geblieben. Aber er hat sich dem Prägestock Berlin ausgesetzt. Und aus ihm ist ein sächsischer Preuße geworden. Kantiges, Hartes hat sich mit Sensibilität gepaart. Das Frugale hat er nicht lernen müssen, das hat er mitgebracht. Aber an die Stelle des sächsisch Vagen trat das berlinisch Konkrete: »Was ist Sache?« und »Das möchte ich doch genau wissen.« Diese Berliner Attitüde hat sich Günter Matthes zu eigen gemacht, indem er die Sache genau benennt. Eben weil er kein geborener, sondern ein gelernter Berliner ist, hat er die Wesensart dieser Stadt wie kein zweiter erfaßt. Auch Heinrich Zille stammte aus Sachsen.

Günter Matthes liebt diese Stadt, dieses Mädchen im Pullover, dem die Abendgarderobe nicht eigen ist. Er hat sie erlebt als Verletzte. Im Krieg, im Nachkrieg, im Kalten Krieg. Ihre Verletzungen sind auch seine eigenen. Ihr »Dennoch«, ihren Selbstbehauptungswillen hat er formuliert. Mit Bedacht, ohne sterile Aufgeregtheit. Denn der Geschichtsbewußte weiß, es wird nichts so bleiben wie es ist. Es muß anders werden, damit es besser werden kann. Berlin: für Günter Matthes im besonderen, für die Deutschen im allgemeinen die repräsentative Stadt. Die Haupt-Stadt.

Der Konservative will die Erinnerung bewahren. In Berlin ist deutsche Geschichte konzentriert und stellvertretend aufgehoben. Geschichte ist das Geschehene. Es ist unabänderlich. Und zu diesen unabänderlichen Tatsachen gehört im deutschen Fall, daß Menschen zu kollektiver Unmenschlichkeit fähig sind. Die Topographie der deutschen Geschichte ist in Berlin auf Schritt und Tritt gegenwärtig. Berlin wird die Haupt-Stadt bleiben. Die Deutschen würden ahistorisch handeln, machten sie nicht Berlin auch zur Hauptstadt. Aber auch in diesem Streit kommt Günter Matthes nicht auf dem Kothurn daher. Er eifert nicht. Das berlinische Selbstbewußtsein bedarf für ihn keiner Girlanden.

Günter Matthes, der leidenschaftliche sächsische Preuße, ihn hat die Liebe zu Berlin nie blind werden lassen. Gewiß: äußere Bedrohung galt es, gemeinsam abzuwehren. Zu diesem Zweck waren auch Demonstrationen notwendig und nützlich. Diejenigen aber, die meinten, externe Krisen intern für sich nutzen zu können, sie hatten in Günter Matthes einen unerbittlichen Gegner. Was andere unter den Teppich kehrten, holte er unter demselben wieder hervor. Wo Solidarität berufen und Selbstbedienung gemeint war, wo sich Politik und Geschäft verfilzte, wo Exekutive und Legislative alle fünfe gerade sein lassen wollten, pochte Günter Matthes auf das Axiom der Gewaltenteilung und wurde nicht müde, daran zu erinnern, daß Demokratie nicht nur ein Zustand für Schönwetter ist. Günter Matthes: ein Penetranter. Ein Durchdringer auch der größten Dickfälligkeit. Er mischte nicht mit, wo auch immer, er argumentierte im Schreiben. Und das mit einem Fleiß sondersgleichen.

Mit seiner täglichen Kolumne im »Tagesspiegel« wurde er zu einer Berliner Institution, die ärgerte, die empörte, bestätigte, auch erquickte, die nie teilnahmslos ließ. Günter Matthes wirkt und er bewirkt. Die Lektüre dieses Buches mobilisiert das Erinnern an die Markierungen, die er setzte. Und der Vergleich, was danach geschah, offenbart den Einfluß, den ein einzelner auf das Gestalten dieser Stadt ausübte. Das Buch ist ein Dokument dafür, welches Dirigat ein Journalist innehaben kann, die Tugenden des Autors allerdings vorausgesetzt. »Schlag nach bei Matthes«, eines fernen Tages wird nach der Sammlung gegriffen werden, um zu erfahren, warum und wieso die Menschen und die Dinge in diesem Berlin so und nicht anders geworden sind. Günter Matthes hat Geschichten erzählt, er hat Geschichten geschrieben, damit hat er auch ein kleines Stück Geschichte gemacht.

Jürgen Engert *Berlin, im August 1990*

Menschen, Macht und Meinung

Warum das Buch so heißt

Übernimmt er sich da nicht? Wickelt man in die Zeitung von gestern nicht allenfalls die Heringe von heute? Doch ermuntert vom Verlag und eingedenk freundlicher Aufnahme früherer Sammelbände ausgewählter eigener Beiträge wage ich den Versuch, mit Betrachtungen aus mehr als 40 Jahren journalistischer Arbeit der Epoche einen Spiegel vorzuhalten. Die Artikel erschienen, sofern sie nicht anders gekennzeichnet sind, alle im Tagesspiegel. Beobachtet wurde die kleine und große Welt vom Ausguck einer der ungewöhnlichsten Städte über gut eine Generation in verantwortlicher Stellung und als Kolumnist einer Zeitung, die in ihrem Motto verspricht, den Dingen auf den Grund zu gehen. Die Zeitspanne umfaßt exakt die Dezennien des gespaltenen Berlin von der Blockade bis zur friedlichen Öffnung der Mauer.

Journalisten müssen die Menschen mögen. Misanthropen taugen nicht für diesen Beruf. Den Menschen zum Maßstab aller Dinge zu machen, heißt aber auch, zur Macht, auch zur demokratischen, wache kritische Distanz zu halten. In einem Staat, der es mit der Presse leicht hat, muß etwas faul sein. In Berlin waren beide Alternativen über mehr als eine Generation exemplarisch zu besichtigen. Um so bewegender ist es, nun am Beispiel der DDR zu sehen, wie die Meinungsfreiheit in die Gesellschaft einfließt, sobald die Gewalt weicht.

Der Dreiklang von Menschen, Macht und Meinung hat meine Lebensarbeit, die von der vorbildlichen Freiheit des Grundgesetzes der Bundesrepublik bestimmt und begünstigt war, geprägt.

Sie wurde im wesentlichen bei einer Zeitung geleistet, die mir stets alle Freiheit und jede Rückendeckung gewährt hat. Es ist eine weitere gute Erfahrung, daß in Berlin womöglich mehr als anderswo demokratische Politiker die kritische Rezension der Macht nicht nur ertragen, sondern darüber kaum prinzipielle Meinungsverschiedenheiten mit Journalisten haben, obwohl gerade an der Spree manche Lippe riskiert wird.

Schließlich, aber nicht zuletzt danke ich von Herzen meiner Frau, die mir nie nach dem Munde geredet, sondern meine Arbeit kritisch, warnend, anregend und ermunternd vom ersten Tage an begleitet und mitbestimmt hat.

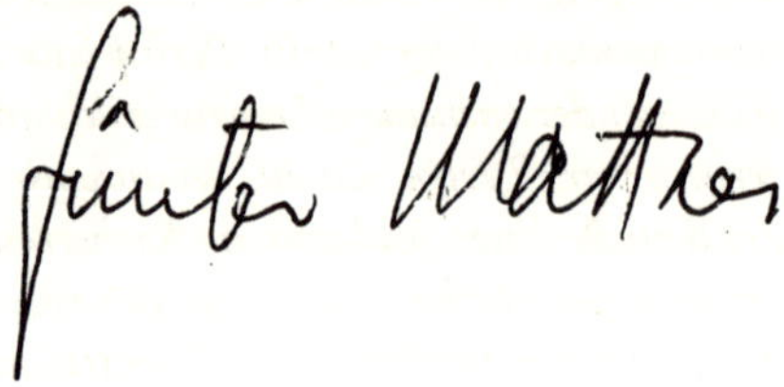

Eine Stadt wie keine andere

»Ei, ei, aus Sachsen!« In dieser Begrüßung Minna von Barnhelms durch den Berliner Wirt ist auch Reserve zu spüren. Indes überwiegt die freundliche Erwartung. Wer sie nicht enttäuscht, wer mitmacht, der ist in Berlin aus Buxtehude, New York, Ankara oder eben auch Leipzig willkommen. Dies um so mehr, wenn er eine Berlinerin aus Westpreußen heiratet. Den Dialekt, der dem Berliner Soldaten aus Sachsen schon bei den »Preußen« etwas abgeschliffen wurde, gewöhnt sich einer spätestens dann ab, wenn ihn Berlins erster Rundfunkreporter, Alfred Braun, als späterer SFB-Intendant mit einer längeren Kommentarreihe im Hörfunk betraut. Zugewanderte Wahlberliner wissen die Offenheit dieser Stadt um so mehr zu schätzen, als deutsche Schuld und politisches Schicksal ihr eine Rolle wie keiner anderen in der Welt zugewiesen haben. Berlin war nicht nur das deutsche Fragezeichen schlechthin, Indikator des Verhältnisses zwischen Ost und West. Nicht zuletzt von hier aus sind politische Antworten gegeben worden, wie der große Bruch zu heilen wäre. Und hier öffnete sich eines Nachts die Mauer, nachdem die Sachsen demonstriert hatten. Berliner Betrachtungen müssen über die Kirch- und Funktürme der Stadt hinausreichen, beginnen aber natürlich mit der Stadt und der persönlichen Entscheidung für sie.

Aber immer!

Das war also jener Tag, ein Jahr nach Kriegsende, als wir auf dem Bahnhof Lichterfelde-Ost, im amerikanischen Sektor, aus dem klapprigen Dampfzug kletterten. Ich erblickte begeistert den ersten uniformierten Ami, der nicht aus einem abgeschossenen Flugzeug gefallen war.

Der erste Friedenstag als Berliner, was zu werden sich dann als nicht ganz einfach erwies. Denn hereingeschmeckte Esser hatten der Stadt damals gerade noch gefehlt. Daß Berlin diese

Zuzugssperre viel zu lange aufrechterhielt, war ein Irrtum, der noch im Schoße der Zukunft lag.

Doch welche Hindernisse hätten einen damals schrecken können. Ohne Beruf, ohne Geld, ohne eigentlich alles außer einer unbändigen Zuversicht und der noch anhaltenden Verwunderung und Dankbarkeit, daß man all das heil überstanden hatte.

Ebenso die Berlinerin, die mit einem aus dem Abteil kletterte und Zweifel daran überwinden geholfen hatte, ob es denn richtig sei, vom Westen kommend ausgerechnet in diesem riesigen Trümmerfeld ins gemeinsame Leben zu starten. Immerhin, es war Berlin, und es würde, wie sich zeigte, dies trotz allem bleiben.

Solch sehr persönliches Jubiläum wäre kein Grund, darüber zu schreiben, wenn sie nicht damals zu Tausenden, aber sehr einzeln, zum Teil noch verstört, aber doch befreit, grau und mager in die Stadt gekommen wären, die für die deutsche Teilung noch immer Modell steht, in der politische Spannungen wie im Reagenzglas früher deutlich werden – nicht nur die außenpolitischen, auch die gesellschaftlichen. Berlin – für bewußte Bewohner immer Herausforderung und Genugtuung zugleich.

Ja, der erste Ami blieb unvergessen, zumal die Fahrt durch die spätere DDR nicht ganz reibungslos verlaufen war. Im Gedächtnis haften auch die Gesichter der Leute auf dem S-Bahnsteig, als wir unbefangen einen der verbeulten Koffer öffneten, die unsere Habe bargen, um nach einer der Schmalzbüchsen zu langen, die für das Berlin von 1946 unwirklich erscheinen mußten. Eine, wenngleich unabsichtliche, Provokation. Bald sollten wir die Sorge, mit zuviel Lebensmitteln andere zu schockieren, nicht mehr haben.

Wie man 1946 von Lichterfelde nach Spandau kam? Eins fix drei mit der pünktlich fahrenden S-Bahn, wenn auch nur bis Hauptbahnhof, weil die Havelbrücke noch kaputt war.

Ob wir's richtig gemacht haben, damals ausgerechnet in Berlin anzukommen? Aber immer! *(10.4.81)*

Nicht zufällig Berliner

Immer wenn zwischen den Kiefern die Ortsschilder mit -in am Ende auftauchen, wird mir wärmer. Wollin, Lehnin. Es klingt schon nach Berlin. Bald wird der Kontrollpunkt passiert sein. Die Stadt hat mich wieder, in die ich so gern zurückkomme wie zum ersten Mal.

Wie haste dir seitdem verändert, Berlin, und bleibst doch immer unverwechselbar trotz aller Wechselfälle des Schicksals, erlaubst eigentlich nicht das, was man Lokalpatriotismus nennt. Schlag nach bei Heine. Dazu ist es zu sehr Nudeltopf der Geschichte, jagt dem einen Schrecken ein, während der andere das Idyll im Waldwinkel pflegt und manch anderen Kiez nur vom Hörensagen kennt.

Die Stadt hat das große Risiko und die große Freiheit der Anonymität bewahrt. Noch nicht einmal eine High-Society hat sie, die sich überall wiederträfe. Es sind Zirkel. Von den Rotariern bis zu den Hausbesetzern, von den Vernissage-Gästen bis zu den Skat- oder Kegelbrüdern. Einzelgänger darf man auch sein, natürlich.

Da ist eine Dame, die um 9 Uhr 30 in den Bus steigt und zum Fahrer sagt: »Einen schönen guten Morgen.« Der guckt und erwidert: »Gratuliere.« – »Wieso gratuliere?« – »Seit dreie früh sitze ich auf dem Bock, und Sie sind der erste freundliche Mensch!« So spröde ist sie, die Dankbarkeit der Berliner, aber herzlich, wobei sie noch nicht einmal auf deutsch ausgedrückt werden muß.

Auch mancher, der gegen Raketen demonstriert, hat die Luftbrücke keineswegs vergessen, die für mich sympathischste militärische Leistung der Weltgeschichte. Das erinnert an die Herausforderung, die diese Stadt, dieses höchst unbequeme Gemeinwesen, ist. Hierher wird man nicht verschlagen, sondern will hier sein. Wer nicht will – bitte sehr.

Eine Solidarität der Berliner, ob sie schwarz oder rot oder grün oder blaß sind, sollte und könnte es trotz aller heftigen Differenzen geben. Oder wie sagte ein bekannter Politiker? »Es gibt eine Gefahr des Auseinanderfallens der Gesellschaft unserer Stadt: daß man sich isoliert oder nur einer Gruppe angehört, einer sozialen Schicht, einer Altersgruppe, einer Nationalität und daß man zuletzt nur zufällig Berliner ist. Um gegen solche Gefahren wieder größeren Gemeinsinn zu entwickeln, dazu genügen nicht edle Gefühle. Dazu brauchen wir ein Pflichtbewußtsein gegenüber dieser Stadt, und wir brauchen wechselseitige Toleranz...«

Jawoll! Wer es sagte? Richard von Weizsäcker 1981 bei der Eröffnung der Preußenausstellung. Also, was mich betrifft, ich bin bestimmt nicht zufällig Berliner. *(30.11.83)*

Blaue Tage, saure Feste

Vorwärts, vorwärts schmettern die hellen Fanfaren, die neuen – vom Alexander- bis Potsdamer Platz, dann allerdings rückwärts, weil die Alliierten und West-Berliner versprachen, nötigenfalls auch zu blasen, der FDJ den Marsch. Die Abwehrbereitschaft mußte unmißverständlich demonstriert werden, nicht nur zur Behauptung West-Berlins, sondern auch zum Wohle der Jungen und Mädchen, die nun wieder in Zelten und Zwölferreihen, an Massenküchen und Aufmarschplätzen ihr Bewußtsein als Einzelwesen verlieren sollen. Die Gefahr ist gebannt, die West-Berliner reden nicht mehr davon. Es bleibt die Erschütterung, daß hier eine Generation wieder marschiert, die von vergangenem Drill nichts mehr wußte.

Nicht nur die Farbe der Hemden ist einheitlich, auch die der Gesichter. Es soll nicht behauptet werden, daß die Mitglieder des Zentralrats der FDJ schlecht aussähen, aber unter den kleinen Statisten, die da in kaum schulpflichtigem Alter unschuldig auf der politischen Drehbühne Berlin im Scheinwerfer des Weltinteresses herumstapfen, ist nicht einer, dem man die sonst für ABC-Schützen üblichen Attribute wie stramm und pausbäckig geben könnte. Die Uniformen sind neu, viele der schmalen Gesichter aber merkwürdig alt und die Schuhe abgetragen. Der Stolz auf das Halstuch und den

»Kampf für den Frieden« blitzt ihnen aus den Augen. Treuherzig fragen sie sich durch die große fremde Stadt bis zur Sektorengrenze und blicken an dem Kordon der Volkspolizisten vorbei in das getadelte Land, vorwurfsvoll und neugierig zugleich.

»Wer die Jugend hat, hat die Zukunft«, sagte Liebknecht. Man weiß, warum man die Köpfe der aktivistischen Jungeisenbahner am Stettiner Bahnhof fast so groß abbildete wie die Häupter der Zonengewaltigen. Im U-Bahnhof Stadtmitte begutachten drei Mädchen, eigentlich Backfische, aber durch die Uniformblusen »Mädel«, die dicken Kreppsohlen ihres Nachbarn. »Das sind doch amerikanische Schuhe, dafür macht das deutsche Volk Schulden!« Sie sagen das ganz gelassen, nicht einmal unfreundlich, so, wie sie es in ständig wiederkehrenden Schulungen lernten. Und sie tragen das Abzeichen »Für gutes Wissen«.

Manche scheinen aber zu wissen, was gut ist. Sie wollen es jedenfalls wissen. Auf dem S-Bahnhof Schönhauser Allee springen drei Blauhemden an den anfahrenden Zug, ehe er den »demokratischen Sektor« verläßt, nachdem die Volkspolizei die Abteile durchkämmt hat. Am Kurfürstendamm erregen drei FDJler Aufsehen. Sie gehen munter schwatzend an den Auslagen vorüber. Die Passanten drehen die Köpfe und schmunzeln, und dieses Schmunzeln drückt Verständnis aus und Bedauern, daß die böse Absicht und militante Aufmachung dieses »Friedenstreffens« nicht erlaubte, den jungen Mecklenburgern und Sachsen ein wirklich frohes Pfingsten zu bereiten. Die Ausreißer, die Maßregelungen riskieren, werden berichten und in der bekannten Atmosphäre der Massenunterkünfte, wo jede Nachricht aus verbotenen Regionen größtes Interesse findet, aufmerksame Zuhörer haben. Der Sog des kräftigeren und bunteren Lebens an der West-Berliner Klippe ist zu stark, als daß die mit Armbinden gekennzeichneten »Lotsen« des FDJ-Sicherheitsdienstes jeden blauen Jugen am »Landurlaub« hindern könnten.

Sie brauchen auch eine Stärkung, denn Adolf Hennecke, der es nach der Kohlen- jetzt mit der Druckerschwärze versucht, verspricht in einem Leitartikel der »Berliner Zeitung«, daß er mit dieser Jugend Berge versetzen will. Zunächst muß allerdings ein Haufen beschafft werden, ein Haufen Geld für das Deutschlandtreffen. Es sind Zahlen, mit denen viele ganz junge Pioniere noch gar nicht rechnen können, die älteren anscheinend auch nicht. Sie veranschlagten die Kosten auf etwa 20 Millionen Ostmark. Die Teilnehmer sollen 40 Ostmark Taschengeld erhalten. Das wären bei den vorgesehenen 500 000 allein 20 Millionen ohne Verpflegung, Unterkunft und Transport.

Es wird aber auch viel geboten. Unter den jubilierenden Ortszeitungen hat die »Berliner Zeitung« die lyrischsten Worte für das liebliche Fest gefunden. Es heißt dort: »Wer gehört nicht in diese den Widerspenstigsten mitreißende Atmosphäre. In diese Stimmung, die pariserisch ist? Wer ist nicht angesteckt vom blauen Bazillus der Lebenslust, der unsere Stadt befallen hat.« Immerhin werden die Korrespondenten der Pariser Blätter, wenn sie schon die Sensationen entbehren müssen, durch diese neuartige Infektion die Luft des Montmartre auf den blauen Trümmerbergen, die Hennecke versetzen will, verspüren.

Die Eltern in der Zone wissen besser, wer »die Widerspenstigen mitriß«. Sie wissen, daß niemand durch eine Prüfung kam, es sei denn über Berlin, und daß nur Teilnehmer des Deutschlandtreffens Aussicht auf Lehrstellen und Stipendien hatten. Sie sitzen bangend an den Lautsprechern und sind schon etwas beruhigt, weil doch alles glatt zu gehen scheint. Die West-Berliner denken vor allem an diese gepeinigten Eltern, die wieder erleben, daß ihre Kinder ihnen entfremdet werden, und sich hüten müssen, ein Wort der Verbitterung laut werden zu lassen.

»Ich kam, weil ich froh war, auf diese Weise ein zweites festes Hemd zu erhalten«, sagte uns ein durchaus nicht kritischer FDJler. Es gilt, bereit zu sein zur Abwehr, zur Hilfe und zum Verständnis für die unbewußte oder auch bewußte Not dieser nicht freien, doch deutschen Jugend.

(»Kurier«, 27.5.50)

Die Brücke

Nur wenige Kilometer Luftlinie überwindet eine Skymaster, die den großen Stern im Tiergarten überflogen hat, bis sie am Platz der Luftbrücke zur Landungsschleife ansetzt. Doch es war ein weiter, mühsamer Weg von der Siegessäule, dem Zeichen eines kurzen Triumphs im Kampf der Nationalstaaten, bis zum Denkmal der Luftbrücke, dem Symbol der unteilbaren Freiheit, für deren Soldaten der Bedrohte Freund, der Unterdrücker Feind ist, gleich welcher Flagge er folgt.

Das alte Europa schickte einst nicht seine schlechtesten Franzosen, Engländer, Holländer, Deutschen in das Land der unbegrenzten Möglichkeiten. Vor 175 Jahren gründeten sie dort die Vereinigten Staaten von Amerika. Ihre Nachfahren kamen in das Land ihrer Väter zurück, um unterstützt von Engländern, Franzosen und Deutschen die Stadt, die sie noch drei Jahre zuvor als Hitlers Residenz bombardiert hatten, für das junge Europa zu retten.

Hier wurde ohne Pathos der Heldentod erlitten. Nicht die Fahne war mehr als der Tod, wie wir das noch in der Schule lernten, sondern das Leben von Frauen, die froren, und Kindern, die keine Milch bekamen.

Die Kriege wurden bisher selten von den Völkern gewonnen. Die Tränen der Mütter füllten auf beiden Seiten gleich viele Krüglein. Die Mütter der Luftbrückenopfer wissen, daß anderen Frauen Leid erspart wurde.

In dieser ersten offenen Schlacht des modernen kalten Krieges standen sich auch zum ersten Male nicht die Soldaten gegenüber, den Finger am Abzug, um einen Mitmenschen zu töten, dem sie so wenig Übel wollen wie dem eigenen Bruder. Gekämpft wurde gegen die anonyme Bedrohung an sich, doch wahrhaft gekämpft. Wer vom Bahnsteig in Tempelhof die schweren Vögel dicht auf dicht hat einschweben sehen, und das nahe Dröhnen in fast bis zur Erde hängenden Wolken gehört hat, weiß, daß von »Unfällen« keine Rede sein konnte. Wer in jenem Sommer vor drei Jahren wachgelegen hat, weil die viermotorigen Maschinen in ununterbrochener Folge über das Haus orgelten, hat auch jeden Morgen die amerikanischen Konserven recht nachdenklich zur Berliner Schrippe gegessen und gewußt, zwischen den Zeilen der lakonischen Zeitungsmeldung zu lesen: »Mit 911 Flügen brachten die Flugzeuge der Luftbrücke gestern 6020 t Versorgungsgüter nach Westberlin.«

Die Tausende von Berlinern, die heute vormittag um die mächtigen Bögen des Denkmals am neuen Zentralflughafen Tempelhof drängten, wissen, daß während der Blockade nicht nur eine starke Brücke über östliche Bedrohung, sondern auch über Jahrhunderte westlicher Gegensätze geschlagen worden ist. Seitdem bereits ist Berlin Hauptstadt – noch nicht Deutschen Staates, aber europäischer Gesinnung.

(»Kurier«, 10.7.51)

CARE

Vor knapp 17 Jahren im August 1946 wurde an einem Haus in Berlin-Dahlem ein Schild angebracht mit der nüchternen Aufschrift: »Cooperative for American Remittances to Europe«. Zu deutsch etwa: »Gesellschaft für amerikanische Sendungen nach Europa.« Dazu die aus den Anfangsbuchstaben gebildete Abkürzung CARE, was zugleich die englische Vokabel für Wohltat ist. Wenig später erhielt eine Steglitzer Hausfrau das erste CARE-Paket – ein inzwischen nahezu legendärer Begriff für private Hilfsbereitschaft von Mensch zu Mensch. Zunächst war nur an eine befristete Hilfsaktion der Amerikaner für hungernde Menschen auch in Deutschland gedacht, an eine Verteilung von Verpflegungspaketen aus Heeres-Restbeständen. In den Staaten konnten Dollars für notleidende Verwandte und Freunde in Europa eingezahlt werden. Indessen wollten bald viele auch für anonyme Not spenden. Und durch die immer wache Hilfsbereitschaft der amerikanischen Bürger wurde CARE zu einem weltweiten Symbol der uneigennützigen bedingungslosen Wohlfahrt, so daß die Initialen heute mit »Gesellschaft für amerikanische Hilfe in aller Welt« erläutert werden. Aktueller Anlaß für unseren dankbaren Rückblick ist die Einstellung der CARE-Arbeit nun auch in Berlin. Zur Abwicklung und zur Übergabe des CARE-Hauses war Donald A. Ostrander nochmals an die Spree gekommen, der in den schwersten Jahren nach dem Kriege bis 1952 Berliner CARE-Chef war und eine Berlinerin heiratete. Der Soziologe und Marineoffizier des Zweiten Weltkrieges wirkte in der Stille. Unvergessen die Sonderluftbrücke während der Blockade allein für 250 000 CARE-Pakete. Spenden im Wert von fast 350 Millionen Mark erhielt die Bundesrepublik in 14 Jahren von CARE. In Berlin waren es in 17 Jahren etwa 82 Millionen Mark für die verschiedensten Hilfsmittel vom Milchpulver bis zum wissenschaftlichen Buch.

Schon 1952, als das Wirtschaftswunder aus den Ruinen wuchs, begannen auch die Deutschen ihren Dank an CARE auf die einfachste Weise abzustatten, indem sie selbst spendeten und ihr Teil dazu beitrugen, daß CARE bald überall auf dem Globus schnell und wirksam helfen konnte. Wir werden nie vergessen, daß schon unmittelbar nach dem Kriege amerikanische Bürger eine verständliche Kollektivabneigung durch tätiges individuelles Verzeihen überwanden. Der Bundespräsident dankte der CARE-Mission, als sie 1960 ihre Arbeit in der Bundesrepublik einstellte, mit den Worten: Mehr noch als von der materiellen Hilfe seien wir Deutschen ergriffen von dem einmaligen Geist der Großherzigkeit, mit dem eine siegreiche Nation den Besiegten begegnete.

(5. 4. 63)

Bahnhof Zoo macht uns keiner nach!

Vielleicht bin ich nicht ganz objektiv. Vor der Kaserne, vor dem großen Tor, hinter dem ich meine Rekrutenzeit verbrachte, hielt ein Autobus, der quer durch die Stadt direkt zum Zoo fuhr. So wurde der Bahnhof Zoo die Endstation meiner zivilen Sehnsucht. Die ausgetretenen Knobelbecher paßten nicht ganz zum gepflegten Stil von »Marquardt« am Kurfürstendamm, und meine Lili-Marlen kam wegen meiner ständigen Ehrenbezeigungen im Sitzen kaum zur Unterhaltung. Aber genug der Reminiszenzen. Vor lauter Heimweh nach dem alten Kurfürstendamm wollen wir doch den Anschluß am neuen Bahnhof Zoo nicht verpassen. Wenn ich Bahnhof Zoo sage, meine ich das ganze unvergleichliche Stadtviertel der schreienden Gegensätze, diesen Umschlagplatz der Großstadtsehnsüchte im Schatten der ehrwürdigen Kirchenruine.

Nenne mir den Ort, an dem in kaum mehr als 500 Meter Umkreis die Flüchtlinge aus östlicher Drangsal bei ihrem ersten augenblinzelnden Gang den Nutznießern, Trägern und Außenseitern der westlichen Prosperität begegnen. Wo Weltstars lächelnd den Applaus des Premierenpublikums entgegennehmen, während draußen vor der Tür die käufliche Liebe über den Boulevard stöckelt. Wo das Grollen der Raubtiere und Trompeten der Elefanten sich mit dem Fauchen der wenigen Interzonenzüge paart. Wo der Opernbesucher nur über die Straße zu gehen braucht, um die Nacht »ohne Moral« bei recht bürgerlichen Nackttänzen zu beschließen. Wo die alte Kunstakademie ihren neuen gläsernen Musentempel, in dem die Konzertbesucher während der Pause wie bunte Fische schwimmen, unweit der steinernselbstbewußten Bank- und Industriepaläste errichtete, hinter denen sich die gefällig konstruierte Börse duckt. Ja, das richtige Aquarium ist auch nicht weit, und das fast wiederhergestellte Terrarium wartet auf die rauhen Leiber kampflustiger Echsen. Und gegenüber im großen Catcherbau genießt die Masse Mensch die derben Späße der männlichen Masse Fleisch. Im Evangelisationszelt daneben kann sie es von Zeit zu Zeit, falls gewünscht, gleich abbüßen. Unmittelbar unter Justitias verbundenen Augen, vor dem Bundesverwaltungsgericht in der Jebensstraße, zischeln die letzten Schwarzhändler ihre Angebote und keimt noch immer das Verbrechen. Einige hundert Meter südlich davon reißt ein riesiger Betonpalast den Blick in die Höhe, zum äußeren Zeichen, wie viele Leute heutzutage viel Geld zahlen, um sich gegen die Unsicherheit der Existenz zu versichern. Man kokettiert eben nicht mehr mit der Fragwürdigkeit des Daseins, mit dem Geworfensein des Menschen, auch wenn Cocteaus »Orphée« noch immer in der Nachtvorstellung des »Kiki« läuft und und einige Besucher des geschätzten Reprisen-Kinos am Steinplatz das in der Kleidung noch ausdrücken wollen. Es hilft ihnen nichts. Sie sind keine Existentialisten, sondern Epigonen. Nicht, daß man wieder mehr Ideale hätte - aber mehr Pelzmäntel, überhaupt mehr Piepen, wie die Berliner den Götzen Geld respektlos nennen. Dagegen kommt selbst eine ideologisch imprägnierte Dreiviertelhose nicht auf. Das Linkseinbiegen ist am Joachimstaler Platz verboten. Man hält sich wieder mehr rechts. Und wenn einer die unübersichtliche Verkehrsregelung übersehen hat, lächeln die Cafébesucher, von Infrarotstrahlern, von Schadenfreude und neuerdings auch von der Frühlingssonne erwärmt.

Ja, nenne mir den Ort, wo das Paradoxe sich so zu Hause fühlt. Ich glaube, den Bahnhof Zoo macht den Berlinern keiner nach. Schanghai mag vor Mao Tse-tung aufregender gewesen sein, und der Kölner Dreiklang von Rhein, Dom und Bahnhof ist in seiner Dissonanz imponierend. Aber dieser Berliner Bahnhof Zoo - ist er nicht wie ein überquellender Menschengarten unweit des Tiergartens. In der ersten Abteilung unter den Gewölben des Fernbahnhofs sehen Sie das Raubtier Mensch. Bitte nicht zu nahe kommen! Dort auf der Tauentzien die hochbeinige Gazelle mit dem schmalen Kopf. Bitte nicht erschrecken, neigt zur Panik! Auf dem Parkstreifen des Kurfürstendamms der gemütlich blinzelnde Dickhäuter im Vollbewußtsein seiner Brieftasche und seiner Unverletzlichkeit (wenn man von der Managerkrankheit absieht). Bitte nicht füttern! Der Verkehrspolizist im Glaskasten, hoch über dem Joachimstaler Platz, entdeckt auch manches Trampeltier auf dem Zebrastreifen. Bitte nicht necken, spuckt!

Aber hier ist nicht nur ein Tummelplatz menschlicher Typen und Schicksale. Hier ist die Drehscheibe von Berlin W und das Modell der West-Berliner Nachkriegsgeschichte. In den Trümmern des Endkampfes fristeten zwei Sorgenkinder ein kärgliches Dasein. Einmal der Zoo selbst, das beliebte Ausflugsziel inmitten der Häusermassen (wie der Flugplatz Tempelhof in seiner zentralen Lage wohl einzigartig), ein Hätschelkind der Berliner. Zum anderen die Tragikomödie der Randbebauung des Zoos, die nun ihr Happy-End finden soll. Deshalb spricht man jetzt auch viel lieber darüber. Drüben erhebt sich noch immer der Bunkerberg, das Mahnmal der Schildbürger zweier Nationen. Die Engländer versuchten den Bunker zu sprengen. Es gelang ihnen schließlich auf Kosten einiger bis dato intakter Häuser der Nachbarschaft. Die Stadtplaner schafften Schutt und Muttererde heran, um die Brocken gnädig zu bedecken und den Vögeln Nistplätze zu geben, wo die Granaten sie vertrieben hatten. Die Vögel waren schlauer als die Auguren. Sie blieben fern. Und bald mußte der sorgsam aufgeschüttete Berg wieder weichen, weil die Propheten sich geirrt hatten. Er ist der neuen U-Bahn im Wege. Bleiben wir gleich beim Zoo.

Das Kamel am Eingang, das aussieht, als hätte es die Motten im Fell, ist in den Hintergrund getreten, symbolhaft, weil es immer noch an den alten Zoo erinnerte, der doch kaputt ist. Aus dem Durcheinander ragen schöne neue Tierhäuser. Das böse Jahrzehnt ist vorüber, an den Fundamenten des alten Dickhäuterhauses knabbern ungestüme, Nashörnern vergleichbare Planierraupen. Der ganze Zoo rutscht ein Stück in den Tiergarten. Vorn, wo der Ufa-Palast zerbarst und mit ihm die ganze Front über das »Capitol« bis zur »Traube« und tief in das bisherige Zoogelände hinein, gähnt hinter buntbeklebtem Bauzaun eine gewaltige Grube. Noch in diesem Jahr soll daraus der Rohbau eines extravaganten Filmpalastes und eines langen Trakts von Vergnügungsstätten wachsen, dessen Grundgeschosse schon stehen. Das wird eine bunte Reihe von den Hochhäusern des geplanten Ernst-Reuter-Viertels am Knie über die Patina der Kunstakademie mit ihrem hypermodernen Anhängsel zum Bankpalast, dem strengen Gerichtsgebäude – gegenüber soll das neue

Amerika-Haus entstehen –, dem lärmerfüllten Bahnhof, den neuen Amüsierbauten bis hin zum Hilton-Hotel.

Geht ihnen da nicht der Atem aus, werter Freund, der Sie bei gelegentlichen Stippvisiten an der Spree wehmütig sagen: »Das alte Berlin ist's nicht mehr.« Nein, sicherlich nicht. Aber was halten Sie vom neuen? 1956 wird schließlich nicht nur ein neues Kino am Zoo gebaut. Auch die Ufa, die neue Ufa steigt hier wieder ein. Das Kino könnte Fassade sein. Aber dem Bankenkonsortium wird keiner nachsagen, es könne nicht rechnen. Wir haben die Blockade der deutschen Resignation, des passiven Mitgefühls ebenso überwunden wie die politische des aktiven Hasses. Wir brauchen kein Mittel mehr (was nicht mit dem Notopfer zu verwechseln ist). Aus vielen, zehn Jahre lang auf- und zugezogenen Schubladen wächst das neue Zooviertel. Nur die Quader der Kaiser-Wilhelm-Gedächtnis-Kirche warten noch darauf, daß der soundsovielte Neubau-Entwurf akzeptiert wird. Diese Ruine war ein Symbol dafür, daß die Berliner ein Jahrzehnt von ihrer zerschlagenen Vergangenheit zehrten. Wenn die neue Gedächtniskirche entsteht, als sakraler Ruhepunkt eines höchst profanen, höchst menschlichen Viertels, in dem Berlin weint und lacht, wird sie auch ein Wahrzeichen dafür sein, daß wir unsere eigene, so gar nicht berlinische Sentimentalität zum alten Eisen der Enttrümmerung geworfen haben. Daß die Synagoge an der S-Bahn wiederaufgebaut sein wird, bevor die Jüdische Gemeinde selbst das Geld zusammen hat, versteht sich von selbst. Berlin dürfte es sich nicht nehmen lassen, dort der Toleranz zu dienen, wo der Wahnsinn allen zuerst offenbar wurde. Die Synagoge war die erste Ruine am Zoo. Und sie darf nicht der letzte Neubau sein.

Selbst die ostzonale Eisenbahndirektion hat sich dem genius loci offenbar nicht ganz verschließen können und schon vor geraumer Zeit den Bahnhof repariert und gestrichen. Daß einem unter der Brücke immer noch Regenwasser auf den Kopf tropft, ist vielleicht geplant, um die West-Berliner nervös zu machen. Doch damit ist ja bei uns nichts. Wir freuen uns jedenfalls schon darauf, daß nach Aufhebung der Grenzsperren die Exberliner auf dem Fernbahnsteig eintreffen, die heute am Ammersee und am Starnberger See oder sonst irgendwo an bayerischen Kaminen wehmütig vom Glanz und Ende der deutschen Hauptstadt träumen. Die Berliner träumen nicht. Sie sehen das rote Licht am deutschen Freifahrtsignal aus allernächster Nähe. Aber sie wissen, daß am Bahnhof Zoo nicht Berlins Endstation ist.

(29.4.56)

Bürger und Bauten

»Sollte es nicht einen Zusammenhang geben zwischen dem Öffentlichkeitsprinzip der Demokratie und einer äußeren wie inneren Durchsichtigkeit und Zugänglichkeit ihrer öffentlichen Bauwerke?« Diese fragende Forderung erhob Berlins zeitweiliger Kultussenator, der sprachgewaltige Jurist Adolf Arndt, in seinem klassisch gewordenen Vortrag »Demokratie als Bauherr«. Er hielt ihn während der ersten Berliner Bauwochen im Jahre 1960. Alle zwei Jahre werden sie seitdem veranstaltet und sind schon zu einer Tradition geworden.

Bereits 1959 begann die Behörde mit den Baustellentagen, deren Besuch immer wieder die Lust der Berliner an jeder ausgefallenen öffentlichen Darbietung an sich und ihr besonders aktives Interesse am Aufbau ihrer Stadt beweist. Andere Städte, insbesondere deren Baubehörden, beneiden uns darum, heißt es. Kleine Volksabstimmungen, wie die vom Tagesspiegel veranstalteten Rundfragen über Corbusier-Haus und Gedächtniskirche, waren Symptome für den virulenten Willen zur Mitgestaltung. Das von der Behörde plakatierte Schlagwort »Stadtplanung geht alle an!« wird auch insofern ernst genommen, als der Bürger fragt, ob Bauwochen nur eine ansehnliche Selbstbestätigung des öffentlichen Bauherrn sind und den Aufwand von rund 200 000 DM an öffentlichen Mitteln lohnen. Kurzum: Sind die Bauwochen Vitrine oder Forum?

Man muß es der Berliner Bauverwaltung, die 1957 mit der Interbau einen international bedeutsamen Maßstab gesetzt hat, lassen, daß sie der Diskussion nicht aus dem Wege geht. Ein Vortragsthema der diesjährigen Veranstaltung lautet: »Über die ideologische Prägung der Städte.« Der Referent kommt aus Athen, weitet so zwar den Horizont, wird aber nicht die Frage für Berlin beantworten können, die Adolf Arndt damals mit den Worten anschnitt: »Vielleicht könnte man Zweifel hegen, ob wir im öffentlichen Bauen schon ein genug ausgewogenes Verhältnis zwischen der noch überwiegenden Tätigkeit der Bauverwaltung und dem Wirken freischaffender Baumeister haben.«

Damit, daß Senatsbaudirektor Düttmann wieder Freischaffender wird, ist dieses Problem nicht gelöst, wenngleich ein anderes wenigstens beachtet, nämlich das der Interessenkollision. Scharouns Philharmonie wird dem zwanzigsten Jahrhundert zur Ehre gereichen, ist aber nicht die Stadt.

So könnte man beispielsweise fragen, ob dem Auto nicht ein gewaltiger Vorrang vor dem Passanten eingeräumt wird. Die Idee einer Fußgängeroase, in anderen Städten längst verwirklicht, liegt in Berlin nicht einmal in der Schublade. So sei nochmals Arndt zitiert: Von der Frage: »Wieviel Menschen benötigen Raum?« müssen wir vorstoßen zu der Frage »Wieviel Raum braucht der Mensch?« *(8.9.66)*

Die alte Stadt von morgen

Wie schlau wir heute sind. Wir kennen die Versuchungen grüner Witwen. Wir haben Schlafstädte zumindest vom Hörensagen fürchten gelernt. Wir fordern urbane Wohnviertel, das Nebeneinander von Arbeit und Freizeit, stellen die Probleme der Ballungsgebiete auf Ausstellungen dar. Wir lassen uns sagen, Berlin sei eigentlich nie eine schöne Stadt gewesen. Wir sagen Gründerzeit und meinen den vierten Hinterhof – und wir haben Siemensstadt. Dieser Ortsteil einer ehemaligen Hauptstadt hat seinerzeit fast alles richtig gemacht, was anderswo und viel später falsch gemacht und dann entdeckt wurde. Auch das ist ein Grund zum Feiern, selbst wenn der Baubeginn des Kabelwerks auf den Wiesen vor der Stadt nicht gerade 75 Jahre her wäre.

Es ist auf der Welt häufiger anzutreffen, daß die Großindustrie das Gesicht von Städten prägt. Auch fällt es diktatorisch regierten Staatswesen unter Umständen nicht allzu schwer, an einem günstig gelegenen Industriestandort die zugehörigen Städte aus dem Boden zu stampfen, mögen sie dann Wolfsburg oder Eisenhüttenstadt heißen. Nichts von alledem in Siemensstadt.

Eine Großfirma war ins Spreetal gegangen, hatte in freier unternehmerischer Kooperation mit der Stadt eine Konzentration von planerischen, architektonischen, sozialen und wirtschaftlichen Höchstleistungen zustande gebracht, die ihresgleichen suchen dürfte. Das Wort Infrastruktur bleibt einem dabei zu Recht im Halse stecken.

Zwischen Spree, Havel und Hohenzollernkanal läßt es sich arbeiten und leben, verdienen und spazierengehen, wohnen und Auto fahren. Die Namen der Architekten jenes frühen sozialen Wohnungsbaus und bestechend funktioneller, anmutiger wie technisch vernünftiger Industriebauten sind in jedem Lexikon zu finden: Hertlein, Scharoun, Gropius, Häring, Bartning. Wer auf der kilometerlang geschwungenen Autobahnbrücke das Tal überquert oder mit der S-Bahn einfährt, sollte auch ohne Erläuterung verstehen, welche Bündelung von Leistung hier erreicht wurde.

Wer die Stadt von morgen meint, wird an dem Siemensstadt von gestern und heute schwerlich vorbeikommen. Was kann einem Jubilar Besseres gesagt werden. *(1.10.74)*

Das walte Wichern

Feiertags zieht es uns immer wieder einmal zu dieser Oase. In allen Stürmen, auch den schlimmsten, hat sie ihre kraftvolle Ruhe bewahrt. Die Platanenallee führt zu der 1909 erbauten Kirche. Mit ihrem mächtigen, beherrschenden Turm ist sie in ihrer schlichten Würde zwar nicht einer der bedeutendsten, für mich aber einer der schönsten Sakralbauten, die ich kenne.

Kein buntes, sondern strukturiertes Glas in den doppelten Fensterreihen zu beiden Seiten des Schiffes und in der Apsis mit dem schlichten Altar aus einer massiven Holzplatte. Nicht der Kirche »ehrwürdige Nacht« wie im »Faust«, vielmehr ein lichter, heiterer Raum, zum bevorstehenden Jubiläum aufs beste renoviert. Ein abgesetztes lichtes Gelb an den Pfeilern und an den Rhomben der Decke scheint bei verhangenem Himmel der Sonne helfen zu wollen. Eine ungemein protestantische Kirche.

Neben dem Eingang ein Reliefporträt des Begründers und die Jahreszahl 1858. Ende dieses Monats sind es 125 Jahre, daß das evangelische Johannesstift in Spandau von Johann Hinrich Wichern (1808 bis 1881) gegründet wurde. Einen Namen hatte sich er spätere Oberkonsistorialrat zu Berlin (1856) schon vor jetzt 150 Jahren als junger Mann gemacht. 1833 schuf er das »Rauhe Haus« in seiner Heimatstadt Hamburg, wo gefährdete männliche Jugendliche nach dem Prinzip der Selbstverantwortung in familienähnlichen Gruppen erzogen wurden, Vorbild der Fürsorgeerziehung schlechthin. In Berlin dann, 25 Jahre später, eine weitere exemplarische Hilfestation für Benachteiligte. Auf das Jubiläum des Johannesstifts werden wir ausführlich zurückkommen. Gefeiert wird es am 12. Mai, wenn am Spandauer Stadtwald alles grünt und blüht.

Wann immer man sich dort umschaut – auch dem Spaziergänger stehen die Tore offen – fällt auf, welch dauerhaft glückliche Verbindung hier Reform und Reformation zum aktiven Schutz Schwacher und Behinderter eingegangen sind. Der aktuelle Stoßseufzer, es sei eben alles nicht mehr wie früher, will hier ebensowenig passen, wie der Verdacht angebracht wäre, man habe die Zeit einfach draußen gelassen. In dem weiten Areal geschieht, was hierzulande selten gelingt: Tradition und Fortschritt grüßen als Vermählte, dies ungetrübt auch noch nach 125 Lenzen.

Ordnung auf Wegen, in Anlagen und hinter den Häusern, die alle nach dem gleichen Konzept errichtet und doch nicht eintönig sind. Ein Bauspielplatz, ein Ponyhof, ein Schild am Straßenrande: »Nun fahr endlich 20!«, was eingangs regulär vorgeschrieben worden ist. Auslagen eines Buchladens nicht von gestern, wenngleich jetzt natürlich ganz im Zeichen des Lutherjahres. Auch das fast fertiggestellte neue Spitzenlastheizwerk fällt keineswegs aus dem Rahmen der in allen Lexika verzeichneten Großanlage.

So fügt sich auch der fast fertiggestellte Wohnbaukomplex nahtlos ins Gesamtbild, architektonisch wie funktionell ein moderner Baustein ganz im Stile des Gründers. Ein reich gegliederter, traditionell unverputzter Ziegelbau, nur ohne Giebeldächer, mit 51 Wohnungen, davon mehreren auch für Gruppen Behinderter und Nichtbehinderter. Die Architekten Grötzbach, Plessow und Ehlers haben die Aufgabe, nach altem Vorbild zu bauen, beispielhaft gelöst. Das Geld kam von Kirche, Bund, Land, Zahlenlotto und Aktion Sorgenkind. Welch umfassend sozialer Wohnungsbau!

Von der anstaltseigenen Gärtnerei kommen zwei Jungen auf Fahrrädern herüber, verlangsamen an der Baustelle das Tempo, einer sagt: »Sieht jut aus«. Es sieht nicht nur so gut aus. Das walte Wichern. *(3.4.83)*

Die Stadt behutsam erneuern

Das Bild trügt nicht. Berlin beginnt sich zu erholen. Dies darf bei allen Meinungsverschiedenheiten sogar von beiden Teilen der Stadt behauptet werden. Kurz vor ihrem Jubiläum ist die im Krieg zerstörte, durch dessen Folgen gespaltene und vom Verlust der Mitte und kultureller Maßstäbe betroffene einstige Reichshauptstadt relativ krisenfest, auf ihrem komplizierten Status ausbalanciert und wieder ansehnlicher. Die Zeit der Provisorien, des hastigen Behausens und des Offenhaltens von Plänen bis zur Wiedervereinigung ist vorbei. Man richtet sich in den gegebenen Bedingungen ein, holt schon einmal tief Luft, will nicht nur Objekt von Verhältnissen und Veränderungen sein und Rücksicht auf die Vergangenheit in Verantwortung vor der Zukunft nehmen. Gelingt es?

Was haben wir an Kraftakten verflossener Jahrzehnte zu bedauern? Was war verkehrt an der verkehrsgerechten Stadt? Wollten die Häuser zu hoch hinaus? Versinken wir beim Neubeginn schon im postmodernen Biedermeier? Fehlt es der von Adolf Arndt beschworenen Demokratie als Bauherr bezeichnenderweise immer wieder an wirklichen Bauherren? Taugen andererseits planerische Festlegungen des künftigen Stadtbildes für knappe Mehrheitsentscheidungen?

Beantworten lassen sich diese, unser künftiges Lebens- und Heimatgefühl mitbestimmenden Fragen nur mit der Einschränkung, daß es bei den Ergebnissen nicht um falsch oder richtig, sondern vornehmlich um Stil und Geschmack geht. Die erbitterte Auseinandersetzung und die Meinungsschwenkung des Senats in Sachen Kulturforum sagen genug darüber. Der nun laufende Wettbewerb für den sogenannten Zentralen Bereich zwischen Lehrter Güterbahnhof und Landwehrkanal zwingt indes zu lautem Nachdenken möglichst vieler über die Stadterneuerung. Als Maxime könnte dabei dienen, was an der anfangs konfusen IBA als Theorie und Praxis beeindruckte, die behutsame Stadterneuerung, wie sie in dem dunkelsten und engsten West-Berliner Bezirk, in Kreuzberg, von Hämer begonnen und realisiert wurde.

Rigorismen, Kahlschlag, Durchbruch, Kraftwerk im Walde und Sichtachsen schrecken. Andererseits dürfen manche Sorgen darüber wohl vernachlässigt werden, ob nostalgische Lampen oder die Gestaltung einer verkehrsberuhigten Zone höchsten Ansprüchen genügen, wer immer sie stellen mag. Urbanität wird von manchen zureisenden Rezensenten häufig anders definiert als von Bewohnern empfunden. Zu einer so kunterbunt zusammengewürfelten Stadt wie Groß-Berlin in einem gepflegten bezirklichen Föderalismus bildet ein bißchen Provinz hier und da auch den Humus für Entscheidungen, die möglichst einverständlich und für die Stadt auf hohem Niveau in des Begriffes mehrfacher Bedeutung getroffen werden sollten. Der Ortsteil kann auch schlauer sein als die Zentrale. Es war der Bezirk Tiergarten, nicht die Hauptverwaltung, die energisch gegen eine reaktionäre, nämlich die Speersche Breite nachplanende Straße des 17. Juni opponierte, weil dies weder den Vorbildern à la Lesser Ury noch künftigen Verkehrsbedürfnissen entsprach. Planung erfordert Orientierung am guten Gestern, soweit es sich mit dem vernünftigen Morgen verträgt.

An betoniertem Irrtum fehlt es uns freilich nicht. Es gibt aber auch postmoderne Architekturkritik, die hinterher alles besser weiß. Es war nicht alles falsch, was mit viel Schweiß, wenig Geld und außerordentlicher Entschlußkraft nach dem Krieg aus den Trümmern gestemmt wurde. Das Überstehen der Katastrophe verleitete freilich dazu, alles anders machen zu wollen. Fort mit den Resten! Nur nach vorn blicken. Wer es miterlebt hat, kann es nachfühlen. Er wird darüber lächeln, wenn heute in einer Fachdiskussion, wie jüngst gemeldet, behauptet wird, die Ernst-Reuter-Siedlung in Wedding sei vor allem eine Antwort der »Frontstadt gegen den Bolschewismus« auf die Stalinallee gewesen. Abgesehen davon, daß hüben selbst im »kältesten« Krieg versucht wurde, mit den Planern drüben Fachkontakt zu halten und Verkehrsanlagen im Blick auf Ganz-Berlin konzipiert wurden, war das Weddinger Neubauviertel Konsequenz aus der Trostlosigkeit des soundsovielten Hinterhofs der Gründerzeit. Daß man erhaltenswerte Substanz nicht um fragwürdiger Abschreibungsobjekte willen vernichten darf, wurde allerdings zu spät eingesehen. Das deutsche Pendel schlägt nun nach der anderen Seite aus. Als ob es nicht auch gute Gründe für einen Abriß geben könnte. Dabei sind Julius Poseners Kampf in dieser Zeitung für Muthesius-Villen oder unsere langjährigen Serien der Baudenkmale und der dafür vorzuschlagenden Häuser nicht vergessen.

Die »autogerechte Stadt« dient heute als Schimpfwort. Zu Hillebrecht in Hannover, der die ersten Stadtautobahnen baute, wurde gewallfahrt. Bausenator Rolf Schwedler holte ihn als Berater. Berlin-W. würde heute im Verkehr ersticken, wenn es nicht neben dem S-Bahn-Ring die Stadtautobahn gäbe. Und wer ein modernes Verkehrsmittel wie die M-Bahn durchsetzen will, wird dies auch gegen Bürgerinitiativen tun müssen.

Wir nannten Rolf Schwedler damals gelegentlich kritisch Tiefbausenator und kämpften für die Hohenzollerndamm-Bäume, als Grün noch längst keine politische Farbe war. Doch ließ er über Stadtbildpflege mit sich reden. Die alte Kaserne am Mehringdamm wurde kolonisiert, als wir dies zugunsten ihrer vollständigen Erhaltung vorschlugen. Vieles sind alte Hüte, mit denen man sich heute schmückt, weil viel mehr Geld da ist, um sie aufzubügeln. Was die S-Bahnhöfe unter West-Berliner Regie nicht nur für den öffentlichen Nahverkehr, sondern für die Wiederherstellung der Stadt selbst bedeuten, wird vor allem von denen mit Genugtuung registiert, die sich beim Eintreten für die Erhaltung der S-Bahn lange politische Utopisten nennen lassen mußten. Wir dürfen uns diese Wiederbelebung etwas kosten lassen. Es hilft mehr als manch neuer Repräsentativbau, weil es die Stadt dort heilt, wo und wie sie gewachsen ist, keine funktionslosen »Verschönerungen« aufpfropft, sondern gleichsam ein altes Bild restauriert.

Soll Restaurierung aber Restauration sein? Es ist zu bedauern, daß die Teilnehmer an dem Wettbewerb für den Zentralen Bereich von dem Auslober auf den alten Königsplatz verpflichtet werden. Das geschenkte Geschichtsmuseum soll den früheren Abstand der Krolloper zum Reichstag haben. Selbst an eine Wiederherstellung der Kuppel des von der Geschichte gezeichneten alten Parlaments ist gedacht. Würde der Polizeipräsident heute noch Pickelhaube tragen? Gehört Bismarck bei allem Respekt vor seiner historischen Größe wieder auf einen Platz der Republik? Denn diesen und nicht den alten Königsplatz gilt es für Morgen auszubauen. Warum sollen nicht die Architekten selbst darüber nachdenken, ob es für die Verkehrslösung eine Alternative zur »Stimmgabel« an der alten Siegesallee gibt? Was bis zur 750-Jahr-Feier allerdings fertig oder zumindest geklärt sein sollte, ist eine würdige Gedenkstätte am Platz des früheren Gestapo-Hauptquartiers. Der preiswürdig befundene Vorschlag wurde verworfen, auch eine Wiederherstellung des Prinz-Albrecht-Palais erörtert. Wäre das nicht Flucht vor unserer allzu nahen Vergangenheit in die Geschichte, in einen unverbindlichen Historismus?

An anderer Stelle der Stadt und in jenen Tagen, als die Kriegsgeneration nach heutigem Pauschalurteil das Vorher völlig verdrängte, entschied man sicherer. Wäre heute über die Ruine der Gedächtniskirche zu befinden, würde sie womöglich wieder aufgebaut und an den Kaiser erinnern. Im heutigen Kontrapunkt des überzeugenden Neubaus von Eiermann mit dem Mahnmal hat sich die Stadt zu gestern und morgen bekannt, schuf Wahrzeichen gegen Verdrängen und Vergessen. Allerdings bedarf es stets einer Politik, die den Steglitzer Kreisel nicht nur als Silhouette wahrnimmt. Er steht auch für einen Mangel an Behutsamkeit. Beim Umgang der Macht mit den Immobilien sind die Entscheidungen besonders folgenschwer und kaum reparabel, nicht nur architektonisch. *(19.1.86)*

My fair Wölffer

Die »Lady« sollen andere loben. Die Kritiker haben es schon getan. Im übrigen ist es Sache des Berliner Publikums, in den nächsten Wochen (oder Monaten?) zu entscheiden, ob es Bernard Shaws Dichterkind im duftigen Gewand der Musical-Muse so unerhört fair findet - berlinisch frei vielleicht mit »dufte« zu übersetzen - wie es das Publikum in mehreren Welstädten monate- oder jahrelang tat. Jedoch wäre es zuwenig, wenn wir Hans Wölffer, dem alten neuen Chef des alten neuen »Theater des Westens«, nur toi, toi, toi wünschten. Schon jetzt kann man ganz prosaisch das Lied vom mutigen Mann singen, der das Wagnis auf sich genommen hat.

Von einem Wagnis muß zweifellos gesprochen werden in der Stadt ohne Hinterland, in der ein Opernplatz, wenn wir richtig gerechnet haben, mit knapp 16 Mark pro Abend aus der Steuerkasse subventioniert wird, in der jahrelang Heinz Hentschkes sagenhafter Operetten-Grundstein nur in den Gazetten jeweils eine kurze Bleibe fand, in der immer wieder von der Scala geschrieben und nach der Operette gerufen wurde.

Hans Wölffer, der in seiner »Komödie« am Kurfürstendamm den bisher einzigen großen Berliner Musical-Erfolg suchte und buchte, ist persönlich etwa das Gegenteil von dem, was sich der kleine Moritz unter einem Manager vorstellt. Er hat's mehr in den Fingerspitzen als in den Ellenbogen, vor allem aber die Nase für die rechte Mischung von Kunst und Geschäft. Man könnte sich ihn gut im Faust-Vorspiel als Theaterdirektor denken. »Was hilft es viel von Stimmung reden? Dem Zaudernden erscheint sie nie... Das Mögliche soll der Entschluß beherzt sogleich beim Schopfe fassen.«

»Küß mich Kätchen«, die Widerspenstige frei nach Shakespeare, war finanziell verhältnismäßig leicht zu zähmen. Die weitgereiste »Lady« ist da gewiß viel, viel anspruchsvoller. Aber sicher war es richtig, ein großangelegtes Unternehmen, ein neues Zentrum der leichten Muse, beherzt zu beginnen. Als Wölffer den Sechs-Monats-Vertrag mit dem Senat unterschrieb, durfte er noch mit einem sehr starken Publikumsinteresse aus Ost-Berlin rechnen. Das würde wohl auch der Senat im Falle eines Notfalls nicht übersehen. Ein Reinfall ist ohnehin nicht zu befürchten.

Aber warum unken. Die Initiative eines alten Theaterhasen hat unserer Stadt eine neue Attraktion gehobener Unterhaltung gegeben. Dafür verdient my fair Wölffer Lorbeeren, die keineswegs Vorschuß sind. Ernst ist das Leben in Berlin. Drum gerade: Heiter sei die Kunst! *(28.10.61)*

Sie haben keinen Platz, keine Klimaanlage, keine Künstlergarderobe, keine 100 Klappsessel, keinen Mäzen und keinen Wohlwollensbonus der gestrengen Theaterkritik. Seit 16 Jahren aber nahezu chronisch Erfolg. Längst sind die durchaus anspruchsvollen Parodien einstiger Bühnenerfolge im umgebauten Flohkino am Südwestkorso eine Pflichtadresse vieler Berlin-Touristen. Firmen erbitten Extravorstellungen. Seit gut drei Jahren läuft und läuft die Revue über das deutsche Auf und Ab in der ersten Hälfte unseres fatalen Jahrhunderts, wozu eine Freitreppe und die Schlager, Couplets und Chansons trefflich genutzt und gesungen werden.

Am Sonntag wurde zum 1000. Male in: »Das Küssen macht so gut wie kein Geräusch«, frei nach Fritzi Massary, Vergangenheit zum Lachen vorgestellt, ohne daß der ernste Hintergrund in der jeweils gekennzeichneten Kulisse verschwände. Für die übliche Aktualisierung des Textes kam Heinrich Lummers kleiner Grenzverkehr gerade noch recht. Daß Gorbatschow zum Filet Stroganow gehört, versteht sich.

Das Berliner Rekordjubiläum – die legendäre »Linie 1« des Grips-Theaters verzeichnet bisher 370 hiesige Aufführungen – nahm die Prinzipalin, Sabine Fromm, die auch Buch und Regie mitbesorgte, zum Anlaß, die Alternativbesetzungen nacheinander und schließlich miteinander auftreten zu lassen, was den Heidenspaß multiplizierte. Wie alt eine der Stützen der temporeichen und für die Darsteller schweißtreibenden Aufführung demnächst wird, braucht nicht verraten zu werden, weil es ohnehin unglaubwürdig klingt.

Wie der Erfolg zu erklären ist? Sabine Fromm fällt dazu immer ihr Wahlspruch ein. Parodieren soll man nur, was man auch kann und liebt. In ihrer Plauderei zur Nachfeier bezog sie André Heller und einen Zirkuselefanten satirisch in ihr Ensemble ein, womit sie ihr Gespür für Pointen exemplifizierte. Die Deutschen tun sich, wie es heißt, schwer mit der leichten Muse und geraten auch bei dem Versuch, den Ernst des Lebens durch Kunst aufzuheitern, alsbald wieder ins Grübeln. Am Südwestkorso läuft's andersherum. En suite. Das gefällt den Leuten.

Die Kultursenatorin, obgleich bekanntlich auf Restriktion der puren Repräsentation bedacht, schaute auch zum Gratulieren vorbei. Otfried Laurs Berliner Theaterclub spendierte eine alsbald vernaschte »1000« vom Konditor. Das »Kleine Theater« sollte seine Rekordrevue beim nächsten Jubiläum getrost auf einer Bühne zeigen, vor der mehr Zuschauer lachen und noch mehr Geräusch beim Applaudieren machen können. *(12.9.89)*

Experimentierfeld Schule

Der Zweifel ist die Quelle des Fortschritts. Natürlich auch der Zweifel am Fortschritt; am eingeschlagenen Weg, am Tempo, an der Schrittlänge. Nicht jeder, der ein Stolpern befürchtet, denkt rückschrittlich. Wer solche nicht widerlegbaren Maximen auf die Berliner Schulpolitik anzuwenden sich erdreistet, erkennt am Echo aus der Schaltstation alsbald, daß er ein Tabu berührt.

Wer im kritikfreudigen Berlin von Fall zu Fall bezweifelt, ob am hiesigen Schulwesen ganz Deutschland genesen muß und wird, wer gelegentlich der besonnenen Weiterentwicklung des Bewährten den Vorzug gegenüber der experimentellen Revolution geben möchte, hört sogleich den Ruf erschallen: Haltet ihn, er ist ein Reaktionär! Wer nun gar, wie wir es heute tun, fragt, ob nicht an der Berliner Schule mehr experimentiert wird, als den Berliner Kindern guttut, der muß mit einer Eintragung ins Senatsklassenbuch rechnen.

Riskieren wir's. Denn nicht für die Schulverwaltung, sondern für das Leben schreiben wir. Es liest sich hübsch im heutigen lokalen Teil, daß nun ein begrenzter Englisch-Unterricht sogar in dritten Grundschulklassen präsentiert werden kann. Die Eltern waren einverstanden. Ist man ein Ketzer, wenn man dennoch überlegt, ob wir nicht in den nächsten Jahren genügend damit zu tun hätten, den wirklich fortschrittlichen Fremdsprachenunterricht in allen 5. Klassen zu intensivieren?

Oder schneiden wir ein allgemeines Problem an: Die Einheitsschule scheiterte am Widerstand der Eltern, was 1951 zum jetzt geltenden System der sechsjährigen Grundschule führte. In der Bundesrepublik gehen auch in sozialdemokratisch regierten Ländern die Kinder nur vier Jahre zur Grundschule. Was besser ist, bleibe dahingestellt. Aber muß denn das Bundesland Berlin in Buckow, im Märkischen Viertel und auf dem Falkenhagener Feld im großen Stil die Einheitsschule mit dem freundlicheren Namen Gesamtschule projektieren? Als Versuch, heißt es. Für die Kinder der neuen Mieter indes ein zwingender!

Verlegung des Schuljahresbeginns, Ganztagsschule, 5-Tage-Woche, Aufteilung von Klassengemeinschaften in Kern- und Kursunterricht. Der Katalog ist unvollständig. Es gibt praktisch keine neue pädagogische Theorie, für die Berlin nicht sogleich seine Kinder aufs Versuchsfeld schickt. Spüren diese nicht die Sporen eines Ehrgeizes, der um des Rekordes im Fortschritt willen alles auf einmal will? Zeigt sich nicht auch der wahre Schul-Meister in der Beschränkung? Wird zudem nicht dekretiert statt diskutiert, woran die weniger vitale Opposition nicht unschuldig ist? Braucht nicht gerade die Schule mehr Stetigkeit und Behutsamkeit als Sturm und Drang? Man wird doch noch fragen dürfen. *(27.1.65)*

Die uralte Elitebildung

Die Schule der Nation ist die Schule. Mit dieser schlichten, aber keineswegs simplen Feststellung hat einmal Willy Brandt ein preußisches Klischee, in dem das Militär als Schule der Nation bezeichnet wurde, ins Sprüchemuseum verbannt. Daß Schulpolitik bei einem krassen Regierungswechsel changiert, versteht sich von selbst. Wenn nur die Kontinuität auf diesem so sensiblen Gebiet nicht leidet. Der neue Senat will, wie berichtet, die anerkannten, das heißt die mindestens zur Leistung der öffentlichen Schulen gesetzlich verpflichteten Privatschulen kürzer halten, als der vorige Senat es geplant hatte.

Das entspricht den Einwänden der seinerzeitigen Opposition. Die Subventionierung der Personalkosten an den konfessionellen Privatschulen soll über die jetzt erreichten 90 Prozent nicht mehr hinausgehen, die der Steiner-Schulen und privaten Sonder- und Gesamtschulen werden auf diesen Satz zurückgestuft. Die Gleichstellung erscheint gerecht. Mit dem Stop werden die Schulen angesichts der veränderten politischen Situation leben müssen. Allerdings sollten die Begründungen für die keineswegs krasse Einschränkung stimmen. An der von uns wiedergegebenen Äußerung des schulpolitischen Sprechers der SPD aber war alles falsch.

Das klassenkämpferische Visier heruntergeklappt, hatte er geäußert, bei den vom alten Senat geplanten höheren Zuschüssen öffne sich eine Hintertür zu einer neuen Form der Elitebildung und zum Ausweichen begüterter Eltern vor Ausländerkindern. Diese Form der Elitebildung ist uralt. Der Irrtum, nur begüterte Eltern hätten Gründe, ihre Kinder auf Privatschulen zu schicken, ist nicht jünger. Es ist Voraussetzung der Genehmigung einer Privatschule, daß eine Sonderung der Schüler nach Besitzverhältnissen der Eltern nicht gefördert wird und minderbemittelten angemessene wirtschaftliche Erleichterung gewährt wird. So steht es im Privatschulgesetz. Und ein Gesetz ist keine Hintertür.

Manche Sozialisten reagieren schon auf den Begriff Elitebildung noch immer allergisch. Sie haben einen der wesentlichen gesellschaftlichen Erfolge des Sozialismus nicht mitbekommen: die Durchsetzung des Zugangs für alle zur Elitebildung. Denn nur darauf kommt es an, nicht auf das Nivellieren, die Verhinderung der Auslese und Förderung besonderer Begabung und Leistungsbereitschaft.

Wirtschaft, Staat und Gesellschaft sind auch im sozialen Ausgleich, bei der Befriedigung geistiger und leiblicher Bedürfnisse um so erfolgreicher, je besser es gelingt, jeden nach seinen Fähigkeiten auszubilden und arbeiten zu lassen.

Dazu trägt ein möglichst differenziertes Schulwesen entscheidend bei. *(10.10.89)*

Bei den Türken im Wort

Den Prinzen Eugen zu beschwören, der den Ansturm der Türken vor Wien abwehrte, wo sie immerhin den Kaffee hinterließen, kann nur einen Sinn haben: Geschichte als Nicht-Wiederholung zu begreifen. Diesmal kamen die Leute vom Bosporus nicht als Eroberer, sondern zunächst auf Wunsch. Dennoch wurde natürlich eine schon zu Beginn dieses Jahrhunderts begründete politische Freundschaft sozial dadurch strapaziert, daß in dem dicht besiedelten Weststück von Nachkriegs-Deutschland mit seiner Berliner Exklave sich die stärkste türkische Kolonie außerhalb der Heimat bildete. Doch nun sind die Deutschen vor der Geschichte herausgefordert, die Verflechtung als Verpflichtung zu begreifen und zu bestehen.

Gewiß bedeutet das auch, weitere Zuzüge vernünftig zu beschränken, schon um Abwehrreaktionen in der Bevölkerung psychologisch vorzubeugen, die das Zusammenleben erschweren. Der Ton liegt auf: vernünftig. Das Diskutieren über ein auch nur begrenztes Wahlrecht, also elementares Bürgerrecht, für Ausländer, die hier zwar leben, aber eben nicht Staatsbürger werden wollen, ist eher integrationswidrig.

Inhumane Praktiken indes, wie sie die Berliner Behörden wiederholt und zuletzt ausgerechnet an schwangeren Frauen vollzogen haben, sind eklatante Verletzungen auch wohlverstandener deutscher Interessen. Wenn der Senat sich durch seinen Sprecher auf gerichtliche Bestätigungen beruft, muß er sich von seiner Ausländerbeauftragten sagen lassen, daß formale Erlaubnis noch keine Aufforderung ist. Die Einsetzung einer Härtekommission bestätigt immerhin das schlechte Gewissen.

Freilich entsteht dabei die Frage, ob es angesichts der allerdings noch unpräzisen Bonner Zusagen solcher Kommissionen überhaupt bedarf. Aus dem Versprechen gegenüber dem assoziierten EG-Mitglied Türkei, die schon hier lebenden Türken wie EG-Bürger zu behandeln, Praxis zu machen, wird nicht leicht sein. Doch Bonn ist nun gegenüber unseren Türken im Wort. Gerade an der Behandlung von Einzelfällen werden sie und wir merken, ob die Integration ein Alibi-Spruchband ist, während wir uns im Alltag ungerührt unserer Paragraphen bedienen.

Je flexibler im Zweifel die Anwendbarkeit einer allgemeinen Norm am menschlichen Maßstab überprüft wird, je mehr wir verdienten Ansprüchen der hier seit langem arbeitenden Ausländer gerecht werden, desto mehr werden wir Verständnis dafür finden oder fordern könne, daß die Bundesrepublik nicht einfach ein offener Druckausgleichkörper für die politischen und sozialen Probleme anderer Länder sein kann. *(10.7.85)*

Michael Kohlhaas und die Schutzmächte

Warum sind wir West-Berliner so frei, auch die Schutzmächte zu kritisieren? Weil wir sie haben. Dieser ebenso schlichte wie für unsere Lebensform grundlegende Sachverhalt scheint im Laufe der Jahre zu verblassen. So sollten die Konturen der Berliner Wirklichkeit wieder einmal nachgezogen werden. Auch sei auf die Trossen gewiesen, die das Netz halten, ohne das wir ratlos wären. Denn es häufen sich Anzeichen dafür, daß Informationen Erfahrungen offenbar nicht ersetzen können. Darüber vernehmlich nachzudenken, wollen wir nicht nur einem der Stadtkommandanten überlassen, der dies mit der von den Berlinern gewohnten und geschätzten Zurückhaltung in einem SFB-Interview getan hat. Wie haben wir's mit den Schutzmächten?

Keine Angst, hier ist nicht die Kapuzinerpredigt eines Blockade-Berliners zu erwarten und die Klage eines Veteranen des kalten Krieges wider die undankbare und unverständige Jugend. Es spricht durchaus für den gesellschaftlichen Fortschritt auf dem Fundament einer machtpolitisch abgesicherten freien Existenz, daß auch deren Garanten von unbequemen Fragen nicht verschont werden. Je geringer der Solidaritätszwang dank Abnahme des Drucks von außen, desto unbefangener sieht man sich im eigenen Bereich um. Es braucht ferner nicht betont zu werden, daß in dieser Zeitung bei vielen Gelegenheiten die geistige Gegnerschaft zu unserem politischen Nachbarn nicht nur als Hindernis, sondern auch als Aufforderung gewertet worden ist, miteinander auszukommen. Doch Entspannungsbemühungen oder deren regionale Unterstützung an einer Schweißnahtstelle des Globusses sind gerade dann wenig erfolgversprechend, wenn man der eigenen Position unsicher ist oder wird.

So nahmen wir die Klage eines noch jungen Lesers ernst, der sich gegenüber Freunden gelegentlich über sein bewußt positives Verhältnis zu den Alliierten äußert. Er bekäme dann zu hören, er verwechsele schon wieder die Schokoladen-Amis mit den SDI-Amis. Die Verwechselung liegt auf seiten der Kritiker, und sie ist nicht so banal, wie sie formuliert wird. Einmal steckt darin die Verniedlichung einer historischen Bewährungsprobe, zum anderen wird die aktuelle und abgelehnte Politik einer befreundeten Großmacht mit den von ihr vertretenen und verteidigten Prinzipien gleichgesetzt. Als ob mit einer Kritik an Reagan das Präsidialsystem der USA und die Verpflichtung der Amerikaner für Berlin in Frage gestellt werden könnten. Der Irrtum ist um so fataler, als bei solch im Grunde unpolitischer Betrachtung die undemokratische Herkunft der uns näheren, aber nicht nahestehenden Supermacht keineswegs wertend einbezogen, sondern als eben unabänderlicher Faktor anerkannt wird. Weder etwaige Fehler westlicher Politik oder die unzweifelhafte Friedenssehnsucht aller normalen Menschen noch die zu Recht beschworene Verantwortungsgemeinschaft beider Staaten auf deutschem Boden ändern etwas an der existentiellen Bedeutung der Verpflichtung der USA, Großbritanniens und Frankreichs für die mit den Sowjets sorgsam ausbalancierte, in unserem Teil freiheitliche Berliner Koexistenz.

Die Schokoladen-Amis sind die Väter der Raketen-Amis. Man braucht Mururoa und Greenpeace nicht zu vergessen, wenn man Nuancen beim Besuch des französischen Staatspräsidenten zur Kenntnis nimmt. Und man muß von einem britischen Schießplatz nicht begeistert sein, um dem britischen Beitrag für den Schutz Berlins gerecht zu werden. Damit sind wir bei den Berliner Querelen. Da stört der Schießlärm, Panzerfurchen im Walde werden schärfer beobachtet, seit er ohnehin krank ist. Und bei nächtlichen Gefechtsübungen werden Zeitungsredaktionen befragt, ob denn das wirklich sein müsse. Und was habe eigentlich die Freiheitsgarantie mit überholten Besatzungsbestimmungen zu tun. Sei das nicht geradezu widersprüchlich? Selbst amerikanische Richter und britische Anwälte beschäftigten sich doch mit der Frage, ob in einem politisch gesicherten Rechtsstaat die letzte Entscheidung über individuelle Rechtsansprüche bei der vom Militär repräsentierten Besatzungsmacht liegen dürfe. Selbstverständlich darf man bei uns so fragen. Nur müssen wir auch die Verwunderung unserer Beschützer darüber verstehen, daß manche und möglicherweise immer mehr Berliner die Antworten darauf nicht selbst finden.

Da wird ein britischer Soldat in einem Prozeß vor einem Militärgericht unter fragwürdigen Umständen von dem Verdacht der Vergewaltigung einer Deutschen freigesprochen. Dies scharf und kritisch zu kommentieren, wie wir es getan haben, heißt doch nicht, den Rechtsprechungsvorbehalt der für die Sicherheit dieser Stadt unmittelbar zuständigen Alliierten für deren Staatsangehörige pauschal zu verwerfen. In den wenigen Fällen, in denen die Schutzmächte sich gegen Berliner Proteste Entscheidungen vorbehielten, hatten sie zumeist wie die Amerikaner in Düppel gegenüber deutschem Hin und Her bemerkenswerte Geduld bewiesen. Ob der Kladower Schießplatz der planenden Weisheit letzter Schluß war, bezweifeln nicht nur die gestörten Nachbarn. Beispiele schmerzlich spürbarer alliierter Eingriffe muß man in vierzig Jahren indes mit der Lupe suchen. Unter solcher »Willkür« starker Freunde lebt es sich gut. Schutzschild ohne Besatzungslast? Das geht nicht. Über Rechtsansprüche auf Entschädigung im Einzelfall müßten sich Deutsche Gedanken machen, oder soll ein europäischer Gerichtshof darüber entscheiden, wo und wie oft bei einer Nachtübung in Berlin geschossen werden darf? Prozesse kann man übrigens auch verlieren. Außenpolitische Sicherheit braucht Soldaten. Soldaten müssen üben, damit ihre Bereitschaft glaubwürdig abschreckt. Über Modalitäten wird stets geredet.

Michael Kohlhaas war nicht zufällig Deutscher, ein Michel eben. Kleist wußte, warum er ihn unsterblich machte. Gründlich ins Deutsche übersetzt, könnte ein alter justizkritischer lateinischer Spruch so lauten: Wenn ich nicht recht bekomme, soll meine Welt zugrunde gehen. Der moderne Kohlhaas schickt seinen Anwalt Geulen auch gegen »Herzöge«, die ihm seine Gäule nicht nehmen wollen, aber seinem Stall, den sie ihm sichern helfen, zu nahe kommen. Wird demnächst jemand die zuständige Schutzmacht verklagen, weil sie nicht dafür sorgt, daß die schwer erträgliche und gelegentlich Schäden verursachende Düsenjägerknallerei der Sowjets aufhört? Kaum, denn damit stieße er an die Grenzen der Schutzmacht, die ihn über Jahrzehnte getreulich und verläßlich vor Schlimmerem bewahrt hat. Das Luftbrückendenkmal wird zur Zeit repariert. Man sollte das getrost symbolisch verstehen. Der Teufel steckt auch nicht im Detail überholter alliierter Anordnungen, die der junge Regierende Bürgermeister zu Recht entrümpeln helfen will. Doch haben wir größere Sorgen.

Nimmt man eine vom SFB jüngst mitgeteilte Umfrage auch nur tendenziell bei Wort und Zahl, so wäre heute jeder fünfte West-Berliner der Meinung, wir könnten auf die militärische Präsenz der Schutzmächte verzichten. Verträge mit der Sowjetunion und der DDR täten es auch. Von einer Bedingung, die Welt oder auch nur Europa müßte zuvor neu geordnet werden, war nicht die Rede. Freiwilliger Verzicht also auf den Status, ohne den es ein freies West-Berlin gar nicht gäbe. Good bye Tommy? Adieu Marianne? Ami go home? Dann wäre es an der Zeit, nicht nur den Reichstag einzupacken. Die Schutzmächte garantieren auch die Möglichkeit, so naiv zu sein. Doch sie können sich langfristig darauf verlassen, daß es immer eine solide Mehrheit der Berliner geben wird, die verdienen, helle genannt zu werden. *(31. 11. 85)*

Das Berliner Selbstbewußtsein

Morgen vor vierzig Jahren gingen die Berliner zum erstenmal nach dem Kriege wählen. Es war bis heute in einem Zeitraum von mehr als einem halben Jahrhundert die einzige freie Wahl von Groß-Berlin. Zwar hatten die Sowjets in ihrem Sektor mit Sonderzuteilungen Stimmung für die SED zu machen versucht, jene Zwangsvereinigung, die in den Westsektoren an einer freiheitsbewußten SPD scheiterte. Der Schirm der Schutzmächte machte es möglich. Doch auch im Ostsektor waren die Wahlen dank Kontrollen aller vier Mächte frei und unbehindert. 92,3 Prozent der Berechtigten gingen zu den Urnen, eine Quote, die nur 1958 nach der Drohung Chruschtschows knapp übertroffen wurde. Die Berliner hatten vor dem harten Winter 1946/47 wenig zu beißen, zu heizen und zu lachen, aber alles zu hoffen. Die SED schaffte 19,3 Prozent des Stimmenanteils. Der Selbstbehauptungswille der SPD, der einzigen Traditionspartei, wurde mit 48,7 Prozent honoriert. Die noch neue CDU kam auf 22,2, die LDP auf 9,3 Prozent. Kurt Schumacher, der von der Verfolgung durch Hitler schwer gezeichnete Vorsitzende der SPD, sprach von »dem Berliner Oktober«. In ihm habe sich, da die Stadt der einzige Ort unter gemeinsamer Aufsicht der Sieger sei, der deutsche Volkswille offenbart. In den Ruinen, den Nöten und langen Schatten der noch nahen schrecklichen Vergangenheit bildete sich unter einzigartigen Bedingungen ein neues Berliner Selbstbewußtsein, das bei späteren Herausforderungen schwere Belastungsproben bestand. Gerade in dem Vorjahr eines runden Jubiläums der Stadt erscheint es nützlich, ja geboten, nicht nur Kurfürsten wiederauferstehen zu lassen, sondern uns auch die junge Geschichte unserer besonderen Existenz zu vergegenwärtigen und zu fragen, wie es hier und heute mit dem Selbstbewußtsein der Berliner bestellt ist.

Was die seinerzeit von Schumacher beschworene modellhafte Willensbekundung betrifft, so ist Berlin seitdem immer wieder gefordert, aus einer Not, der Spaltung, auch eine Tugend zu machen. Solange das Brandenburger Tor zu ist, ist die deutsche Frage offen. In Berlin ist das kein Spruchband, sondern Alltag. Zum anderen wird gerade hier jede deutsch-nationalistische Geisterbeschwörung zum bloßen Spuk vor der Wirklichkeit einer freien Existenz allein auf Grund internationaler Abkommen und sorgfältiger Machtbalance. Ost-Berlin ist dieser Wirkung trotz vieler vollendeter Tatsachen nicht entzogen. Eine Osmose des Sauerstoffs Freiheit findet dosiert statt. Die faktische Hauptstadt der DDR kann den Mantel der völkerrechtlichen Umhüllung nicht einfach von den Schultern schütteln. Inzwischen reden wir nicht nur miteinander; es geschieht auch drüben zunehmend mit weniger Scheuklappen.

Der Regierende Bürgermeister wäre kein mit Spreewasser getaufter Berliner, hätte er eine offizielle Einladung nach Ost-Berlin zur getrennten Feier einer nur jüngst aufgebröselten gemeinsamen Geschichte einfach als statuswidrig abgelegt, wie ihm von auswärts, nicht in Berlin, deutlich empfohlen wurde. Er hat sowohl eilfertige Vorwürfe der Berliner Opposition, er ziere sich zu lange, wie auch apodiktische Warnungen vor einer Mißachtung des Status in abgewogenen Erklärungen, ja mit dem Selbstbewußtsein eines mit allen Haken und Ösen vertrauten Berlin-Profis entschärft. Diepgen nimmt es gelassen hin, wenn ihm jüngst häufiger nachgesagt wird, er rufe bei den Schutzmächten gelegentlich ein Stirnrunzeln hervor, weil er die Lage der Stadt nicht zuletzt als Aufforderung versteht, mit denen drüben intensiver zu sprechen. Er unterstellt zu Recht, daß ein Berliner Regierungschef seiner politischen Herkunft und seines Naturells nicht für naiv gehalten wird, von Zweifeln an gut westlicher Denkart zu schweigen. Daher ist er so frei, Kritik an Einzelmaßnahmen der Schutzmächte nicht als eine Art Berliner Landesverrat zu betrachten oder das Paragraphengestrüpp veralteter Kommandantur-Vorschriften mit der Gartenschere anzugehen. Je unbefangener wir nach mehr als vierzig Jahren Gemeinsamkeit miteinander reden, desto deutlicher und überzeugender können wir uns mit Minderheiten auseinandersetzen, die den elementar zutreffenden Begriff Schutzmacht als Fremdwort verstehen und ausgerechnet hier, wo die Verträglichkeit der geteilten Welt auf die deutsche Probe gestellt wird, rechts oder auch links ins Nationale ausfransen.

Gewisse protokollarische Bemühungen im offiziellen Ost-Berlin, es den Westlern nicht allzu schwer zu machen, seien registriert. Die Einladung an Diepgen gibt als Bütten-Beleg für die Dreistaaten-Theorie nichts her, von der Gefahr eines neuen Rapallo der unzuverlässigen Deutschen nicht zu reden. Das gilt auch für den Oppositionsführer Momper, wenngleich über Initiativen und Formulierungen mit der SPD gestritten werden darf und muß. Momper und Diepgen sind beide noch jung. In der größeren Unbefangenheit ihrer Generation sind sie trotz scharfer aktueller Differenzen einander mitunter ähnlicher oder näher als etwa der Volker Rühe in Bonn dem Franz-Josef Strauß in Bayern. Werden Berliner Politiker von Statur, die Politik als Kunst des Möglichen definieren, drinnen oder draußen wegen ihres zeitgemäß deutlichen Blicks nach drüben als eine Art Wackelkontaktmänner denunziert, so sollte das in Berlin nicht nur auf den Widerstand ihrer Parteifreunde stoßen.

So haben wir mit Genugtuung die deutliche »Berliner Linie« in der Asylantenfrage registriert, als der Senat am neuralgischen Punkt eines weltweiten Problems unverzüglich, umsichtig und nachdrücklich für praktische Maßnahmen eintrat und sorgte, statt wahlpropagandistisch am Grundgesetz herumzumäkeln. Vor allem der Verfassungspatriotismus ist es, den unser Land nicht nur im eigenen Interesse braucht. Die Erfolge einer Rechtsaußen-Partei in Bayern, bei Wählern, denen die CSU nicht forsch genug ist, unterstreicht das nur. In Berlin ist soeben eine Kommission gegen den Antisemitismus gebildet worden, was vor allem und über die Stadt hinaus als ein Appell zur Solidarität mit den jüdischen Mitbürgern verstanden werden will, die es fertiggebracht haben, trotz Auschwitz Deutsche zu bleiben. Die Tradition preußischer Toleranz ist ein zentraler Aspekt des Rückblicks auf unsere Geschichte. Helmut Schmidt will darüber in Potsdam sprechen. Unsere Antwort auf die Mauer muß Offenheit sein.

Natürlich werden solche Berliner Betrachtungen auch die Frage provozieren, ob wir Kostgänger der Bundesrepublik gerade jetzt Grund hätten, von Selbstbewußtsein zu reden. Geht es nicht mitunter provinziell zu an der Spree? Verrät nicht manche Anstrengung, nur ja keine Woche rund um die Gedächtniskirche ohne ein Fest vergehen zu lassen, Unsicherheit? Wir müßten wirklich an Minderwertigkeitskomplexen leiden, wollten wir uns solcher Kritik verschließen. Ja, wir übertreiben nicht selten; beim Denkmalschutz, bei der Stadtmöblierung, dem Mißverständnis von Urbanität, dem Baustelleneifer, damit es zum Jubiläum nur noch Prachtstraßen gäbe. Freilich läßt manches auch auf eine sympathische Unternehmungslust einer Bevölkerung schließen, die zwar durchmischt ist wie kaum eine andere hierzulande, in der aber eine kollektive Bereitschaft zur Selbstironie und für unorthodoxe Ideen unverwüstlich erscheint.

Mit solcher Originalität ist allerdings nicht die chronische Verquickung von Politik und Geschäft gemeint, ein weitläufiger Verlust an Rechtschaffenheit, um dieses altmodische Wort zu verwenden, der in Skandalen lediglich kulminiert. Den Regierungswechsel in einer jahrzehntelang sozialdemokratisch regierten Stadt hatte vor allem ein Unwille der Mehrheit der Bevölkerung über roten Filz und Ämterpatronage bewirkt. Nun stellt sich heraus, daß manche nach der Wende bis über die Augen und Ohren im schwarzen

Schlamm stecken. Das nagt am Selbstbewußtsein der Berliner. Sich mit diesen Erscheinungen unerbittlich auseinanderzusetzen, entspricht nicht nur der selbstkritischen Tradition der Stadt, sondern ist auch ein Gebot der Selbstachtung, ja Selbsterhaltung. Wird das Bewußtsein dafür nicht neu geschärft und politisch umgesetzt, würde selbst sturmerprobten Berlinern bange. *(20.10.86)*

Die historische Dimension

Ja, es darf unterstellt werden, daß eine Mehrheit der West-Berliner einer eventuellen rot-grünen Koalition mit zumindest gemischten Gefühlen entgegensieht. Zu vieles haben die Alternativen geredet und gefordert, was an die Wurzeln des gewachsenen Selbstverständnisses der Bevölkerung geht. Die Wahl aber liegt hinter uns. Mancher Politiker mag bedauern, davor zu wenig gekämpft zu haben. Mit großen Worten danach ist nichts wettzumachen. Immerhin, der Generalsekretär der CDU spricht nach einer Atempause nicht mehr von einer »Koalition des Irrsinns«. Dagegen wäre auch schwer legal zu opponieren, denn Irrsinn ist nicht geschäftsfähig. Seine Absage an das nunmehr politisch Mögliche hat er reduziert. Es sei »ein Tiefpunkt mit historischer Dimension für die Stadt seit 1945«. Erstmals würden nun auch ehemalige Kommunisten in die Senatspolitik einziehen. So Landowsky.

Je größer die Worte, desto härter gehören sie abgeklopft. Wenn schon historisch, dann bitte richtig. Nach 1945 waren Kommunisten im Magistrat. Vielleicht ist 1948 gemeint. Doch wer in historischen Dimensionen denkt, erkennt, daß sogar der Kommunismus sich zu entwickeln scheint. Wandel durch Annäherung. Jedenfalls wäre es unpolitisch, auf Gorbi zu hoffen, aber Ex-Kommunisten in einer West-Berliner Regierungspartei für Sprengkörper zu halten. Der Mensch kann und darf irren. Wer wäre in historischer Dimension mehr auf solche Nachsicht angewiesen als wir Deutschen.

Übrigens hatten wir auch nach der Spaltung der Stadt einen ehemaligen Kommunisten im Senat. Er hieß Ernst Reuter. Diepgen hat jüngst beklagt, daß die heutige SPD nicht mehr die Ernst Reuters sei. Vorsicht beim Beschwören der historischen Dimension.

Willy Brandt war als junger Mann reichlich marxistisch, hat es aber nach Stresemann und Ossietzky als dritter Deutscher zum Friedensnobelpreis gebracht. Ob die »Weltbühne« heute gegen eine rot-grüne Koalition wäre? Man soll politisch nicht spekulieren? Aber ist es nicht zu billig, die Tucholsky und Kästner zu loben, weil sie so flott schreiben konnten, so schöne Verse machten, sie aber politisch nicht ernst zu nehmen?

Jeder soll bei seinem Wort genommen werden, nicht zuletzt die AL, zumal sie nun mit an die Macht will und womöglich kommt. So traf Senator Pieroth im Fernseh-»Stadtgespräch« ins Schwarze oder vielmehr ins Rot-Grüne, als er AL-Köppel sagte, dieser könne sich nicht einfach für den fatalen Vorschlag gegen die Berliner Arbeitnehmerzulage entschuldigen, als sei es ein Versprecher gewesen. Denn die Grünen hätten just diesen im Bundestag als Antrag eingebracht. Gesagt ist gesagt. Heute hüh, morgen hott – wer würde sich nicht davor fürchten, so regiert zu werden.

Doch auch der Vertreter der Arbeitgeber darf gefragt werden, ob er in der Fernsehrunde Maß hielt, als er auf die der AL vorgeworfene Konfliktbereitschaft mit der Industrie sagte: »Den Konflikt werden Sie nicht haben!« Es gebe genügend Orte, wo die Industrie ohne Konflikt arbeiten könne. Klingt das nicht zu sehr nach dem, was Brecht ironisierte, als er der Regierung vorschlug, sich ein anderes Volk zu wählen?

Wer mit gebotenem Abstand zum Alltagsärger auf diese Stadt schaut, wird erkennen, daß sie größer, mithin beständiger ist, als manche Worte, die über sie fallen. An unseren Sorgen dürfen wir freilich nicht vorbeigucken. Wer aber das Fernglas der historischen Dimension benutzt, richte es, falls er im Bilde sein will, nicht aufs Vordergründige. *(26.2.89)*

Mehr als hineinpassen

Ist es nicht, als sei es gestern gewesen, daß Bürgermeister und Bürger mit dicker Sorgenfalte auf der Stirn fragten: Wo kriegen wir bloß Berliner her?

Sterbeüberschuß und Abwanderung veranlaßten die Demographen zu Hoch- oder besser Niederrechnungen mit bis zu 20 Prozent Bevölkerungsrückgang zur Jahrtausendwende. Auch auf Pessimismus ist nie Verlaß. Oder wie wir hier vor neun Jahren schrieben: »Die Weltgeschichte hat sich noch nie nach den Prognosen ihrer Erbsenzähler gerichtet, womit nichts gegen die Statistiker gesagt ist.« Zahlen müssen nur als Aufforderung verstanden werden.

Schon vor dem Zustrom der Asylbewerber, der Wirtschaftsflüchtlinge, der Aussiedler und Übersiedler im gegenwärtigen Schwall konnte Eberhard Diepgen noch als Regierender sagen, der Wohnungsmangel habe einen erfreulichen Grund: Berlin sei wieder attraktiver für Westdeutsche. Die Volkszählung ergab dann einen Fortschreibungsfehler zu Berlins Gunsten. Das waren wieder fast 100 000 Bewohner mehr, als die Statistik ausgewiesen hatte. Nun trifft alles zusammen. Der Aufbruch der Deutschstämmigen aus dem Osten, weil Perestrojka auch die Freiheit gibt, ihr wirtschaftlich nicht zu trauen. Dann die deutschen Übersiedler, deren Hoffnung schwindet, daß die SED die revolutionäre Veränderung des Sozialismus kapiert, sowie die chronische internationale Attraktivität der Freiheit auf dem Boden des Grundgesetzes und der sozialen Marktwirtschaft.

Nicht nur Ost-Berliner wollen nach Flucht oder Ausreise in Berlin bleiben. Viele andere Zuwanderer fühlen sich gerade in dieser ummauerten, aber sozial vergleichsweise offenen Stadt weniger fremd. Das hat natürlich, insbesondere wegen der besonderen Berliner Situation buchstäblich Grenzen. Es fällt sogar wieder das Wort Zuzugssperre.

Wenige Berliner erinnern sich, daß das Verbot des Zuzugs in die zerstörte Stadt erst wenige Wochen nach dem Mauerbau förmlich aufgehoben wurde. 1960 war es für Arbeitskräfte gelockert worden. Wir hatten an dieser Stelle schon 1958 die Frage aufgeworfen, ob eine Stadt, die so sehr auf frisches Blut angewiesen sei, sich eine Zuzugssperre leisten könne. Dann wurde mit Geldprämien um Arbeitskräfte geworben.

Es wäre absurd, die mit dem Bundesgebiet seinerzeit hergestellte Freizügigkeit anzutasten. Für den Strom der Zuwanderer aber aus dem Osten und dem Ausland ist die örtliche Kontingentierung, ihre gerechte Relativierung zu den Aufnahmequoten im Bundesgebiet unter Berücksichtigung der Berliner Situation und die strikte Durchsetzung unerläßlich.

Senatorin Stahmer und Senator Nagel haben mit ein paar Einzelbeispielen dieser Tage verdeutlicht, daß nicht nur die Berliner zusammenrücken und den sozialen Wohnungsbau mehr in Schwung bringen müssen, sondern daß auch die Zuwanderer einsehen müssen: auch der goldene Westen hat seine Nöte und Engpässe. Da gilt es erst einmal, sich zu behelfen und zurückzustecken.

Die Stadt hat Schlimmeres mit Vernunft und Herz gemeistert. Sie wird auch damit fertig werden, daß wieder mehr Menschen West-Berliner werden wollen, als in die Stadt hineinpassen. In Berlin schürzt sich erneut ein Knoten beispielhaft, der nicht hier gelöst werden kann. *(17.8.89)*

Der Tag von Berlin

»Hier schlägt das Herz der Nation«, hat Willy Brandt einmal gesagt und Berlin gemeint. So anspruchsvoll das Wort klingt, will es nicht lokalpatriotisch verstanden sein. Wer immer in historischen Stunden den Puls der Stadt fühlt, empfindet ohne Sentimentalität, aber bewegt, wie an dieser Schlagader die deutschen Befindlichkeiten spürbar werden, wie sehr Berlin, wenn schon nicht Hauptstadt, so doch politische deutsche Metropole ist.

Nach einer kurzen Frist der Verblüffung, des ungläubigen Staunens, ob das Wunder wahr werden könnte, kamen die

Ost-Berliner, um die Probe zu machen. Dem laut Goethe »verwegenen Menschenschlag« gelang wieder einmal mehr, als offiziell bereits versprochen war. Die ob der ungewohnten Liberalität verunsicherten Grenzwächter reagierten zunächst unterschiedlich, schließlich aber einsichtsvoll, wollten nicht päpstlicher sein als das Politbüro. Dieses Zugeständnis wurde alsbald sanktioniert und entgegen einer Ankündigung auch bis zum Wochenende nicht revidiert.

So konnten und können die Ost-Berliner mit ihren seit fast einer Generation glücklicheren Nachbarn die Mauer zur bloßen Kulisse eines Volksfests der Gemeinsamkeit, der Wiedervereinigung einer Stadt machen. Die dabei zu beobachtenden Szenen, nicht zuletzt auf dem Kurfürstendamm als Treffpunktmeile und Boulevard ganz Berlins, bezeugten, wie nachrangig die Wiedervereinigung als politischer Zielkonflikt erscheint, da sie eine spätere Folge jetziger Entwicklungen sein kann. Vorrangig sind Freiheit und Selbstbestimmungsrecht. Falls die Menschen glauben, daß sie auch künftig kommen und gehen können, werden sie eher drüben bleiben. So äußerten sich viele bei ihrer Stippvisite. Manche fügten hinzu, daß sie schließlich pünktlich zur Arbeit antreten wollten. Wink und Bestätigung für die SED, daß man Menschen menschlich nur binden kann, wenn man sie nicht fesselt.

Der historische Tag läßt viele andere der an erschütternden Ereignissen gewiß nicht armen Geschichte Berlins verblassen. Als Ernst Reuter während der Blockade rief: »Schaut auf diese Stadt!«, war das ein Hilfeschrei. In diesen Stunden, in denen nach Mompers Wort die Deutschen das glücklichste Volk sind, ist uns die Aufmerksamkeit, ja das Staunen der Welt sicher. Die »häßlichen«, die unruhigen Deutschen geben Grund zur positiven Verwunderung. Der von einem bislang diktatorischen Regime geduldete, womöglich gebilligte spontane nächtliche Aufbruch durch die zum musealen Baudenkmal degradierte Mauer war ein beispielhaft friedliches Volksbegehren.

Als die West-Berliner während der Blockade zum Westen hielten, begann die Hoffnung der Sieger über Hitler zu keimen, daß die Demokratie auch hier endlich fruchtbaren Boden finden könnte. Am 17. Juni 1953 erstickte der Wille zur Freiheit im Blut, als die Panzer rollten. Dank Gorbatschow rollen sie nicht mehr. Wir werden nicht vergessen, daß es die sowjetische Perestrojka war, die Polen und Ungarn die Freiheit ermöglicht und die Voraussetzungen geschaffen hat, daß die Ost-Berliner eines Nachts unschikaniert in den Westen aufbrechen und furchtfrei zurückkehren konnten, wenn sie wollten.

Diesen Aufbruch zu normalisieren, die politischen organisatorischen und wirtschaftlichen Paßformen für das zu finden, was wir vor kurzem noch kaum zu denken wagten, ist eine Herkulesaufgabe aller Deutschen, vor allem des wohlhabenden Teils dieses schwierigen Vaterlandes. Die schnelle Einrichtung dringend erforderlicher neuer Übergänge durch die hinfällige Mauer setzt ein gutes Zeichen. Wie man hört, will die DDR-Regierung gar den Vorschlag des Volkes, den Stasi sinnvoll zu beschäftigen, im Bergbau verwirklichen. Krempeln auch wir im Westen die Ärmel auf. Soviel aber steht schon fest: Berlin, Deutschland, Europa werden nie mehr sein wie in den 28 Jahren zuvor. Und das kann nur besser sein. *(11. 11. 89)*

Hüben und drüben

»Solange das Brandenburger Tor zu ist, ist die deutsche Frage offen.« Ein gutes Wort, denn es war wahr und durchaus nicht nationalistisch. Zudem akzentuierte es die Schlüsselrolle Berlins für die Lösung eines Provisoriums, das vor der Geschichte keinen Bestand haben konnte, aber viel früher als erhofft dramatisch und friedlich beendet wurde. Das Rad kann und soll aber nicht zurückgedreht werden. Die Bundesrepublik Deutschland war nach einem Wort Richard von Weizsäckers der Osten des Westens. Bald wird das vereinigte Deutschland diese Rolle in Europa gemeinsam mit seinen befreiten östlichen Nachbarn zu spielen haben. Die Berliner vor allem wissen, wem sie die Freiheit verdanken: westlicher Solidarität und östlicher Perestrojka. Auch die Mauer hat ihnen nie den Blick dafür verstellt, daß Freiheit und Recht vor Einheit gehen, wenn Europa zueinander finden soll.

Hauptmann Tregubows Antworten

»Keine Freiheit für die Feinde der Freiheit. Sie mögen über Totalitarismus schreiben, soviel sie wollen, wir werden an dieser Politik festhalten. Wir verschleppen niemand, sondern nehmen Verbrecher fest. Diese werden zurückkehren, wann, weiß ich allerdings nicht, jedenfalls nicht, solange sie der Demokratie schaden könnten.« So beschwichtigte der Hauptmann der Roten Armee Tregubow nach einem Vortrag zur Lage im Hause der Sowjetkultur eine Diskussionrednerin, die sich beklagte, daß die Feinde der SED in der Zone täten, was sie wollten.

Diese Erkenntnis war ihr, wie sie berichtete, im Zug nach Klosterfelde bei Oranienburg gekommen. Sie hätte sich im Abteil zunächst sehr wohlgefühlt, da überall östlich lizensierte Blätter gelesen worden seien – bis der Herr hinter der »Täglichen Rundschau« auf einmal sagte: »Aha, der russische

Weizen aus der Ostzone.« Als sie dem Mann ihren Standpunkt klarmachen wollte, seien die scheinheiligen Zeitungsleser alle mit Schimpfen und Lachen über sie hergefallen.

»So geht das nicht weiter, Genossen. Der Mann hätte verhaftet werden müssen.«

Wann die Westmark der Ostmark weichen müsse, konnte Hauptmann Tregubow noch nicht sagen. Es sei aber »nur eine Frage der Zeit«. Im übrigen seien nach den letzten Zeitungsmeldungen Truman, Marshall und Clay derselben Ansicht. – Eine Frau, die fragte, warum die Russen ihre den Angloamerikanern gegebene Erlaubnis, in Berlin zu sein, nicht einfach zurückzögen, erhielt zur Antwort: »Wir haben noch nie Beschlüsse verletzt. Was wir zusammen beschlossen haben, müssen wir auch zusammen aufheben.«

Ein während der Gefangenschaft in Rußland »bekehrter ehemaliger Gegner des Bolschewismus« teilte mit, die Deutschen mit ihrer Kultur und Zivilisation wüßten nicht, wozu die Russen imstande wären und daß sie uns »um vieles voraus« seien. »Aus dem Osten kommt das Licht, nur mit dem Sonnenaufgang kommen wir weiter. Im Westen ist Finsternis und Untergang.« Hauptmann Tregubow hatte dem nichts hinzuzufügen. Er stellte nur richtig: Der Bolschewismus sei zwar keine Exportware. »Wenn eine Partei jedoch das Volk zum Sozialismus bringen will, muß sie marxistisch-leninistisch sein. Leninismus aber bedeutet Bolschewismus.« Daher sei die SPD keine sozialistische Partei.

(»Kurier«, 9.8.48)

Gerechter Lohn... ausgleich

Als die drei Berliner gestorben waren, machten sie sich auf den Weg zum Himmel. Sie kamen aus den Westsektoren, benutzten die bequeme Intersphärenverbindung ohne Kontrollen und Schikanen, wie sie heute nur noch der Tod verschaffen kann, und freuten sich, welche Vorteile das Sterben doch bietet. Der eine war dünn und abgehärmt, der zweite sah normal genährt und nicht unzufrieden aus, der dritte war dick und seine Augen blinzelten verschlagen. Sie hatten alle drei kein reines Gewissen, aber wollten doch zunächst auf jeden Fall versuchen, in den Himmel zu kommen, zumal die Fahrt ja kostenlos war und sie im Umgang mit Behörden einige Erfahrung hatten.

Sie brauchten vom Brandenburger zum Himmelstor so lange, wie der Interzonenzug in Helmstedt halten muß. Auf ihr Klopfen öffnete Petrus und ließ sie in das Wartezimmer eintreten. Dann nahm er ihnen die Kennkarten ab. Als er die B-Stempel sah, meinte er: »West-Berliner nehmen wir ganz gern. Die wollen nichts als Ruhe. Geprüft werden sie aber wie alle andern, denn bei uns sind wirklich alle Menschen gleich – das soll nicht heißen, daß ich Sozialist bin.« Der Normalgenährte trat zuerst vor. »Nun, mein Sohn, woran bist du gestorben?« »Eines in Berlin natürlichen Todes. Ich fuhr viel mit meinem Wagen nach auswärts. Auf der Straße, die ich immer benutzte, war eines Nachts plötzlich ein Graben ausgehoben. Der Polizist, der davorstand, muß auch bald hier sein.« »Hast du Westgeld verdient, mein Sohn?« fragte Petrus weiter. Der Geprüfte wurde unruhig: »Ja natürlich, aber wozu wollen Sie das wissen, hat die Steuer etwa schon bis hier oben...?«

»Sei unbesorgt, ich brauche die Angaben nur, um deine Sünden beurteilen zu können. Wir bemühen uns nämlich, die irdischen Ungerechtigkeiten auszugleichen.« Nach wenigen weiteren Fragen meinte Petrus: »Mir scheint, wir können dich... halt, noch eins: wo bist du zum Friseur gegangen? »Im Ostsektor natürlich«, kam die unbefangene Antwort. »Dann tut es mir leid: einen Monat Vorhölle, bei guter Führung nur vierzehn Tage.« Die Einwände schnitt er ab: »Ich habe meine Bestimmungen. Der Nächste bitte.«

Der Dicke trat ein. »Mein Sohn, woran bist du gestorben?« »An innerer Zerrissenheit. Ich hatte einen leitenden Posten bei der Wirtschaftskommission und war überzeugter Parteifunktionär. Auf Grund meiner gesellschaftlichen Stellung war ich genötigt, eine Villa in Zehlendorf im amerikanischen Sektor zu bewohnen. Darunter habe ich schon sehr gelitten. Dann zwangen mich die Westalliierten und der Magistrat noch, 10 % meines 3000-Mark-Gehalts in Westgeld umzutauschen. Ich litt maßlos. Nach Aufhebung der von den Westmächten provozierten Verkehrsbeschränkungen, die uns gerade in den Westsektoren sehr zugesetzt haben, gab mir ein verdorbener Magen den Rest.« Petrus lächelte: »Du hättest deine Lage sehr verbessern können, mein Sohn, wenn du gleich zur Hölle gegangen wärst, die du drunten anderen heiß gemacht hast. Beeil dich, sonst bekommst du dein Mittagessen nicht mehr in der Werkküche bei Teufels Großmutter. Ich glaube, sie gibt heute auch Pajoks...« Der Dicke war schon weg – und Petrus lachte noch schallend, als der Dünne, Abgehärmte bei ihm eintrat.

»Nun, mein Sohn, woran bist du gestorben?« »Ich war freiberuflich tätiger Grenzgänger...« »Und dann kommst du erst jetzt?« fiel ihm Petrus ins Wort. »Du brauchst mir nichts mehr zu sagen.« Er nahm ihn bei der Hand und führte ihn in ein großes Zimmer. In der Mitte stand ein weiches Ruhebett, daneben ein Tisch, darauf die erlesensten Speisen. Die Wände des Zimmers waren mit Westmarknoten tapeziert, und überall lagen große Haufen Westgeld. »Alles steht dir zur Verfügung«, lächelte Petrus dem Dünnen zu. Der schloß geblendet die Augen, dann warf er sich auf das Ruhebett. Die Speisen ließ er unbeachtet, griff nur immer wieder in die Geldscheine und ließ sie durch die Finger gleiten. Dann wandte er sich an Petrus: »Ich habe immer gewußt, daß es eine lohnausgleichende Gerechtigkeit gibt. Nur schade, daß ich es nicht mehr erlebt habe.«

(Satirische Zeitschrift »Der Insulaner«, 15.7.49)

Korrektur eines Wahrzeichens

Nun ist also die Quadriga kurz vor dem Brandenburger Tor doch noch entgleist. Die Skeptiker hatten es immer wieder vorausgesagt, daß im gespaltenen Berlin kein Wagen auf einer östlichen und einer westlichen Schiene laufen kann, selbst wenn es ein altbewährter Typ aus der Zeit vor Karl Marx, Lenin und der Oktoberrevolution ist. Die beiden Schienen, die man auch technische Kontakte nennt, laufen nun einmal nicht parallel. Sie sind politisch verbogen, das heißt verbogen ist nur die östliche, aber das macht ja für die Brauchbarkeit des Gleises keinen Unterschied. Äußerlich ist nicht viel passiert bei der Entgleisung. Die Quadriga hat den Preußenadler und das Eiserne Kreuz eingebüßt, das sie seit ihrer Rückkehr aus Paris nach den Freiheitskriegen zierte. Von unten wird man das kaum bemerken. Auch dieses Viergespann ist nun einmal kein Vertikoschmuck, der auch noch mit gebrochener Lanze das Zimmer ziert, sondern ein historisches Symbol.

An geschichtlichen Symbolen kann man sowenig korrigieren wie an der Geschichte selbst. Wir Deutschen sind hinterher allerdings ohnehin immer viel schlauer als beispielsweise die Engländer, bei denen Cromwell und Karl I. sich als geschichtliche Figuren wunderbar vertragen, obwohl vor gut dreihundert Jahren der eine den anderen enthaupten ließ. Ein Advocatus diaboli wird einwenden: Aha, wenn Hitler also der Siegesgöttin ein Hakenkreuz in die reine Hand gedrückt hätte, sollten wir das auch übernehmen, aus lauter Ehrfurcht vor der unabänderlichen Geschichte. Nun, dieses Kreuz ist kein Symbol, sondern ein Schandfleck auf dem Schild der nationalen Ehre. Und wenn der Ostmagistrat seinen Beschluß, Adler und Kreuz zu entfernen, damit begründet, sie seien Wahrzeichen für »chauvinistische Exzesse und Preußens Gloria« geworden, so vergißt er, daß General Yorck für die Konvention von Tauroggen eine sehr gute, wenn auch posthume kommunistische Presse hatte, obwohl er's doch nur für Preußens Gloria tat.

George Orwell hat in seinem utopischen Roman »1984« beschrieben, wie die Diktatur ständig die Geschichte umfälschen muß, damit sie mit der jeweiligen Staatsraison übereinstimmt. Es ist eine Art pervertierter Idealismus, der nachträglich die materiellen Voraussetzungen einer Epoche, die nach Karl Marx doch die Ideen erst hervorbringt, nach späteren Ideen korrigieren will. Aber der Vater des Sozialismus' ist ja Kummer mit seinen mißratenen Kindern gewohnt. So verstanden, ist es also nur konsequent, wenn die Kommunisten eine Quadriga Baujahr 1958 mit erheblichen »Verbesserungen« an der politischen Karosserie herausbringen. Allerdings hat der West-Berliner Senat die Löhne gezahlt. Doch ein juristischer Eigentumsvorbehalt über die politischen Grenzen hinaus ist leider nicht möglich. Das wußten wir vorher. Jede schriftliche Vereinbarung wäre nur mit der Unterschrift des Regierenden Bürgermeisters neben der von Herrn Ebert drüben akzeptiert worden.

Diesen Pferdefuß haben bislang alle Ost-West-Verhandlungen, auch wenn es nicht um Quadriga-Rosse geht. Selbst wenn wir die drüben schriftlich auf einem Wortbruch festnageln könnten. Wäre das etwas Neues? Das Brandenburger Tor liegt im Sowjetsektor. Mündliche Proteste haben wenig Sinn. So wie die Quadriga jetzt aufgestellt wird, entspricht sie zweifellos der politischen Wirklichkeit. Immerhin ist die Silhouette des Berliner Wahrzeichens wiederhergestellt. Und wenn die Wiedervereinigung kommt, so ist das Wiederanbringen eines Symbols, dessen Würde auch Hitler überdauert hat, sicher eine der einfachsten Korrekturen. *(16.9.58)*

Die Mauer-Attentäter

Mit der Mauer hat der Osten einen jener geschichtlichen Ausnahmezustände geschaffen, die das von Menschen zur Aufrechterhaltung der gesellschaftlichen Ordnung geschaffene Gesetz überfordern. In solchen Zeiten und Situationen stehen immer Menschen auf, deren Mut und Aktivität zur Tat gegen die von allen als unerträglich empfundene Herausforderung drängt, auch zur unbesonnenen Tat.

Jeder Attentäter, gleich welcher Größenordnung, ist zunächst immer ein Gesetzesbrecher. Er trägt dieses Risiko, weil er glaubt, nur so vor dem Urteil der Geschichte bestehen zu können, gleichviel ob seinem Handeln greifbarer Erfolg beschieden ist oder nicht. Aus solchen Motiven, also ehrenhaften, handelten gewiß auch die acht jungen Männer, die mit Sprengstoff symbolische Maueranschläge verübten und jetzt von einem Gericht mit einer formalen Strafe belegt wurden.

Bevor man zu dem Urteil Stellung nimmt, muß die Tat beurteilt werden. Auch der junge Mann, der in den Tagen der Juni-Revolution die rote Fahne vom Brandenburger Tor holte, gab »nur« ein Zeichen. Doch Sprengstoffanschläge auf die Mauer sind weniger. Die Berliner haben gezeigt, daß es andere Ausdrucksformen der Empörung über die Schandmauer gibt. Die stellenweise materielle Beschädigung bringt uns dem Beseitigen keinen Schritt näher. Aus diesem Grunde muß es unerwünscht sein, wenn junge Berliner den politischen Appell gegen die zementierte Spaltung als Aufforderung mißverstehen, gewaltsam gegen die Mauer zu rennen.

Solche Gedankengänge mögen Staatsanwaltschaft und Amtsrichter bestimmt haben, als sie den Mittelweg zwischen Freispruch und Urteil wegen eines Sprengstoffanschlags, eines Verbrechens nach deutschem Recht, suchten. Verlautbarungen darüber erhielten wir nicht. Jedenfalls hat das Gericht die Sprengung der Mauersteine ignoriert. Und wer wollte das Monstrum, das allein geschädigt wurde, als ein schutzwürdiges Gut ansehen. Wohl aber entschloß sich der Richter, nachdem der Fall nun einmal anhängig war, eine warnende Formalstrafe zu verhängen, um nicht die verständliche, aber politisch nicht sinnvolle Tat juristisch zu rechtfertigen. Er wandte den Kontrollratsbefehl Nr. 2 an, der für den Besitz von Sprengstoff die Strafverfolgung androht, »wobei bis zur Todesstrafe erkannt werden kann«.

Das Strafmaß bis zu drei Monaten Gefängnis mit Bewährungsfrist zeigt, wie er die Motive einschätzt. Ob das juristisch glücklich oder nicht war, darüber erhielten wir sehr differierende Fachäußerungen. Doch schließlich befinden wir uns alle hier in einem Dilemma, das wir nicht verschuldet haben. Wir können Attentäter verstehen und doch die Gesetze nicht ignorieren. *(25.9.62)*

Drüben gewesen

Wer von Karfreitag bis Ostersonntag auf 800 km guten und schlechten Straßen der DDR sein Visum genutzt hat, bekommt trotz beruflicher Routine die Eindrücke nur schwer unter die notwendig nüchterne Kontrolle. Da ist zunächst die elementare Erschütterung beim Wiedersehen mit den nächsten Angehörigen, deren jüngere man nur von Fotos kannte. Auch die Nächte gehörtem dem Gespräch. Wer würde bei zwei Tagen, von denen in Drewitz schon zwei Stunden geopfert werden mußten, viel schlafen. Zu groß ist der Stau des Ungesagten, der sich in Briefen nicht lösen konnte.

Kaffee, Kuchen und Kommunismus, die Springers »Welt« im gestrigen Leitartikel mahnend mixte, waren drüben weniger wichtig. Vielmehr fand Wiedervereinigung statt, Wiedervereinigung in der Form, die politisch bislang möglich ist und endlich möglich gemacht wurde. Dies allerdings weniger von denen, die das große Wort stets auf den Lippen hatten.

Der große Aufbruch der West-Berliner in die DDR machte natürlich die Einseitigkeit der Wanderung um so deutlicher. Auch war er befristet und unverhohlen auf die Bonner Szene gezielt. Doch werden vor allem West-Berliner sich schwer tun, eine politische Situation schlecht zu finden, in der die andere Seite etwas Gutes tun muß.

Auch im Detail steckte kein Teufel. Über den Wust der Formulare, den Papierkrieg braucht kein Wort verloren zu werden. Unter diesen nach wie vor unerfreulichen Umständen konnten die Grenzorgane der DDR jedenfalls nicht schneller arbeiten, wobei gelegentlich ein Osterwunsch beigefügt wurde. Die Ordnungsbereitschaft in der DDR selbst scheute auch den Anschein einer Schikane und galt lediglich der Vorbereitung auf unvorhergesehene Zwischenfälle.

West-Berlin hatte für acht Tage Hinterland. Das wiegt mehr als mögliche Hintergedanken. Seit die DDR dank sowjetischer Nachhilfekurse die Bereitschaft erkennen läßt, West-Berlin so zu nehmen, wie es ist, und die Insulaner dafür nicht ständig zu bestrafen, findet Entspannung nicht mehr nur auf diplomatischer Ebene statt. Vor der eigenen Courage haben wir nie Angst gehabt und sind unserer Grundsätze sicher. West-Berlin hat kein Feindbild entwickelt, sondern auf Druck reagiert.

Schwieriger ist es für die DDR. Sie hat eine Menge harter Devisen eingenommen, aber Eduard von Schnitzlers Image weiter aufgeweicht. Die Koexistenz wurde mit Erfolg getestet. Es ist weniger, als wir und vor allem die DDR-Bürger wollen, aber viel mehr, als in einem Vierteljahrhundert bisher erreicht wurde. Die West-Berliner sind nach dem Ost-Besuch kein Stück weniger westlich, aber zufriedener.

(5.4.72)

Die besseren Deutschen

In Europa sind ein paar Lichter angegangen, gelegentlich flackernd in der Zugluft des öffentlichen Für und Wider, doch beständig leuchtend. Nährt sie das Wachs der vernünftigen Denkart oder das Unschlitt der Illusion? Denn natürlich: wo sie rot sind, die Signale, lösen sie auch den in vielen Jahren programmierten Warnreflex aus. Es ist nicht schwer, in Mitteleuropa Kassandra zu sein. Was also gibt Anlaß zu der optimistischen Vermutung, ein in diesem Erdteil besonders scheußliches Jahrhundert werde weiser, da es sich anschickt, in die Siebziger zu kommen? Warum wird trotz Grippe und schneidender Kälte heuer innerlich weniger gefroren als im Kalten Krieg?

Helsinki war eines der Lichter. Brüssel ein anderes. Dort scheint die EWG sogar über de Gaulles Schatten springen zu wollen. Um die kleineren Kerzen nicht gering zu schätzen: in Südtirol gelingt es, einen im Anachronismus verklemmten

Zipfel des Mantels der Geschichte freizuzupfen. In Moskau reden die Russen mit den Deutschen. Warschau will mit der Bundesrepublik sprechen, wobei es von der Endgültigkeit der Oder-Neiße-Grenze ausgeht. In jedem Fall läßt die Gesprächsbereitschaft eine gewisse Entkrampfung erkennen. In Deutschland schließlich werden auf höchster Ebene Briefe gewechselt, wobei Ost-Berlin allein schon den Vorgang, das Hin und Her quasi diplomatischer Kuriere zelebriert und genießt, während die Bundesrepublik schlichten Gebrauch von der Tatsache macht, daß sie keine Komplexe zu haben braucht. Vielleicht könnte man bei der Gelegenheit auch den Begriff der Zivilcourage in die Politik einführen, eines Selbstbewußtseins, dessen Stärke nicht nach Divisionen, sondern nach freien Wählern zählt.

Wenn die Zeichen der Zeit nicht infolge zu geringer Distanz der Zeitgenossen täuschen, so könnten sich Entspannungsbemühungen auf der europäischen Szene der Weltpolitik mit einer sozialpsychologischen Entwicklung der Deutschen summieren, die man vielleicht fördert, wenn man sie zunächst einmal behauptet. Nennen wir sie die innere Entspannung oder, anders ausgedrückt, den Verlust der Gewißheit, jeweils der bessere Deutsche zu sein.

Hier könnte Vorleistungs-Argwohn gegen den Autor laut werden: Genug der Beschwichtigungen. Lehr uns einer den Ulbricht kennen. Als ob er schon jemals weniger gewollt hätte als alles. Der Verdacht geht fehl. Nicht zwischen Ost und West suchen wir die besseren und die schlechteren Deutschen, sondern unter uns, in der Frage nämlich, ob wir womöglich fähiger werden, politische Diskussionen zu betreiben, ohne Ketzer finden zu müssen. Offenbar werden zunehmend Meinungsgegner auch ohne die Genugtuung akzeptiert, sie zumindest im Unterbewußtsein zugleich des Landesverrats zu verdächtigen. Verdeutlichen wir das zunächst an einem Gegenbeispiel.

Prof. Schiller, als Wirtschaftsminister einer der wichtigsten Exponenten der Regierungspolitik, hat nur wenig Chancen, ins nationale Zwielicht zu geraten. Wie scharf jemand seine Konjunkturpolitik auch verurteilen mag, wird er doch diese Kritik so sehr einem Fach- und Sachbereich zuordnen, daß es Schillers Qualitäten als Deutscher nicht mindert. Weh aber dem, der »nur« Politik macht! Da gewinnt hierzulande ein Wort allein – vom Handeln ganz zu schweigen – sogleich moralischen Charakter. Und die Moral versteht sich bei uns schon lange von selbst, weshalb wir zwar immer für den Hausgebrauch eine doppelte Moral hatten, aber nicht mehrere Moralen, wie das jedoch in aufgewühlten Zeiten sich anböte. Fehler machen wir ja alle, auch Alex Möller oder sogar der Bayern-Kurier. Wenn aber Klaus Schütz die Oder-Neiße-Grenze nachzieht, so wird nicht lediglich über die Frage diskutiert, ob das nach Ort, Zeit und Person falsch war, sondern manch ein sonst gemütlicher Bürger glaubt, einen Charakterfehler des Bürgermeisters, einen deutlichen Mangel an Deutschsein zu erkennen. Es wird vom Ausverkauf deutscher Interessen nicht nur gesprochen, sondern auch daran geglaubt. Zu behaupten, der andere wolle möglicherweise auch nur das Beste, ist in den Augen eines »besseren Deutschen« pure Parteigängerei mit einem schlechteren.

Gustav Stresemann hat einmal sarkastisch ein »Gebet der Deutschen« gesprochen: »Unsere tägliche Illusion gib uns heute.« Auch er, der Deutschland in den Bund der Völker zurückführte, war für viele nur ein Verzichtpolitiker. Natürlich läßt sich das politische Tabu an Stammtischen und bedeutsameren Orten deutscher Diskussion psychologisch erklären. Nach den beiden Weltkriegen war jegliche politische Bestandsaufnahme mit derart peinigender Unlust, mit soviel Frustration verbunden, daß daraus eine erhebliche Aufladung mit Gereiztheit, mit Aggression, mit Unsachlichkeit resultieren mußte.

Wie rasiermesserscharf nach dem Zweiten Weltkrieg auch angesehene Politiker übereinander urteilten, daran mögen zwei berühmte Sottisen erinnern: Kurt Schumachers Bezeichnung Adenauers als Kanzler der Alliierten und Adenauers Wahlkampfbehauptung, die SPD als Regierungspartei sei der Untergang Deutschlands.

Solche Holzhämmer werden heute kaum noch benutzt. Politische Erfolge haben die Politiker, allgemeine Wohlfahrt den Bürger gelassener werden lassen. Nur dort, wo die Frustration unvermindert, ja stärker ist, in der Frage der Wiedervereinigung und im Verhältnis zur »DDR«, regiert noch das Tabu. Indes wird auch dieses heikelste der Gebiete zunehmend versachlicht. Wirklich schrille Töne beschränken sich auf die Publizistik, während im Parlament, auf der politischen Ebene allgemein, ein Wandel zum Besseren eingetreten zu sein scheint. Und dies keineswegs durch innenpolitische Annäherung. Im Gegenteil. Die psychologischen Gründe der politischen Lautverschiebung liegen wieder auf der Hand.

Willy Brandt will niemandem mehr beweisen, daß er zumindest kein schlechterer Deutscher war als andere. Er regiert mit einem Selbstbewußtsein, das auch international wurzelt. Die Bonner Opposition hat sich viel schneller in die völlig neue Rolle gefunden, als mancher vielleicht befürchtete. Doch ist das kein Wunder, weil sie stark ist und es weiß. Hatte Rainer Barzel in der Wahlnacht noch Unsicherheit durch Überheblichkeit verdrängt, so macht er wie einige seiner Parteifreunde bei zunehmender Gelassenheit gute Figur im Sinne der parlamentarischen Wechselwirkung. Sein Angriff auf die vorläufige Geheimhaltung der Briefinhalte zwischen Ost und West zielte geschickt auf einen bereits diskussionsfähigen Sachpunkt, ohne Emotionen zu beschwören, wie es in Leitartikeln geschieht, die den Bundeskanzler über die Rolle des Kommunismus in Europa aufklären wollen.

All dies soll nicht heißen, die tiefe Unsicherheit der Deutschen über ihr nationales Selbstverständnis, die sogar in Ost-Berlin gelegentlich sacht anklingt, ließe sich abflachen. Allzusehr akzentuiert die Vorläufigkeit des Status von Berlin den Wiedervereinigungsauftrag der Präambel des Grundgesetzes im Rahmen der juristisch immer noch relevanten Viermächte-Verantwortung. Anlaß zu positiver Wertung geben indes die geschilderten Symptome für eine gewisse innere Entspannung der Mehrheit der Deutschen, was durch die Zeitstimmung möglich geworden sein mag, aber auch umgekehrt auf diese zurückwirkt. Sollten die Deutschen beginnen, ihren Lessing besser zu begreifen, den sie hervorgebracht, aber nie recht verstanden, seinen Toleranz-Appell jedenfalls nicht befolgt haben? Sie pflegten vielmehr intensiv zwischen schlechteren und besseren Deutschen zu unterscheiden, bis die besseren so gut wurden, daß es unvermeidlich erschien, an ihrem Wesen die Welt genesen zu lassen. Eine der Folgen davon war der doppelte Deutsche; der eine wieder unter Zwangsherrschaft, der andere noch nicht ganz frei von Zwangsvorstellungen. Doch die neuen Töne aus diesem wunderlichen Land mit der beiderseits enormen Schaffenskraft und dem mehrfach gebrochenen Selbstbewußtsein lassen hoffen. Ob sie besser sind - diese Deutschen? Vielleicht vernünftiger. Womöglich können sie auch anders.

(25.12.69)

Die Berliner Energie

Es ist unwirtschaftlich und beispiellos. Der Energiebedarf der größten Industriestadt Deutschlands wird am Ort und nur am Ort gedeckt. West-Berlin führt die Rohstoffe ein, liefert aber Strom und Gas ausnahmslos aus eigenen Werken. Das Wasser wird ausschließlich aus Brunnen gepumpt. Nur das Auffangen der Müll-Lawine bereitet Sorgen, die auch in Bürgerprotesten laut werden. Keiner will verzichten, keiner aber belästigt werden. Dialektik der Wohlfahrt, für die der Staat zu klein wird. Und nirgends ist er relativ kleiner als in West-Berlin.

Vor solchem Hintergrund sei verstärkt, was bei der Einweihung der erweiterten Benzinspaltanlage im Gaswerk Mariendorf nur anklang. Die Berliner Versorgungsbetriebe können auf das Vierteljahrhundert der Autarkie stolz sein. Wenn Senator Striek als politisch Verantwortlicher in diesem Bereich die Hoffnung einer Wende, des wirtschaftlich normalen Verbunds als Folgen neuer Politik andeutete, so wurde damit andererseits akzentuiert, woher die jeweils nötigen Energien im übertragenen Sinne bezogen wurden. Nicht nur der Koks muß stimmen.

Es waren die Herausforderung der Blockade, die Spur, die Ernst Reuter legte und nicht zuletzt die in einer solchen Arbeiterstadt wie Berlin steckende Leistungsbereitschaft und Widerstandskraft. Mit Gasanstalten und Kläranlagen lassen sich keine Festivals veranstalten. Es fehlt ihnen gänzlich an populärer oder gar überregionaler Attraktivität, wird doch der Bürger sich ihrer Leistung erst bewußt, wenn sie ausfällt. Als New York eine ganze Nacht im Dunkeln verbrachte, wurde sogar ein Spielfilm daraus. Mit der Tatsache, daß Berlin seinen Bewohnern Vergleichbares unter ungleich schwereren Bedingungen nie zugemutet hat, lassen sich keine Gags produzieren. Es hat eben nur geklappt.

Unter welchen Voraussetzungen und Anstrengungen das auch jüngst noch geschah, wird allenfalls hinterher einmal deutlich. Wenn die gestern offiziell übernommene Anlage nicht schon seit Dezember einwandfrei arbeitete, hätte West-Berlins Spitzen-Gasbedarf im vergangenen Winter auch nicht annähernd gedeckt werden können. Es hat wieder geklappt, weil auch im Bundesgebiet die Fachwelt auf Berliner Nachfrage solidarisch reagiert.

Im Zeichen der Ost-Politik rückt ein andernorts nur normaler Energieverbund in den Bereich baldiger Berliner Möglichkeiten. Bei dem weiter sprunghaft steigenden Energiebedarf wird das die Versorgung erleichtern. Die Jahrzehnte der politisch erzwungenen Berliner Autarkie wird es nicht vergessen machen. Sie wurde technisch mit Bravour bestanden.

(14.4.72)

Figuren einer Brücke

Preußen ist nicht mehr. Man merkt es keineswegs nur daran, daß ein Baumeister getrennt gefeiert werden muß. Schinkel riskiert sogar, zu seinem 200. Geburtstag auch noch in den West-Berliner Wahlkampf zu geraten. Dies ausgerechnet wegen einer keineswegs nur verbindlichen, sondern die Berliner auch verbindenden Geste, die den Ausstatter Preußens als Künstler so würdigt, als seien wir nicht gespalten.

Der historische Bezug hatte uns bewegt, als wir im Mai 1979 erstmals unter einem Bild von der Schloßbrücke mit ihren leeren Sockeln anregten, ob eine Übersiedlung der in West-Berlin restaurierten, aber unzugänglich dahindämmernden Figuren an ihren angestammten Ort nicht mehr als ein Politikum wäre. Der Senat reagierte zunächst kurzatmig, wie wir im August 1980 notierten, repetierte die Ost-West-Litanei. Als ob es hier um Tagespolitik ginge.

Doch er korrigierte sich unerschrocken, kündigte die Bereitschaft an, die Stobbes Nachfolger nun in die Tat umsetzt. Und es wäre nicht mehr als kleinkariert, wenn man die Originale hier behielte, weil sie der Verwitterung wegen vielleicht irgendwann oder bald durch Abgüsse ersetzt werden müssen. Jedenfalls kann der jetzige Senat nun wirklich nichts dafür, daß Schinkels großes Jubiläum nur wenige Wochen vor dem 10. Mai zu feiern ist.

Außerdem müßte es eigentlich die Opposition sein, die auf die Wiedervereinigung des Kunstwerks drängt, versteht sich die CDU doch nicht selten als die bessere Hüterin der geteilten, aber einen Nation. Wer will denn, wenn es um die gemeinsame Aktion zur Aktualisierung des hüben wie drüben gefeierten Künstlers geht, den Interzonenhändler spielen wollen, der nur gibt, wenn ihm sogleich gegeben wird. Von einem gefährlichen Präzedenzfall für die Stiftung Preußischer Kulturbesitz wurde geredet, während es sich doch nach den künstlerischen, örtlichen und zeitlichen Gegebenheiten um ein Unikum handelt. Was nicht heißen soll, daß man bei einem vergleichbaren Anlaß weniger vernünftig sein dürfte.

Was paßte besser zu einem Schinkelfest und einer voluminösen Besinnung auf das bessere Preußen, den Kern des Deutschen Reiches vor Hitler, als eine Reverenz vor der gemeinsamen Geschichte über die gegenwärtige Trennung und den braunen Abgrund hinweg. Wie Fritz Pleitgen von drüben berichtet, versteht die Ost-Berliner Bevölkerung das so. West-Berliner Widerstand wäre angesichts der Heimkehr der klassischen Figuren auf ihre Brücke nur eine politische Allegorie dafür, daß wir Deutschen mehr von Nation reden, als es bei guter Gelegenheit zu sein. *(14.3.81)*

Antwort auf Flaschenpost

Die Geschichte könnte von Hans Christian Andersen erfunden sein, ist aber wahr und beginnt am West-Berliner Havelstrand.

Ein Mann schlendert unmittelbar an der Wasserkante entlang und sieht, zwischen nackten Baumwurzeln verfangen, eine verkorkte Mineralwasserflasche. Darin entdeckt er einen gerollten Papierstreifen, der mit einer grünen Schleife zusammengebunden ist. Welcher Geist mag in der Flasche stecken?

Am Taschenmesser hat der Spaziergänger einen Korkenzieher. So ist die Flasche rasch geöffnet. Das Papier läßt sich mit Schütteln herausholen. Es ist etwas aufgeweicht und wird vorsichtig aufgerollt.

»Hallo, hallo, hallo!« So beginnt der Text der mit Schreibmaschine getippten Botschaft. Eine Zwanzig-Pfennig-Briefmarke der DDR für Rückporto ist beigefügt, die sich am Fundort freilich nicht verwenden läßt.

Absender war die Schulklasse 2 a der 5. Oberschule, 1195 Berlin, Kiefholzstraße 274. Sie liegt im Ost-Berliner Bezirk Treptow unweit der Spree, die in Spandau in die Havel mündet.

Ein Datum fehlt. Wie lange die Flasche schon unterwegs war, wissen also nur die Schüler drüben. Vielleicht sind sie längst den Kinderschuhen entwachsen. Was hatten sie denn geschrieben?

»Wir sind Jungen und Mädchen einer zweiten Klasse in Berlin. Wir halten zusammen und wünschen uns viele neue

Freunde. Deshalb schicken wir unsere Freundschaftsgrüße in dieser Flaschenpost auf die Reise. Alle von uns sind neugierig darauf, wer unsere Flaschenpost finden wird und ob uns jemand darauf antwortet. Wir würden uns ganz sehr über Deinen Gruß freuen. Schreibst Du uns?«

Der Finder schilderte uns nebst Unterlagen aus der Flasche diesen Korrespondenzversuch auf dem Spree-Weg. Also probierten wir es mit der Antwort und schrieben Anfang Januar an die Leitung der Treptower Schule, ob sie nicht den Urheber dieses zwar grenzüberschreitenden, aber harmlosen Vergnügens ausfindig machen könnte, damit sie die gewünschte Antwort erhalten.

Da wir ohne Echo blieben, versuchten wir es noch direkter auf dem zwischen den beiden Berliner Hälften vorzüglich funktionierenden Telefon. Eine Frauenstimme äußerte, sie wolle in der Sache keine Auskunft geben. Welchen Weg sie denn dafür empfehle? Das sei unsere Sache. Ob sie uns mit der Schulleitung verbinden könne? Vielleicht war sie das selbst. Sie wollte nicht und sagte nichts und legte schließlich auf.

Ein möglicherweise infizierender Kontakt mit dem Klassenfeind war vermieden. Das hat Vorrang vor dem Versuch, einer hübschen und wahren Geschichte à la Andersen ein Happy-End zu verschaffen.

Wenn der Lauf der Spree dem nicht zuwider wäre, würden wir es auch noch mit einer Flaschenpost versuchen. Denn diese käme vielleicht erst an, wenn man auch drüben von solchen unangebrachten Verklemmungen sagen könnte: Das war einmal. *(3.3.85)*

Für den friedlichen Konflikt

»Es ist in diesem Jahr etwas geschehen, ich weiß nur nicht was. Aber etwas ist geschehen in Europa.« Was meint ein solcher Satz, gesprochen zu Berlin (Ost) im kalten Dezember 1981? Polen ist nah. Die Arbeitslosenziffern steigen. Ausländer werden mehr als zuvor als solche empfunden oder gar behandelt. Smog macht den Großstädtern das Atmen schwer. Und die Raketen bekommen immer noch Junge.

Was also wollte der Ost-Berliner Schriftsteller Stephan Hermlin mit der zitierten Formulierung sagen? Er drückte aus, was die von ihm zustande gebrachte beispiellose Begegnung von Kollegen aus Ost und West und einigen Funktionären bestätigte. Der Wille, offener miteinander zu reden, läßt sich von den Vorurteilen, den notwendigen Auseinandersetzungen und so mancher Trostlosigkeit aktueller Politik nicht mehr eindämmen. Da stießen Köpfe aneinander, die dank ihrer Berufung freier sind von gestanzten Verhaltensmustern. Da wurde keineswegs säuberlich an der ostwestlichen Naht entlang gestichelt, sondern hinüber und herüber argumentiert.

Was im Westen auf die Straßen drängt, läßt sich im Osten nicht mehr verschweigen. Es gibt einen von Ideologien zunehmend unabhängigeren Konsens, das, was die Supermächte an Overkill produzieren, auch bei stocknüchterner Betrachtung als Rüstungswahnsinn zu verstehen und so zu nennen. Der Streit, ob eine Nachrüstung eine Vorrüstung ist oder umgekehrt, verliert daneben an Bedeutung. Man will sich weiter streiten, auch nicht schutzlos sein, sieht sich aber zu der Einigkeit darüber genötigt, den Erdball bewohnbar zu lassen und dem widersprechende Planspiele ernst zu nehmen.

Wäre es nicht so, müßte an den Reflexen kollektiven Selbsterhaltungstriebs gezweifelt werden. Was hier vor Jahr und Tag für den Umweltschutz diagnostiziert wurde, daß nämlich die Grünen nur eine normale, politisch zu integrierende heftige Abwehrreaktion auf eine lebensgefährliche Erkrankung darstellen, gilt auch für die Friedensdiskussion. Das macht zwar die Auseinandersetzung mit den Einäugigen nicht überflüssig, muß aber die Berührungsängste mindern, welche die geteilten Deutschen sich eigentlich nie leisten konnten, dies auch auf die Gefahr, von mächtigen Freunden mißverstanden zu werden.

»Mit Kernwaffen kann man weder Kapitalismus noch Sozialismus erzwingen, und beide kann man auch nicht so verteidigen, daß sich dann noch etwas mit ihnen anfangen ließe.« Der so zitiert wurde, ist unverdächtig, Westlern nach dem Munde reden zu wollen. Hermann Kant, Präsident des Schriftstellerverbandes der DDR. Von Günter Grass wissen wir, daß er die Dinge, wo immer er redet, beim Namen nennt, diesmal also deutlich die »SS 20«. Auffallender, wenn Jurek Becker, derzeit in Kreuzberg wohnender DDR-Bürger, sich drüben öffentlich gegen Phrasen eines westdeutschen Marxisten wehrte.

Dies alles geschah kurze Zeit, nachdem es der DDR mit deutscher Gründlichkeit wieder einmal gelungen war, westliche Beobachter das Gruseln zu lehren, indem das Städtchen Güstrow in eine Szenerie à la Orwells »1984« verwandelt wurde. West-Berliner wären die letzten, die so etwas vergäßen. Das sollte ihre Aufmerksamkeit nicht beeinträchtigen, wenn ein Ereignis wie der Schriftstellerkongreß Berlin mitten hineinrückt nach Europa, das so viel mehr ist als die EG. Es sei daran erinnert, daß in dieser Zeitung die Anerkennung der Oder-Neiße-Grenze schon gefordert wurde, als das Wort Entspannung im Vokabular der Politik noch fehlte. Heute haben wir Gründe, dem berühmten Satz der polnischen Nationalhymne nicht von draußen voreilig zu widersprechen. Es gibt Schlimmeres in der Welt, auch viel weiter westlich.

So verstanden werden viele Berliner dem Regierenden Bürgermeister Dank wissen, daß er den Atem der Geschichte weniger nach den Hustenanfällen der Gegenwart beurteilt. Richard von Weizsäcker hat in seinem Weihnachtsgruß einige beherzigenswerte Sätze über die Kompromiß-Funktion des demokratischen Konflikts gesagt. Ein Beispiel dafür hatte er zuvor gegeben, als er dem Bundeskanzler öffentlich, also keineswegs leise, zur Seite trat. Es ging darum, ob Polens neue Not ein deutsches Stelldichein an märkischen Seen hätte beenden müssen. Berlin hat keinen Anlaß, an politischen Eistagen erfrieren zu lassen, was durch die von Willy Brandt initiierte Ostpolitik nicht nur für diese Stadt erreicht worden ist.

Die deutsch-deutschen Verträge haben eine zehnjährige Bewährungsprobe auch unter Belastungen bestanden. Die enttäuschte vage Hoffnung, das Schmidt-Honecker-Treffen könne alsbald zu einer Verbilligung des Eintritts in die DDR führen, hat zum Schrumpfen der Besucherquoten sicher beigetragen. Die Rechnung ist offen. Seit November ist der Teltowkanal nach einer Generation wieder voll schiffbar. Über die S-Bahn, eines der heikelsten Ost-West-Objekte, wird geredet. Eine Vereinbarung darüber in diesem Jahr wäre eine Nagelprobe der Vernunft.

Hier ist auch der Senat im Wort, der nach dem Wechsel Zeichen setzen muß. Wo wir im Ansatz glaubten, alte Methoden unter neuem Vorzeichen zu erkennen, haben wir Laut gegeben. An Lummers Ausländererlaß waren nicht Zeitpunkt oder Richtung, sondern der Umfang und die Unklarheit zu beanstanden. Die fast ruinierte IBA scheint unter schärferer Obhut Gestalt zu gewinnen. Auf sozialpolitischem Gebiet werden angekündigte Maßnahmen ohne ideologisches Eifern angepackt.

Ob Preußen nur eine Ausstellung und die Renovierung von Denkmälern hüben wie drüben wert war oder mit seinen guten Traditionen auch wieder Berliner Praxis werden kann, wird später zu bilanzieren sein. Kommunale Probleme verblassen an dieser Jahresschwelle. Steine werden im Winter ohnehin selten geworfen. Reibungen zwischen verärgerten Mehrheiten und aufbegehrenden Randgruppen verlieren angesichts weltbewegender Bedrohungen an Gewicht, auch wenn ihre Ursachen nicht vergessen sein wollen.

Sind die Deutschen diesmal zu friedlich? Der Vorwurf wird tatsächlich erhoben. Er ist in diesem von schrecklichen teutonischen Spuren zerfurchten Jahrhundert bei Gott auszuhalten. Darüber scheinen Helmut Schmidt und Erich Honecker glaubhaft einig zu sein. Nicht nur sie, wie Schriftsteller einer geteilten Nation in Ost-Berlin demonstriert haben. So birgt ein schwieriges neues Jahr auch Hoffnungen.

In Berlin (West) wissen wir sie bei einem Regierungschef wie Weizsäcker und einem Oppositionsführer wie Vogel in guten Händen, bürgen doch beide, faulen Kompromissen durchaus abgeneigt, für den friedlichen Konflikt. *(1. 1. 82)*

Das geteilte Jubiläum

Es begann mit dem Zusammenwachsen zweier Schwesterstädte im Spreetal. Deutsche Ostkolonisation und slawische Westwanderung spielten dabei eine wesentliche Rolle. Hier wurde gekämpft und sich vertragen. Wenn Berlin seine 750-Jahr-Feier begeht, werden seit der betonierten Spaltung der Millionenstadt mehr als 25 Jahre vergangen sein, ein schmerzhaft prägender Teil ihrer Geschichte.

Natürlich lag der freundliche Gedanke nahe, bei einer Erinnerung über ein Dreivierteljahrtausend das unangenehme letzte Vierteljahrhundert als Fußnote zu behandeln, womöglich aus dem festlichen Anlaß einander über die Mauer hinweg auf die Schulter zu klopfen. Wird schon wieder werden. Doch die Verhältnisse sind nicht so.

Wer es bezweifelt, dem hat das Festkomitee der DDR mit seinen Thesen auf sechs Seiten des SED-Zentralorgans deutlich die kalte Schulter gezeigt. Die gute Hälfte Berlins, wobei gut getrost mehrdeutig verstanden sei, gehört zum Westen. In der langen Einleitung des Ost-Papiers kommt West-Berlin überhaupt nicht vor. Es ist zunächst der weiße Fleck, mit dem die DDR auf manchen ihrer Landkarten eine gewisse Ausweglosigkeit dokumentiert. Mit dem Aushungern hatte es nicht geklappt. Das Austrocknen kommt auch nicht voran. Also bleibt die ideologische Ausgrenzung. Das Rezept ist so einfach wie unwirksam.

Die Entwicklung Ost-Berlins zur Hauptstadt der DDR wird zum Wendepunkt in der Geschichte erklärt, seien doch »die arbeitenden Menschen Berlins zum ersten Mal Herren ihres eigenen Geschicks«. West-Berlin, in das so viele arbeitende Menschen flüchteten, um Herr ihres Geschicks zu sein, wird dann mit sämtlichen bekannten und ein paar noch nicht geläufigen Vokabeln des kalten Krieges bedacht bis hin zur »billigsten Atombombe« der NATO. Ost-Berlin dagegen habe 1979 vom »Weltfriedensrat« den Ehrennamen »Stadt des Friedens« bekommen. Das Kollektiv der Professoren, deren Zahl fatalerweise an die Göttinger Sieben erinnert, haben ihr Soll wirklich übererfüllt.

Wenn der Senatssprecher darauf mit der Erklärung reagierte, die Feier dürfe kein Fest der Trennung sein, wird sich das vor allem darauf beschränken, daß man von West-Berlin aus auch an den Feiern in Ost-Berlin teilnehmen kann. Indes ist es nur logisch, wenngleich paradox, daß West-Berlin sich vor dem Jubiläum und im Schatten von Mauer und Sowjetdenkmal anschickt, ein neues geschichtsbetontes Regierungsviertel zu planen. Nur zu. Wir haben Anlaß, uns in dem auf absehbare Zeit geteilten Berlin bei festem Willen zum Vertragen unserer Werte mit Selbstbewußtsein zu vergewissern.

(18.12.85)

Begegnung in Sachsen

Nach seinem umjubelten viertägigen Gastspiel in Dresden ist das Ensemble des Düsseldorfer Schauspielhauses gestern von der Elbe an die Pleiße weitergefahren. Nun werden die sechs sorgsam ausgewählten Stücke in Leipzig gezeigt: darunter Lessings »Nathan« und der im Dresdener Schauspielhaus zweimal aufgeführte letzte Teil der deutschen Trilogie des gebürtigen Thüringers Tankred Dorst »Heinrich oder die Schmerzen der Phantasie« über die Irritation, das Wachwerden eines Hitlerjungen während der Endzeit der braunen Diktatur. Über den beiderseitigen Applaus nach der ersten Vorstellung haben wir berichtet. Auch nach der zweiten für das offizielle Publikum war Gästen und Gastgebern anzumerken, daß sie über den exklusiven Auftakt zu Beginn des bald auch formalisierten Kulturaustauschs erleichtert und befriedigt waren.

Geholfen haben mag dabei das traditionelle kulturelle Selbstbewußtsein der Elbstädter, zumal seit die Sixtinische Madonna mit der Semper-Oper eine touristenwirksame Bundesgenossin bekommen hat. Zudem ist die Weltläufigkeit der einstigen Residenzler auch unter dem realen Sozialismus nicht abgeblättert. Sie sind eben »fichelant«, wie das auf Sächsisch-Französisch heißt. Nach Karten hatten die nicht privilegierten Dresdener bei klirrender Kälte stundenlang angestanden und am Abend fast die Türen eingedrückt. Deutsche beider Staaten als Darsteller und aufmerksame Zeugen kultureller Auseinandersetzungen mit der gemeinsamen schrecklichen Vergangenheit – Theater als ungemein politische Anstalt betrachtet.

Bei einem Empfang des nordrhein-westfälischen Kultusministers Schwier äußerte dieser seine Vorfreude auf den Gegenbesuch der Dresdener am Rhein im Mai. Seinen Toast auf die Kunst, die Künstler und die Menschen erwiderte der Kulturstaatssekretär der DDR, Löffler, mit einem Prosit auf die Vernunft. Die Spitzen der Staatspartei, der Kirchen, der Dresdener Oberbürgermeister und der Leiter der Ständigen Vertretung der Bundesrepublik in Ost-Berlin, Bräutigam, nahmen an der Begegnung teil, für deren Zustandekommen es unermüdlicher Vorarbeit der Intendanten bedurft hatte.

Aus dem Publikum wurde gesprächsweise an dem Dorst-Stück die in der DDR ungewohnt differenzierte Auseinandersetzung mit der Wirklichkeit unter dem NS-Regime gewürdigt. Im kollegialen Kontakt der Schauspieler empfanden vor allem die unter so ungleichen Bedingungen aufgewachsenen jungen Akteure mit Bewegung, wieviel sie miteinander gemeinsam haben. Einer der Düsseldorfer formulierte: »Ich fühlte mich so deutsch wie selten zuvor.« *(11.2.86)*

Nicht nur ein deutsches Wunder

Es gibt einen abgenutzten Spruch, den früher mancher Handwerksmeister gerahmt an die Wand hängte: »Unmögliches erledigen wir sofort, Wunder dauern etwas länger!« Berlin löst dieses Versprechen ein. Im Ernst. Das ganze geteilte, doppelte Gemeinwesen ist in einer unlösbar erscheinenden Situation vital geblieben. Wer von der sterbenden Stadt sprach, ist widerlegt.

Die ersten amtlichen Ergebnisse der Volkszählung sind nur statistischer Anlaß, sich ein solches Wunder zu vergegenwärtigen. Während zum Beispiel München, die sogenannte heimliche Hauptstadt, die Einwohnerzahl um 90 000, also fast um eine Großstadt gegenüber der Fortschreibung nach unten korrigieren muß, wurde der vielfach angezweifelte rechnerische Unsicherheitszuschlag von rund 100 000 unechten Fortzügen aus West-Berlin durch die Volkszählung mehr als bestätigt. Die Zahl von über zwei Millionen Einwohnern ist inzwischen noch nach oben verbessert worden.

So wenig kopfgenaue Stichtagsangaben die demographische Realität exakt zu spiegeln vermögen, so nützlich erscheint es ideell wie materiell, nun genauer Bescheid zu wissen. Die außerordentliche administrative Anstrengung unter dem Druck der vom Verfassungsgericht normierten informationellen Selbstbestimmung und der Behinderung durch Boykotteure hat sich in Berlin auf besondere Weise gelohnt. Das Ergebnis bestätigt gleichsam amtlich die spürbare Wende zum Besseren, die sonst mitunter als unbelegter Zweckoptimismus nach der Methode Coué disqualifiziert werden könnte. Bei der Verteilung von Steuergeldern zahlt sie sich buchstäblich aus, aber nicht das ist entscheidend.

Auf der Schokoladenseite des durch Urteil der Geschichte geteilten Landes hat es schon einmal ein Wunder gegeben, das Wirtschaftswunder, das indes leicht zu erklären und nicht nur uns Deutschen zu verdanken war. Der hüben wie drüben unbändige Wiederaufbauwille führte unter freiheitlichen, ökonomisch zweckmäßigen und von den westlichen Siegermächten großzügig subventionierten Bedingungen zu einer alsbald in aller Welt wieder konkurrenzfähigen Leistung. In der DDR wurde nicht minder geschuftet, aber aus bekannten Gründen weit weniger erreicht. Unfreiheit und zentralistische Planmißwirtschaft bedurften schließlich einer Mauer, um die Menschen, die Arbeitskräfte am Vollzug der Erkenntnis zu hindern: Meine Heimat ist zum Davonlaufen.

Den politischen Konflikt gefährlicher hautnaher Konkurrenz in der geteilten ehemaligen deutschen Hauptstadt auszuhalten, deren westliche Hälfte im Osten liegt, war eine »unmögliche«, auf Dauer unhaltbar erscheinende Situation. Stabilisiert wurde sie paradoxerweise vor allem durch einen aggressiven Lösungsversuch der anderen Seite. Die Schutzmächte sahen ihre delikate Berlin-Mission während der Blockade durch die Deutschen bestätigt. So begann das Berliner Wunder, ein historisches Musterbeispiel internationaler Solidarität, die der anderen Großmacht nachhaltig imponieren mußte.

Doch änderte das zunächst nichts an der nüchternen Überlegung, ob es auf Dauer wirklich lohne, in dieser Exklave zu schaffen, ein Haus zu bauen, zu investieren und Einfälle zu haben, die anderswo womöglich besser bezahlt werden. Die Vitalität der Stadt und die Hilfe von außen erwiesen sich indes trotz der Modellfunktion Berlins für politische und gesellschaftliche Zuspitzungen als stärker. Dies gelang nicht durch Klopfen nationaler Sprüche und Bekenntnisse, sondern durch Praktizieren übergreifender Vernunft, die sogar das Wort wagte, wir müßten mit der Mauer leben (Willy Brandt).

Inzwischen regt sich der Wille beiderseits, nicht nur Schloßbrückenfiguren wieder dorthin zu stellen, wohin sie gehören, sondern auch Menschen hüben wie drüben wirken zu lassen. Man ist sich einig, worüber man nicht einig ist und sein kann. Über alles andere wird geredet.

West-Berlin, die mit Abstand volkreichste deutsche Stadt, und Ost-Berlin, ebenfalls eine Millionenstadt für sich, Aushängeschild der DDR, zu der sie völkerrechtlich derzeit nicht gehört, leben zwar nicht miteinander, aber auch nicht mehr gegeneinander. Beide Hälften sind für ihr jeweiliges »Hinterland« attraktiv, wenngleich wegen gewisser Bevorzugungen dort nicht unbedingt beliebt. Eine unmögliche Kommune spottet mit inzwischen auch statistisch spürbaren Erfolgen ihrer Bedingungen.

So kann und wird es nicht immer bleiben. Aber wie es ist, ist Berlin jetzt schon ein Wunder, und nicht nur ein deutsches. *(27.11.88)*

Der geteilte Himmel

Das war der Titel des Romans, mit dem die DDR-Schriftstellerin Christa Wolf vor einem Vierteljahrhundert die Teilung Deutschlands literarisch aufarbeitete und beiderseits der damals schon zwei Jahre real sozialistisch existierenden Mauer bekannt wurde. Nächste Woche wird die Schriftstellerin 60 Jahre alt, und gestern fiel in der geteilten alten Hauptstadt ein Mensch vom Himmel, der gegen die Teilung leben wollte und daran in einem auch buchstäblich tragischen Einzelfall starb. Auch der Himmel ist geteilt, jedenfalls für die Menschen. Der Flüchtling erreichte sein Ziel, aber tot.

Gewiß sind wir der sogenannten Normalisierung ein Stück näher gekommen. Inzwischen können auch junge DDR-Bürger den Bereich der für sie geltenden Gesetze befristet oder für immer mit offizieller Erlaubnis verlassen, dies aber nur unter schwierigen Bedingungen und Auflagen. Der Satz, in einem Lande, das man verlassen kann, kann man auch bleiben, spricht noch immer gegen die politischen Bedingungen und Verhältnisse in der DDR.

Während bei uns derzeit darüber gestritten wird, ob eine durch freie Wahlen entstandene politische Situation unsere Ordnung gefährden könne, entschließt sich drüben ein junger Mann einsam, auf solch kühne Weise der Vergeblichkeit zu entrinnen, seine Lebensverhältnisse in der Heimat zu ändern.

Die Geschichte der Mauer ist auch die Geschichte dramatischer gelungener und gescheiterter Fluchten. Was alles muß im Kopf und in der Brust eines Menschen vorgegangen sein, bevor der ein solches Risiko eingeht, ohne andere Menschen zu gefährden. Er stürzt zu Tode wie Ikarus. Drüben und hüben geht das Leben weiter. Wir müssen weiter geduldig versuchen, die Verhältnisse ohne Gewalt zu ändern. Gewöhnen aber wollen und können wir uns nie daran, auch wenn der Himmel nicht einstürzt, solange er geteilt bleibt.

(9.3.89)

Die Ruhe nie verloren

Nicht wenige Berliner Kinder haben inzwischen Gelegenheit, die Pferde auf dem Brandenburger Tor erstmals von hinten zu sehen. Sie leben nun in dem Teil ihrer Heimatstadt, der auf Ost-Berliner Stadtplänen vor nicht allzulanger Zeit noch ein weißer Fleck war. Terra incognita. Unerforschtes Land. Als ob es kein Fernsehen gäbe, kein Radio und keinen Friedrich Schiller: »Der Mensch ist frei geschaffen, ist frei, und würd' er in Ketten geboren.«

Zu Abertausenden sind sie mitten aus einer bürgerlichen Existenz aufgebrochen, haben nicht mehr nach Stellung, Wohnung, Datscha, Trabbi und all den Vertrautheiten, die dem Menschen Heimat bedeuten, gefragt. Aber natürlich wollen die Ost-Berliner, die kommen, nun West-Berliner werden, den kessen Zungenschlag und die S-Bahn hören.

Noch steht die Mauer, doch ihre mehr als ein Vierteljahrhundert wirksame Funktion ist durch den Massenexodus historisch überholt. Funktionäre noch oder bisher kommunistisch regierter Nachbarvölker haben es möglich gemacht, der Menschlichkeit die Ventile geöffnet. Unvergessen die Bilder von tschechischen Polizisten, die ihren Auftrag, die Flüchtlinge vom Zaun der bundesdeutschen Botschaft fernzuhalten, zunächst noch widerstrebend erfüllten, dann aber wegsehen. Der Soldat Schwejk zwischen Befehl und humanitärem Gebot. Er entscheidet sich nicht gegen die Deutschen, mit denen sein Volk weiß Gott Ärger genug hatte, sondern für den Menschen.

Und an der Berliner Mauer, die wegen des 40jährigen Jubiläums der DDR zu vertragswidriger Sperre des Zugangs vom Westen her genutzt wird, läßt ein Grenzer den Unterschied zwischen dem, was er tun muß, und dem, was er denkt, erkennen. Bei der unbegründeten Zurückweisung junger Westdeutscher sagt er, er sei daran unschuldig. Dieses Wort benutzt er.

West-Berlin ist längst aus dem Schatten der Teilung, den Umrissen eines anomalen, letztlich unhaltbaren Provisoriums herausgetreten. Die Freiheit diffundiert, nicht weil sie aggressiv verfochten worden wäre, sondern weil sie zäh und mit Augenmaß bewahrt worden ist. Den Schutzmächten sei Dank. Die Zeit, als die Flüchtlinge Tunnel graben mußten oder schon diesseits der Grenze noch an Schüssen von drüben starben, ist vorüber. Der revolutionäre Aufbruch hat bisher unblutig stattgefunden, stattfinden können, weil in Moskau nicht mehr zynisch gefragt wird, wie viele Divisionen der Papst habe.

Vor gut 40 Jahren, nach der Blockade, sagte ein deutscher Funktionär von drüben dem West-Berliner Journalisten, bis Westkreuz könnten wir mit der S-Bahn von Friedrichstraße aus gemeinsam fahren, dann müsse man sich für Spandau oder Potsdam entscheiden.

Er meinte West oder Ost. Da der Westen festblieb und im Osten ein Licht aufgegangen ist, weil »auf das Leben reagiert wird«, wie Gorbatschow es formuliert, hat das Ausharren mitten in Berlin gelohnt.

Wie lautete früher der drohende Ratschlag von drüben? Die Insel dürfe sich das Meer nicht zum Feinde machen. Der Insulaner hat die Ruhe nie verloren. Inzwischen können auch Ost-Berliner unter kalkulierbaren Risiken entscheiden, wo sie lieber leben wollen. Reden wir nicht von Feindschaft. Die Insel aber ist inzwischen die DDR. Die Machthaber müssen das Leben begreifen. Einen Anfang haben sie immerhin gemacht, denn ein Land, das man verlassen kann, in dem kann man auch leben. *(8.10.89)*

Speranza

Der Mann aus Rom stellt präzise Fragen. Er kommt vom italienischen Rundfunk und will hier, wo man der deutschen Spaltung am nächsten ist, für seine Hörer wissen, wie wir unser Hüben und das veränderte Drüben jetzt sehen. Einer von vielen Kollegen, die dieser Tage die unmittelbaren Erfahrungen hiesiger Journalisten zur deutschen Abrundung eigener Recherchen an der Quelle nutzen.

Schon zu Beginn wird bestätigt, was das europäische Presseecho zum deutschen Aufbruch überhaupt kennzeichnet. Es sind die anderen, die von der Wiedervereinigung reden, während wir uns den Kopf zerbrechen, was denn nun aus der DDR wird. Freilich gäbe es auch unsere speziellen Berliner Probleme nicht mehr, wenn ringsherum ein Staat sozialistischer Prägung, so die Mehrheit der DDR-Bürger ihn wollte, rechtsstaatlich-demokratische Freiheiten garantierte. Das wäre weit mehr, als wir vor kurzem noch vom Ende dieses Jahrtausends zu hoffen gewagt hätten. Man braucht nicht mehr frei nach Dante abzuwinken: Lasciate ogni speranza! Laßt alle Hoffnung fahren.

Doch nun zu der Befürchtung, die besonders jenseits der Alpen immer wieder auftaucht. Ob die Westdeutschen nicht anstrebten, mit ihrer Wirtschaftskraft und politischen Potenz die Veränderung im Osten zu einer Führungsrolle in Europa zu nutzen. Das deutsche Wort Führung erspart er uns. Er verwendet das englische leadership.

Nicht daß wir die Wirtschaftsmacht der Bundesrepublik verkleinern wollten, aber es seien eher die Nachbarn, die uns drängten, Aufgaben entsprechend unserem Rang zu übernehmen. Ob wir aber nicht die Kredite etwa für Polen auch gäben, um unser Übergewicht in Europa zu verstärken.

Erstens hätten wir eine politisch-historische Verpflichtung, gerade den Polen unter die Arme zu greifen, und vor allem würden wir um mehr gebeten, als wir übrig hätten.

Schließlich kommt sogar noch der »Anschluß« ins Spiel, die Wiedervereinigung mit Deutsch-Österreich in einer Art

Dreibund mit der Bundesrepublik und einer anderen DDR. Schmunzeln unsererseits. Wir haben Andreas Hofer nicht erwähnt, aber er darf weiter ruhen. Die »Piefkes«, wie wir an der schönen, wenn auch nicht blauen Donau genannt werden, werden sich hüten, felix Austria, ein glücklichfriedliches Östereich, mit unsittlichen Anträgen zu verschnupfen. Wo sollte denn der Bundeskanzler dann Urlaub machen.

Wenn nur erst die Deutschen in der DDR dort so leben dürften, daß sie bleiben können. Das ist zwar noch immer nur eine speranza Tedesca, aber dank Perestrojka eine realistische deutsche Hoffnung auch für Europa. *(21.10.89)*

Morgenröte

Guten Morgen, Europa, Tochter des phönizischen Königs Agenor, entführt von Zeus in Stieres Gestalt nach Kreta, der Insel eines anderen Erdteils, der deinen Namen erhielt. Du schienst gealtert, ja hinfällig. Wann immer aber wir Europäer jetzt aufwachen, wirkst du in dem von Eos erhellten Spiegel der Gegenwart jünger und jünger...

Halt, halt, nun mal nicht so mythologisch. Sagen wir es in den Begriffen der neunziger Jahre am Ende des schrecklichsten Jahrhunderts eines turbulenten Jahrtausends. Der Silberstreif wird immer breiter. Wer das Radio anstellt oder in die Zeitung schaut, darf weiter staunen und hoffen. Nicht daß die Menschen besser geworden wären, aber die Verhältnisse.

Wen wundert es noch, wenn in einem Land des soeben noch Ostblock genannten Teils unseres gebeutelten Kontinents die KP verboten wird. Es ist übrigens jene römische Provinz, in die Ovid, der Dichter der »Metamorphosen«, verbannt war. Aufmüpfige hatten es immer schwer. Stimmt das noch in Europa?

Ist nicht ein jüngst noch wegen Sagens der Wahrheit wiederholt eingesperrter Dichter Präsident des Staates, in dessen Gefängnissen er darbte? Oder es streitet ein litauischer

Arbeiter über den Status seiner Heimat mit dem Herrscher aller Reußen, dessen offensichtlicher Ärger nur beweist, daß er solchen Zwischenfall eben keiner Geheimpolizei mehr überläßt.

In Deutschland erklärt ein provisorischer Regierungschef des östlichen Teils, auf einen Sicherheitsdienst könne er nicht verzichten, korrigiert sich aber alsbald auf Protest einer noch gar nicht deutlich organisierten Opposition. An jenem runden Tisch in Potsdam, an dem die drei Sieger über Hitler-Deutschland die Spaltung nicht planten, aber programmierten, bezeichnet der Erfinder des »Wandels durch Annäherung« unter beifälligem Nicken von Ost und West die beiden deutschen Armeen als nicht mehr kriegsverwendungsfähig. Man müsse nur noch förmlich beschließen, daß sie keinesfalls aufeinander schießen. Dies dort, wo eben noch auf Bruderhaß getrimmt wurde.

Man streitet eher mehr als früher, aber mit offenem Visier und ausgestreckter Hand. Wie hatte Egon Bahr nach den Ostverträgen gesagt? Bisher hatten wir keine Beziehungen, nun haben wir immerhin schlechte. Vorbei jene Geheimniskrämerei, die der amerikanische Aachener Friedenspreisträger George F. Kennan 1982 auf östlicher Seite als so friedenshinderlich bezeichnete wie die westliche Verteufelung des ideologischen Gegners als Inkarnation des Bösen.

In dieser Stadt, in der einst Panzerkanonen der Großmächte aufeinander gerichtet waren, wo der Knoten des Weltkonflikts sich zu schürzen schien, bedurfte es keines alexandrischen Schwertstreichs. Es wird behutsam geknüppert, was freilich ungeduldig macht.

Die wackere neue Welt ist auf einmal nicht mehr bedrohlich einfach, sondern hoffnungsvoll kompliziert. Probleme über Probleme, von der Geschichte aus der Tiefkühltruhe geholt und aufgetaut. Keiner gibt gern her, was er hat, läßt aber mit sich reden. Im letzten europäischen Land, in dem noch die Gewalt regiert, flackert die Flamme des Aufruhrs. Sonst allenthalben im Erdteil Joint-venture mit allfälligem Hickhack um die Prozente. Die doppelte Berolina, einst interessante Randfigur, mittenmang. Zeus ist munter geworden, kümmert sich wieder um seine Geliebte. Im Schein der Morgenröte neuester Nachrichten wird sie täglich anziehender. So gefällst du mir, Europa. *(14.1.90)*

Okay is jeritzt

Et stimmt janich, det wir mir und mich vawechseln. Wir saren imma mir - ooch wenn et richtich is. An solche Berliner Widerrede wird erinnert, wer nun Volkes Stimme von drüben immer häufiger auch im Rundfunk und im Fernsehen live zu hören bekommt. So deftig wird hüben nicht berlinert. Det fiel mir uff.

Befreit worden ist nach den bedrückten Herzen auch die Schnauze, selbst wenn sie die Mundwinkel noch hängen läßt, was angesichts der chaotischen Verhältnisse nicht verwundert. Jedenfalls reden manche drüben, wie Heinrich Zille malte, auch wenn sie das mir immer nur dann verwenden, wenn es richtig ist.

Wo käme in West-Berlin einer, selbst wenn er mit Spreewasser getauft ist, auf die Idee, das fatale Gezerre um die polnische Westgrenze wie folgt zu bemängeln: Die Bundesregierung soll nu man nich mehr so *rumeiern!* So ging es aus dem Frauenmund über den Sender.

Nee, fürs Rumeiern waren sie noch nie, die Berliner. Sie reden überhaupt nicht gern drumrum. Lange genug haben sie drüben erleben und erleiden müssen, daß die Amtssprache der DDR das Idiom der fünften, der sächsischen Besatzungsmacht war. Wo immer jemand am Drücker saß, zu harten Entscheidungen befugt war, sächselte er oder sie das p der Republik weich wie Rebbublig.

Die Kieze in Ost-Berlin aber wurden nicht wie in West-Berlin vom Mahlstrom der Weltoffenheit, dem Zu und Weg erfaßt, so daß es keine sprachlichen Reibungsflächen gab, an denen sich das ikke dette kiekemal abgeschliffen hätte. Man schmorte im eigenen Berliner Saft.

Selbst Schauspieler drüben sprechen, auch wenn die Rolle Hochdeutsch verlangt, oft ein bißchen wie Manfred Krug als Kreuzberger Liebling. Wer ein gutes Ohr hat, hört einem ausländischen Film an, ob er west- oder ostdeutsch synchronisiert ist.

Kreuzberg, ja das ist längst ein Vorort von Brooklyn. Da berlinern auch Türken, aber eben nicht so wie ein Eingeborener vom Prenzlauer Berg.

Nicht daß wir den Wedding beleidigen wollten und könnten. Dort brauchen viele keine Nachhilfestunden, um eine echt Berliner Lippe zu riskieren und den Mund nicht für eine Zigarette, sondern ne Ssarette zu spitzen. Doch sie müssen sich einen kleinen Ruck geben. Sie finden es eben okay, wo früher einer gesagt hätte: »Is jeritzt«. *(11.2.90)*

Wieder zu haben

Aus Konterbande wird Konkurrenz. Der Tagesspiegel einträchtig neben dem »Neuen Deutschland« auf Ost-Berliner Ladentischen. Wahnsinn? Nein, so hieß das allenfalls bis Ende 1989. Auch die familiäre Formel: »Wenn das einer im September prophezeit hätte...«, ist verbraucht.

Inzwischen gab es »uns« wie andere Gazetten seit der Öffnung auch schon drüben als Mitbringsel und im Geschenkabo. Doch zu einer Tageszeitung gehört der Straßenverkauf, ihre Einfügung ins Stadtbild, ihr Erwerb auch im Vorübergehen.

Wer schon Berliner Journalist war, als die Einfuhr von Westzeitungen ins sowjetisch besetzte Gebiet mit der Spaltung der Stadt verboten wurde, erlebt die Rückkehr zur Normalität aus einem mehr als 41 Jahre währenden Ausnahmezustand besonders intensiv.

Seinerzeit, während der Blockade, hatte der Westjournalist zwar Gründe, beim Betreten des Ostsektors um die eigene Person besorgt zu sein, doch immerhin konnte er passieren. Nur sein Arbeitsprodukt durfte er nicht mitnehmen. Der

Schmuggel war riskant. Wie genau sie es drüben damit nahmen, ärgerte nicht nur Deutsche. Ein junger ungarischer Kollege, KP-Mitglied, erzählte mir in den 60er Jahren in Budapest empört, daß ihm DDR-Genossen bei seiner Durchfahrt von einer Englandreise die »Times« ungerührt beschlagnahmt hätten.

Es spricht für die gute alte Zeitung, für das Schwarz auf Weiß zum Nachhausetragen, daß sie in jeder unfreien Gesellschaft Konterbande bleibt, obwohl Hörfunk und Fernsehen Informationen in den letzten Winkel des Erdballs verbreiten. Nun gibt es drüben wieder Zeitungen. Denn auch die bisherigen Veröffentlichungsorgane müssen welche werden.

Wo man frei sprechen und lesen kann, was immer man will, da kann man auch bleiben. Konkurrenz belebt nicht nur das Zeitungsgeschäft. *(21.2.90)*

Verfassung - patriotisch

Am besten kann anderen helfen, wer sich selber mag. Zum Unter-die-Arme-Greifen gehört Selbstbewußtsein. Das gilt auch für die Bundesrepublik gegenüber der DDR in der heiklen Phase des Interregnums vor der Vereinigung. So behutsam der große glücklichere Bruder bei der Sanierung drüben die soziale Komponente der Marktwirtschaft betonen muß, so wenig hat er Anlaß, in Fragen der staatlichen Ordnung das Licht unserer Verfassung unter den Scheffel zu stellen.

Wer gar im Westen mit der Vokabel »Anschluß« polemisiert, hat nicht nur in Geschichte gefehlt, sondern genießt unser Grundgesetz, ohne es zu schätzen. Aber auch in der seriösen Debatte über das Wie des Zueinander droht eine Polarisierung.

Befürwortern eines Beitritts der DDR durch Willenserklärung nach Artikel 23 des Grundgesetzes wird unterstellt, sie mißachteten das Bedürfnis der DDR-Bevölkerung nach einem eigenen Beitrag zur neuen Ordnung. Daher müsse nach dem Schlußartikel 146 die Einheit durch Beschluß einer neuen Verfassung unter Aufhebung des Grundgesetzes herbeigeführt werden. Dabei spielen auch im Westen immer wieder diskutierte Wünsche nach einer Erweiterung der Grundrechte, beispielsweise auf Arbeit und Wohnung, eine Rolle. Das mag den aktuellen Ängsten in der DDR entgegenkommen, nur beschäftigen sich solche Theorien mehr mit dem hehren Ziel als der rechtlichen Realisierbarkeit. Theodor Heuss schrieb einmal in einer Erläuterung zum »rechtsverbindlichen Charakter der Grundrechte«, es sei eine weise Selbstbeschränkung des Parlamentarischen Rats gewesen, »auf eine quasi-prophetische Durchformulierung der sozialwissenschaftlichen Zukunft zu verzichten«.

Wer den zweiten Weg zu einer neuen Verfassung nach Artikel 146 einschlüge, um das Grundgesetz in seiner Substanz zu verändern, käme dem Volk der DDR nur scheinbar entgegen. Schließlich hat dessen revolutionärer Durchbruch zur Wirklichkeit und zum Geltungsbereich des Grundgesetzes die Einheit erst möglich gemacht. Eine der inzwischen ältesten freiheitlichen Verfassungen womöglich mit einfachem Mehrheitsbeschluß zu ersetzen und damit in ihrem Wesensgehalt nach dem Grundgesetz nicht antastbaren Grundrechte zunächst zur Disposition zu stellen, will dreimal überlegt sein.

Die Berliner haben zudem den geringsten Anlaß, an einer Verfassung zu rütteln, in der Groß-Berlin, wenn auch unter alliiertem Vorbehalt, zum Bundesland erklärt worden ist. Wer alle Befürworter eines Beitritts der DDR zum Grundgesetz der Bundesrepublik in die rechte Ecke abdrängen will, hat auch mit dem Widerspruch von Verfassungspatrioten zu rechnen. *(4.3.90)*

Metropole der Wiedervereinigung

Die Überschrift indiziert weder neuen Berliner Größenwahn, noch soll sie die Hauptstadt-Diskussion um ein weiteres lokal-patriotisches Argument bereichern. Mitunter wundern sich westdeutsche Besucher, wenn sie hier zu hören bekommen, daß die Frage der gesamtdeutschen Residenz andernorts womöglich die Gemüter heftiger bewegt als an der Spree. Der Grund? Viele Berliner sind so sehr praktisch und exklusiv mit der Wiedervereinigung beschäftigt, daß sie deren Repräsentation eine spätere Sorge sein lassen. Denn hier findet seit Herstellung der alles vorentscheidenden Währungsunion massenhaft statt, was im Verhältnis der beiden deutschen Staaten noch Planung oder vorfühlendes Experiment ist. Selbst Dutzende westlicher Bankfilialen und Supermärkte wirken bislang in der DDR wie marktwirtschaftliche Missionsstationen im heidnischen Umfeld. In Berlin gehören die beiden Modellprovisorien der deutschen Teilung, einmal das im labilen Gleichgewicht des Ost-West-Konflikts befindliche Stück exterritorialer Freiheit, zum anderen die nicht anerkannte Hauptstadt des SED-Staats, schon der Geschichte an. Berliner finden es eher komisch als politisch, wenn gegen ein Regieren hier Bedenken erhoben werden, solange noch mit D-Mark besoldete Sowjetsoldaten in der ihnen nicht eben freundlichen Umgebung manövrieren.

Um die Wendelage in der Stadt der Wiedervereinigung zu beleuchten, seien als Scheinwerfer vier vermeintlich zusammenhanglose Meldungen dieser Tage benutzt. Das West-Berliner Protokollamt läßt wissen, die Abschiedsfeier für den französischen Stadtkommandanten entfiele, da er noch bliebe. Der Grund steht nur zwischen den Zeilen. Die Ernennung eines Nachfolgers lohnt nicht mehr... Teile des Kontrollpunktes Dreilinden werden ins Museum transportiert, um der Nachwelt im Original erhalten zu bleiben... Die Nationale Volksarmee senkt am 20. Juli die DDR-Fahne zu Ehren der Offiziere des Widerstands... Der Verkehrssenator schließlich erwägt, auch in West-Berlin die vor fast einem Vierteljahrhundert als verkehrshinderlich abgeschaffte, in Ost-Berlin beibehaltene Straßenbahn wieder einzuführen. Mit anderen Worten: Das Tabu des einem Mikadospiel gleichenden Status ist gebrochen. Aus der Schutzmacht wird eine Art NATO-Kontingent. Das Stützkorsett der Transitregelung verschwindet im Kostümfundus absurden Welttheaters. Die NVA salutiert bürgerlichem antifaschistischem Heldenmut. Ost-Berlin infiziert die autogerechte Weststadt mit einem Stück erhaltener Infrastruktur, das nun als Errungenschaft erscheint.

In Berlin diffundieren die »zwei Ansichten«, wie Uwe Johnson sie in die Literatur einführte, die Vorurteile, die beiden Lebensweisen und Standards intensiv. Für die Besucher aus dem Westen hat die alimentierte und konservierte West-Teilstadt aufgehört, vor allem dank ihrer Anomalie eine Attraktion zu sein. Schlagartig ist Berlin wieder, was immer sonst es noch werden mag, eine Metropole. Die westdeutschen Autokennzeichen haben keinen Aufmerksamkeitswert mehr für die Ex-Insulaner. Die Menschen aus dem Umland gehen ihnen zunächst auch auf die des Trubels entwöhnten Nerven. Die Region liefert noch kaum mehr als zuvor. Die Märker setzen ihre D-Mark auch ohne Rücksicht auf eigene Landsleute zur Erfüllung von Fernsehwünschen ein, gehen schon pendelnd im Westen arbeiten und fahren nachts mit knatterndem Motorrad in die Glitzerdisko. Womit wir bei den Menschen an sich wären. Nein, sie sind noch nicht wiedervereinigt. Umfragen ergänzen das Ergebnis bloßen Umschauens. Das hat gute und schlechte Gründe.

Beginnen wir mit den schlechten. Die Unsicherheit drüben ist nur zu gut zu verstehen, auch die Ungeduld, es ähnlich gut zu haben. Doch scheint eine im Westen notorische mürrische Unzufriedenheit mit dem im Weltmaßstab prächtigen Leben auch in der DDR zu grassieren. Die Westler hätten erwartet, die Erleichterung über die Befreiung von der Diktatur werde die Sorgen überwiegen. Daß wir, was Rücksichtslosigkeit betrifft, zueinander passen, zeigt sich in der gemeinsamen, in Berlin gebündelt stattfindenden Autohatz. Die anderen sind auch losgelassen. Während unter den Bedingungen rüden staatlichen Zwangs West wie Ost zähneknirschend, aber brav auf der Transitstrecke 100 fuhren, gibt jetzt auch der Trabbi das letzte. Waffen zu Pflugscharen. Ja, aber wohin mit der Aggression, der in Wiedervereinigung erstarkten Fortsetzung individueller Angriffslust mit anderen Mitteln? Vielen Westlern fällt es auch schwer, denen drüben den gebrauchten oder gar neuen Westwagen zu gönnen und nicht nach dem Kontostand zu fragen. Das gemeinsame Schlangestehen nach billigen Lebensmitteln hat uns auf Tuchfühlung, doch einander nicht näher gebracht. Noch gehen abschätzige Blicke herüber und hinüber. Das Entgegenkommen scheint ohnehin zu jenen Formen konventioneller Erleichterung des Umgangs miteinander zu gehören, die nur noch Erinnerung der Älteren sind. Die Verwunderung darüber, daß in der U-Bahn ein junger Mann einer alten Frau den Platz anbietet, ist greifbar. Wie sich herausstellt: ein Pole.

Kommen wir zu den respektablen Gründen, warum es mit der Wiedervereinigung noch klemmt. Monika Maron, Tochter eines SED-Funktionärs, dessen Haßtiraden während der Blockadezeit dem damaligen Reporter noch in schlechter Erinnerung sind, hat nach der Wende geschrieben: Ihr fiele an Errungenschaften der DDR nichts ein als die Fristenlösung und der grüne Abbiegepfeil vor roter Verkehrsampel. Das ist ironisch, aber von dieser scharfsinnigen und den Menschen zugewandten Frau, die wußte, warum sie schon »vorher« in den Westen ging, nicht zynisch gemeint. Nicht auf Grund besserwisserischer Arroganz, sondern dankbar empfundener Erfahrung mutmaßen Westler, in der DDR träumten sie nicht nur von D-Mark und Freizügigkeit mit sozialistischer Rückversicherung, sondern vor allem von der allerdings nicht risikolosen Freiheit. Kopfschüttelnd verfolgen West-Berliner Beobachter, wie in der Volkskammer des nunmehr freigewählten Provisoriums DDR eine Koalition von CDU, DSU und PDS Sozialdemokraten und Liberale daran hindert, die politische Konsequenz aus dem Bekenntnis zu einer Vereinigung nach Artikel 23 des Grundgesetzes zu ziehen. Die gravierendste Sorge aber ist, wie wir in der Vereinigung ohne Pharisäertum eine demokratische Exekutive und Rechtsprechung durch Entfernen der dafür ungeeigneten »Zöllner« des früheren Regimes sichern. Wieder einmal ist Berlin dabei exemplarisch herausgefordert. *(22.7.90)*

Die Luft zum Atmen

Mit der Luft ist es wie mit der Freiheit. Man merkt sie erst, wenn sie einem fehlt. Schlechte Luft tut auch nicht weh, jedenfalls nicht direkt. Und selbst, wenn einer daran stirbt, ist die Ursache schwer nachweisbar. Deshalb haben wir uns früher nur gefreut, wenn und daß die Schornsteine rauchten, obwohl schon im vorigen Jahrhundert Wissenschaftler ein Waldsterben diagnostizierten, es nur noch nicht so nannten. Inzwischen wissen wir, daß der Fortschritt zu weit führen kann, kennen die Grenzen des Wachstums, haben es in der Hand, unseren Planeten unbewohnbar zu machen oder weiter zu leben. Nach uns die Sintflut? Gegenwart gibt es eigentlich gar nicht. Sie ist immer nur der Punkt zwischen vertaner oder verantwortbarer Vergangenheit und aussichtsreicher oder furchterregender, ja hoffnungsloser Zukunft. Die Grünen gibt es, weil unsere Selbstzufriedenheit verkannte, daß nur hoffen darf, wer vorsorgt. Sonst muß er entsorgen. Was für ein Wort. Auch dort freilich hat die Luft die größten Chancen, wieder zum Atmen zu taugen, wo Freiheit herrscht, wo Durchblick aufs Schlimme nicht staatsfeindlich ist, wo Glasnost und Perestrojka noch rechtzeitig in die jeweilige Sprache übersetzt werden.

Schwefel in der Berliner Luft

Da werden die Fachleute anderswo staunen. Die Laien dürfen empört sein. In Berlin, wo es so eng ist, daß laut Willy Brandt von mancher Idylle Abschied genommen werden muß, hat man ein neues Kraftwerk mitten unter die Leute gesetzt. Es verschandelt Lichterfelde. Es wurde etwas außerhalb der Legalität unter Mißachtung des regulären Bebauungsplanverfahrens und gegen heftigen Nachbarnprotest erbaut. Berlin lebe am Rande seiner Energiekapazität und könne auf neuen Strom nicht mehr warten. Der beschwichtigende Hinweis war berechtigt.

Indes durfte angenommen werden, bei solchem Projekt mitten in der Stadt werde man sich nicht nur der Wahlparole des blauen Himmels über der Ruhr erinnern. Vielmehr würden Kommunalpolitiker, Techniker und Hygieniker nach intensiver Diskussion ein umweltfreundliches Exempel für Energieerzeugung statuieren, wie es zum Modell einer modernen Großstadt gehört. Inzwischen hat die Anlage ein Drittel ihrer Endleistung erreicht. Da fällt der Bürger aus allen Schwefeldioxyd-Wolken. Und die Bewag tut so, als erginge er ihr ähnlich. Dabei wird, wie aus informierten Kreisen verlautet, seit Monaten hinter den Kulissen um das gerungen, was nun als eine Auflage der Gewerbeaufsicht Furore macht. Verringerung des SO_2-Ausstoßes um 80 Prozent.

Dabei wird der Gesetzentwurf der Bundesregierung vom Februar Pate gestanden haben. Es mag auch zutreffen, daß die mit Steinkohle befeuerten übrigen Kraftwerke der Bewag nicht weniger Gift ausstoßen als das Barnackufer vor Erfüllung der Auflagen. Auch erspare der Fernheizdampf viele Einzelbrennstellen. Doch was man Privatschloten künftig zu Recht auferlegen wird, müßte großen Kommunalschornsteinen längst billig gewesen sein.

Nun aber heißt es, die als Auflage vorbehaltene Entschwefelungsanlage sei von der Bewag als nicht zweckmäßig befunden worden. Und die Alternative, ein soeben für Schweröl-Betrieb ausgebautes Kraftwerk solle flugs auf Leichtöl umgestellt werden, macht das Problem reif für eine Große Anfrage im Stadtparlament von Schilda. In Kreisen der Lufthygieniker wird im übrigen kein Zweifel daran gelassen, daß die angekündigte Auflage einer Verringerung des Giftausstoßes um vier Fünftel unabdingbar sei. Wenn der Finanzsenator versucht, den ruhenden Kraftverkehr in der City zu regeln, während die Zuständigen sich in Schweigen hüllen, mag das noch komisch sein. Am Barnackufer aber stellt sich die Frage ernster: Wird diese Stadt überhaupt zentral verwaltet? Die Berliner Luft riecht nach Schwefel, sprich Teufel. Und der steckt offenbar hier nicht nur im Detail. *(15.3.73)*

Die Funktion der Grünen

Mit den Parlamenten der Bundesrepublik ist zunächst auch die Furcht der Politiker vor den kleinen grünen Männchen in die Ferien gegangen. Doch ist deren Wiederkehr sicherer als Aussagen über fliegende Untertassen. Was lange Zeit nur Spitznamen für Dänikens außerirdische Bestseller-Besucher waren, ist aus unserer Mitte aufgetaucht und wächst. Während eine vierte Partei aus politisch-taktischen Überlegungen zwar immer wieder spukt, ohne aber auch nur in bayerischen Königsschlössern Gestalt anzunehmen, klopft es immer vernehmlicher an die Sitzungssäle, irritiert allzu eingefleischte Selbstsicherheit.

In Hamburg und Niedersachsen stand der Fuß bereits in der Tür, was zum Teil einschneidende Folgen für die kleine der drei demokratischen Parteien hatte. In Hessen und Bayern wird zur Zeit Spektralanalyse zwischen Rot und Grün betrieben, wie Listenverbindungen oder Unvereinbarkeitsbeschlüsse zeigen. In Berlin haben die Auseinandersetzungen begonnen, die darüber entscheiden, ob die Initiativen in den Bezirken bleiben oder ob auf der letzten Strecke dieser Legislaturperiode zum Schöneberger Rathaus ein Debütant mitläuft, der letztlich sogar den Ausschlag für die Zusammensetzung des nächsten Stadtparlaments geben könnte. Wenn Grüne und Bunte, ohne selbst die Hürde zu nehmen, die FDP zum Stolpern brächten, verschafften sie der obsiegenden Partei die absolute Mehrheit in einem Zweiparteien-Parlament. Hätte solche keineswegs nur hypothetische große Wirkung eine allzu kleine Ursache? Sind die Grünen Ärgernis, Hoffnung oder beides? Was sie hervorgebracht hat, ist jedenfalls, wie immer es sich lokal darstellen mag, von säkularer Bedeutung.

Wenn die Bürgerinitiativen ausgeblieben wären, wenn die Grünen nicht Chlorophyll bildeten, müßte man argwöhnen, daß der Homo sapiens auf die Gefahr seiner Selbstzerstörung politisch gar nicht mehr reagierte, zur Fotosynthese zwischen Erkennen und Handeln bereits unfähig wäre. In dem aus der Natur entnommenen Farbbegriff artikuliert sich ja, vernachlässigt man unvermeidlich mitlaufende Schwarmgeisterei, keineswegs eine naive Fluchtbewegung zurück zur Natur. Im übrigen sollte man den »Gesellschaftsvertrag« des wieder viel bemühten Rousseau aus dem Jahre 1762 gelegentlich nachlesen, etwa den Satz: »Die ungebändigten Naturtriebe machen den Menschen zum Sklaven, der Gehorsam gegen sein eigenes Gesetz macht ihn frei.« Das wird nicht jedem Hippie schmecken.

Die Herkunft der Grünen ist nicht partikulare Verdrossenheit, wie sie dem französischen Steuerrebellen Poujade und dem Dänen Glistrup zu befristeten Erfolgen verhalf. Unser kritischer Finanzbeamter Fredersdorf ist aus anderem Holze. Nicht zufällig kommt er wie auch der eher schwerblütige GAZ-Vorsitzende Gruhl aus langer aktiver Arbeit für eine demokratische Partei. Die Gefahr, daß unser »Planet geplündert wird«, hat der CDU-Dissident populär beschrieben, ohne damit sachlich den Experten Neues zu verraten. Sein Ausscheren war nur eines der Symptome dafür, daß die tragenden politischen Kräfte sich bei mehr oder weniger gutem Willen bislang als zu schwerfällig erwiesen, Grün zu integrieren, wache Mitbürger zufriedenzustellen, die nicht Nein sagen, sondern begreifen und fordern, daß am Ende des 20. Jahrhunderts anders Ja gesagt werden muß.

Die Zeit ist reif für eine radikale Reform institutioneller und politischer Prozesse auf allen Ebenen.« Dieser Satz wie auch die daran geknüpfte Konsequenz, »weitere Tatenlosigkeit« müsse »tragische Konsequenzen« haben, steht nicht auf Flugblättern der KPD. Er ist entnommen der von der Stiftung Volkswagenwerk mitfinanzierten Studie »Die Grenzen des Wachstums«, von der alle reden, die aber zuwenige gelesen haben, wenn sie über technologische Probleme mitstreiten. Die Würdigung, welcher das Zitat entnommen wurde, ist unterzeichnet von sechs Wissenschaftlern, darunter der Mit-Direktor der Fiat-Werke, der wissenschaftliche Direktor der OECD, der Leiter des japanischen Wirtschaftsforschungszentrums und der jetzige Kultusminister von Niedersachsen und frühere Vizepräsident der Deutschen Forschungsgemeinschaft, sämtlich Mitglieder des vor zehn Jahren gegründeten Club of Rome. Die vor sechs Jahren veröffentlichte Studie, die in keiner Schulbibliothek fehlen sollte, forderte eine »geistige Umwälzung von kopernikanischem Ausmaß« und stellt es durchaus in Frage, ob die »moralische, schöpferische und intellektuelle Kraft« ausreicht, mittels »ganz neuer Vorgehensweisen« die Menschheit »anstelle weiteren Wachstums auf Gleichgewichtszustände zu führen«. Darauf sind unsere Grünen eine eher bescheidene, aber unentbehrliche Antwort. Was immer sich daraus politisch kristallisiert, so liegt der Ansatz doch mehrheitlich auf dem vom Club of Rome übernommenen Motto: »Keine blinde Opposition gegen den Fortschritt, aber Opposition gegen blinden Fortschritt.«

Mit diesem Ausflug ins Grundsätzliche, der für Kenner nur Wiederholung bedeutet, sollte auch sichtbar gemacht werden, daß hier Stoff zum Füllen einer in der westlichen Welt häufig markierten Lücke im puren Pragmatismus sichtbar wird. Die Grünen sind ein auf wissenschaftlichem Fundament basierendes Stück Ideologie im guten Sinne, keine Utopisten. Man ist nicht aus Verdrossenheit dagegen, sondern weiß, warum man manches anders wünscht als bisher oder jedenfalls in Frage stellt. Freilich scheiden sich bei der Projektion der Idee auf unser System die Geister, wenn etwa in der Berliner TU bei einer Diskussion der »Alternativen Wahlliste« geäußert wurde, man wolle natürlich nicht »auf Parlamentarismus abfahren«. In einer Broschüre der KPD wird der organisatorische Vorsprung einer Kader-Gruppe deutlich, die verhindern will, »daß wir das Gleiche in Grün machen wie die etablierten Parteien«. Da man »ein imperatives Mandat mit keinem Trick in das Berliner Wahlgesetz hineininterpretieren« könne, müßten die Kandidaten einer alternativen Liste unter Kontrolle von Bezirks- und Landeskomitees stehen.

Hier wird deutlich, warum Grün in Bunt übergeht, wie ausgesprochene Systemgegner aufspringen, die schon in der

Apo-Zeit »alle Macht den Räten« verschaffen wollten. Doch machte man es sich zu leicht, wenn man wegen des legalen Versuchs, an eine neue Bewegung auch sozialistische Hoffnungen zu knüpfen, diese als schlechthin unterwandert verketzerte. Nur bleibt es das Problem der Bunten, wie sie Spannungen von links- bis rechtsaußen für Wähler erträglich überwinden können. Die Anhänger von Gruhl sind inzwischen eine Bundespartei. Zur Zeit ist ein junger Fuhrunternehmer dabei, einen Berliner Ableger wurzeln zu lassen.

Die Besorgnis der Parteien ist aber auch insofern nur zu begründet, als man ja den Club of Rome nicht zu bemühen braucht, um ihnen nicht grün zu sein: Einer CDU mit einem Vizevorsitzenden, der als Landesvater untragbar war. Einer SPD, die immer wieder in Gefahr gerät, Solidarität und Filz zu verwechseln. Einer FDP, deren liberale Tugend, zwischen den Stühlen zu sitzen, auch ihre Not ist. Berlins Regierender Bürgermeister, der das nur zu gut weiß, vermutet, ohne Organisationskorsett der KPD brächten die Rot-Grünen in Berlin auf Landesebene nichts zuwege. Rechtsanwalt Schily, der sich in linken Kreisen gewiß auskennt, ist da anderer Meinung und hat eine entsprechende öffentliche Warnung ausgesprochen. Je röter Grün wird, desto geringer die Wahrscheinlichkeit, daß es zu mehr reicht als zu einem Erfolg, wie ihn die WUB örtlich schon bei der letzten Wahl errang.

Doch das soll die Sorge der organisierten, der zerstrittenen oder gekitteten Grünen sein. Ihre politische Wirkung hängt mehr davon ab, ob sie den Parteien den Marsch blasen, sie zur Integration des vernünftigen Nachdenkens zwingen, das Ökonomie und Ökologie miteinander in Einklang bringt. Auch wenn die Grünen nur Hefe sein sollten, hätten sie einer prinzipiellen Hoffnung Geltung verschafft. *(13.8.78)*

Erdgas aus Sibirien

Zwischen Ost und West wird heutzutage nicht nur über Raketen geredet. Auf dem Humus des in den siebziger Jahren politisch bestellten Berliner Feldes gedeiht auch bei schlechterem politischen Wetter ein kräftiger Sproß ökonomischer und ökologischer Vernunft. Das Ergebnis langjähriger komplizierter Bemühungen unter dem sensiblen Status dieser Stadt, einen beträchtlichen Teil ihres Energiebedarfs mit sibirischem Erdgas zu decken, darf zu den Ostereiern 1983 gerechnet werden.

Könnten sie nicht faul sein? Kann Berlin sich mit seinen Erfahrungen und geographischen Bedingungen auch nur begrenzt in Abhängigkeit von der östlichen Weltmacht und ihrem deutschen Erfüllungsgehilfen begeben? Als ob wir das bei einem wirklichen Konflikt nicht ohnehin wären. Stadtgas wie Ölfeuerung und Elektrizität bedürfen der Lieferung von Primärenergie. Daher auch die seit der Blockade angeordneten Senatsreserven bis hin zum Toilettenpapier.

Indes hätte das einmal gelieferte Erdgas dann sogar den Vorteil einer langfristigen und umweltfreundlichen Speicherfähigkeit. Immer vorausgesetzt, daß die Aufnahmebereitschaft der geeigneten Erdformationen unter dem Postfenn den wiederholt schon überprüften Erwartungen entspricht, woran Fachleute kaum zweifeln. Außerdem ist die Funktionsfähigkeit des Speichers eine auflösende Bedingung der Schutzmächte für den geschlossenen Vertrag.

Klärungsbedürftig ist auch noch, wer für die Investitionen der technischen Umstellung zur Aufnahme der Lieferung in der Stadt aufkommt. Doch die Leute von der Ruhrgas sind keine Träumer. Sie waren bei einem Vertragswerk mit derartig komplizierten Implikationen und politischen Voraussetzungen gewiß nicht allein, auch wenn solche Ergebnisse immer auf der kleinen Flamme der Diskretion gegart werden.

Ökologisch ist Erdgas nahezu konkurrenzlos. Seine Energieausnutzung liegt mehr als doppelt so hoch wie bei der Elektrizität. Selbst bei Fernwärmekoppelung kann Strom in dieser Hinsicht nicht mithalten. Die Umweltverschmutzung ist gegenüber den schwefelsauren Schloten fast zu vernachlässigen. Erdgas würde der Berliner Luft gut bekommen. Aus allen den Gründen wäre dieser nun vereinbarte Energieabzweig nach West-Berlin der ohnehin immer nur vage diskutierten Stromstichleitung vorzuziehen, die tatsächlich von einer Minute zur anderen abgeschaltet werden könnte.

Der Vertrag weist in das nächste Jahrtausend. Er ist von wirklich europäischer Dimension, kann unserer Umwelt nur nützen und wirkt im Wortgefechtslärm über Kriegsgefahr wie ein wirtschaftliches Unterpfand nüchterner Friedensbewegung. *(31. 3. 83)*

Nur wer sich Zeit nimmt

Die Fachausdrücke haben wir alle von den Römern. Warum nicht auch die Solidität? Schon wieder Latein. Man stelle sich vor, die früheren Beherrscher der alten Welt hätten ihre Wasserleitungen und die porta nigra, das schwarze Tor in Trier, aus Stahlbeton gebaut. Da wären auch keine Ruinen mehr zu bewundern, wie sie bei uns heute gleich gebaut werden oder nach vergleichsweise kurzfristiger Benutzung entstehen (U-Bahn-Brücke Reinickendorf, Kongreßhalle, Autobahn-Brücken, geräumte Miethäuser...)

Beton kommt vom lateinischen bitumen für Erdharz. Hergestellt wird er aus Zement (von caementum, dem Bruchstein), Wasser und Sand. Im Englischen heißt der Beton concrete, vom lateinischen Wort für verdichtet, erstarrt, hart. Dazu kommt noch die Bewehrung mit Stahl, der sprachlich altgermanisch ist, aber eben rostet, auch wenn er nicht rastet.

Sicher hängt das damit zusammen, daß wir zuwenig rasten, weil alles schnell fertig sein muß. Bei uns bringt gute Arbeit einen so hohen Stundenlohn, daß sie häufig schlecht ausgeführt wird. Wackere, paradoxe, neue Welt.

Nun, gepatzt wurde früher natürlich auch. Andreas Schlüters »Großer Kurfürst« reitet weiter für Berlin. Der Meister aber wurde vor gut 275 Jahren als Oberbaudirektor wegen der Konstruktionsmängel seiner Bauten entlassen. Mit dem »Münzturm« wurde die historische Tatsache auch literarisch aufgearbeitet. Schlüter war mehr Künstler als Statiker. Im Jahre 1984 aber muß der Eingang zur Technischen Universität Berlin ganze zwei Jahrzehnte nach Wiederherstellung gesperrt werden, weil er einzustürzen droht, was gottlob rechtzeitig ans Licht kam. Wenn das nun schon dort geschieht, wo der Führungsnachwuchs das Betonbauen und andere technische Fertigkeiten beigebracht bekommt und die Forschung fortschreitet, dann meint der Laie wirklich, es allenthalben im Gebälk knistern zu hören.

Zum kräftigen Kontrast bekommt er dieser Tage auch noch mit der Post einen freundlichen Ansichtskartengruß aus der »Hölle« in Rothenburg ob der Tauber. Das so benannte Lokal wird als das älteste Haus des mittelalterlichen Städte-Kleinods bezeichnet. An lichter Höhe kann es sich mit unseren Repräsentativbauten nicht messen, doch soll es 900 nach Christus erbaut worden sein. Sicherlich hat man es gelegentlich geflickt. In der engen Schankstube mag auch so mancher bocksgebeutelte Zecher gestolpert sein, aber daß ein dort von Stützbalken erschlagener Sünder in die Hölle gefahren sei, ist aus keinem der Jahrhunderte überliefert. Die kleine »Hölle« steht noch nach knapp 1100 Lenzen, während unsere Gebäude uns innerhalb einer Generation das Fürchten lehren.

Heute haben wir im Beruf, beim Sport und sogar in der Freizeit Digitaluhren auf die Zehntelsekunde und präzise Zeitnehmer. Doch wer schon, ob Weltbeschauer oder Betonbauer, denkt immer daran, daß Dauerhaftes nur schafft, wer sich Zeit nimmt. *(15. 1. 84)*

Becquerel und die Behörden

Der Mangel an Information aus dem Osten war empörend, aber nicht überraschend, entsprach vielmehr dem System. Was im Westen Besorgnis erregt, ist neben der auf Dauer schwer abschätzbaren Strahlengefährdung die konfuse Reaktion auf die nun schon viele Tage alte Wolke aus Tschernobyl. Zu den mangelhaften Vorbereitungen auf den offenbar nur theoretisch angenommenen größten Kernkraftunfall, wozu wir uns schon kritisch äußerten, kommt eine in unserer Gesellschaftsform und bei dem heutigen technischen Standard befremdliche Unfähigkeit zur politischen Datenverarbeitung.

Eine relativ gelassene und, von dem anfänglichen Hamstern der Jod-Tabletten abgesehen, besonnen reagierende Bevölkerung bemerkt an der Spitze Zerfallserscheinungen, wie sie durch Panik hervorgerufen werden. Es kann dem bundesdeutschen Föderalismus nicht schaden, wenn es wenigstens gelänge, sich über die Art und Bekanntgabe der Strahlenmessung soweit zu einigen, daß die Mitteilungen den Bürger informieren und ihm nicht mitunter eine Gefährdung suggerieren, während es sich womöglich nur um unterschiedliche Maßstäbe handelt.

Für das Abweichen regionaler Ratschläge je nach Belastungslage und Temperament der dortigen Behörden wird man Verständnis haben, obgleich es irritiert. Daß der Fußballklub Blau-Weiß 90 mit ein paar Strahleneinheiten an den Fußballstiefeln in die erste Bundesliga stürmte, zuvor aber fast über eine Absage gestolpert wäre, erheitert mehr, als es erschreckt. Ärgerlich ist es, wenn die Berliner Umweltbehörde Auskünfte in der Person eines Pressesprechers monopolisiert, der als ehemaliger Verkehrsrichter über atomare Zerfallsprozesse weniger weiß als mancher unserer Mitarbeiter und diesem die Arbeit, dem Leser mithin die Information erschwert.

Bedenklich wird es angesichts einer bislang beispiellosen grenzüberschreitenden Gefährdung und der so dringlichen Koordinierung von Maßnahmen, wenn der Unfall zur Fortsetzung der Innenpolitik mit anderen Mitteln mißbraucht wird. Dies ist nicht die Zeit zur Rechthaberei zwischen Befürwortern und Gegnern der in den großen Industrieländern nun einmal integrierten friedlichen Kernenergienutzung, wenngleich das Menetekel jedenfalls nicht die Gegner zum erneuten Nachdenken zwingt.

Zunächst will die Bevölkerung wissen, woran sie nach Tschernobyl wirklich ist, was sie hier und jetzt tun sollte, ohne den Kopf zu verlieren oder in den Sand zu stecken, oder was sie auch getrost lassen kann. Behörden, die nicht einmal die Anwendung der Zerfallseinheit Becquerel zu Informationszwecken koordinieren können, sind beunruhigend.

(6.5.86)

50 km/st

Fast einstimmig hat der Bundestag, dessen Mehrheit wohl zu den Autofahrern gerechnet werden darf, gestern beschlossen, gegen den Willen der Bundesregierung die allgemeine Geschwindigkeitsbeschränkung für Kraftfahrzeuge wieder einzuführen. Zwar muß das Gesetz noch den Bundesrat passieren, bevor es in Kraft treten kann, aber ein Widerstand der Länderregierungen ist nicht zu erwarten und wäre auch nicht zu vertreten.

Man kann für oder gegen die Geschwindigkeitsbeschränkung sein, aber es ist kaum zu bezweifeln, daß man auf Autostraßen mit dem Föderalismus wohl nicht sehr gut fährt. Denn so groß ist die ganze Bundesrepublik nun auch wieder nicht, und jede Komplizierung und Differenzierung der Verkehrsvorschriften erhöht die Unfallgefahr. Die Initiative zur Wiedereinführung des vor vier Jahren aufgehobenen Tacho-Stops ist lange Zeit mit erheblicher Geschwindigkeitsbeschränkung behandelt worden. Wer gebremst hat, läßt sich denken und auch verstehen.

Nun ist man in geschlossenen Ortschaften gleich auf mindestens 50 km/st heruntergegangen, mit Ausnahme örtlich festzusetzender Schnellstraßen. Als wir vor gut sechzehn Monaten unsere Kampagne mit einem psychologischen Augenzwinkern unter dem Motto: »Auch ich kann über 60 km/st fahren« begannen, taten wir das mit dem ausdrücklichen Hinweis, daß nur eine freiwillige Drosselung der Motoren auf Dauer eine gesetzliche Zwangsregelung verhüten würde.

Natürlich ist und bleibt es für einen zuverlässigen, reaktionsschnellen und rücksichtsvollen Kraftfahrer ein Ärgernis, wenn ihm der Gesetzgeber ohne Rücksicht auf die jeweilige Verkehrssituation auf die Bremse tritt. Natürlich ist auch ein verhältnismäßig langsamer Rowdy gefährlicher als ein schneller Gentleman. Aber für einen Gentleman am Steuer dürfte es auch nicht allzu schwer sein, das Experiment mit der allgemeinen Geschwindigkeitsbeschränkung fair und gutwillig mitzumachen, weil doch nun einmal diese Möglichkeit, der Unfallgefahr zu begegnen, bei dem viel dichter gewordenen Verkehr noch nicht ausprobiert worden ist.

Wenn es um Menschenleben geht, sollte Probieren doch bestimmt über Studieren gehen. Die Fairness wird allerdings auf Gegenseitigkeit beruhen müssen. Sinn der Geschwindigkeitsbeschränkung ist eine allgemeine Beruhigung des Verkehrs. Baldriantropfen für den Kreislauf. Wenn allerdings nach Inkrafttreten des Gesetzes die Weißen Mäuse aus dem Tiergartenbusch fahren sollten, um einen Autofahrer zu bestrafen, weil er auf der Ost-West-Achse mit 52 km/st überholt hat (falls diese Straße nicht zu den Schnellstraßen zählt), dann würde das die Leute sicher eher aufregen.

Der debattenlose Beschluß des Bundestages wird nichts daran ändern, daß die Meinungen geteilt bleiben. Wenn die »Bremser«, zu denen auch wir gehören, jetzt die »Schnellen« überholt haben, so sollte das nicht zu einem verschärften Straßenkampf führen. Versuchen wir das Beste daraus zu machen. Die wirksamste Verkehrsregel ist und bleibt die Rücksichtnahme. Wer sie für sich ganz einstimmig beschließt, braucht weder den Bundestag noch den Bundesrat zu fragen. *(16.3.57)*

Für den Flaneur

Das 20. Jahrhundert war das des Automobils. Es geht und fährt langsam, aber sicher zu Ende. Denn je mehr Leute Auto, das heißt wörtlich selbst fahren, um so weniger sind sie in der Masse mobil. Von der Umwelt und den Verkehrsopfern nicht zu reden. Da in den Industrienationen die Menschen auch noch in die Ballungszentren drängen, wird dort die Beschleunigung in den Stau potenziert. Wir bleiben im technischen Fortschritt stecken.

Da die Einsicht der Wirklichkeit immer nachhinkt, bringt die Spätlese einer Epoche besonders bizarre faule Früchtchen hervor. In der Götzendämmerung hat die Arbeitsgemeinschaft City, die Interessenvertretung der Geschäftsleute am Kurfürstendamm, den Prototyp der Endzeit »freier Fahrt für freie Bürger«, des Fin de siècle des Autos geprägt, den motorisierten Flaneur.

Im Kampf gegen die vom Senat erwogenen Busspuren auf der Boulevardmeile von Berlin W, verlangen die Kaufleute, wie berichtet, den Kurfürstendamm für Flaneure aller Verkehrsarten freizuhalten. Köstlich. Wer Geschmack am Hautgout von Begriffen findet, wird den Autoflaneur, denn ihn soll die Forderung fördern, auf der Zunge zergehen lassen.

Das französische Wort flâner heißt umherbummeln. Wie gemütlich das gemeint ist, verrät die Ableitung la flaneureuse für den Liegestuhl. Wer sein Auto wegen der Mobilität, die es trotz allem (noch) verschafft, als Gebrauchsgegenstand, aber nur als solchen zu schätzen weiß, wird den aufkommenden Lachreiz über die Vorstellung unterdrücken; Ende der achtziger Jahre wolle jemand mit dem Auto über den Kurfürstendamm flanieren. Der Gedanke pervertiert den Begriff, ist aber ernstgemeint, muß also ernstgenommen werden.

Verstärkt wird das durch eine Polemik gegen Busspuren als »Rennstrecken des öffentlichen Personennahverkehrs«. Sie könnten den Boulevardcharakter zerstören. Fabelhaft. Wenn man den gelben Elefanten mit der Machete wirklich moderner Planung einen Pfad durch den Verkehrsdschungel schlägt, wird also der Boulevard gefährdet. Das Bummeln von Privatfahrern aber, das Blech auf dem Mittelstreifen und das ordnungswidrige Parken am Rande machen erst seinen Reiz. Verdrehter geht's nicht. Um nicht mißverstanden zu werden: Vor allem repräsentative und florierende Geschäfte sind es, die einem Boulevard die Anerkennung verschaffen, es zu sein und zu bleiben. So sind Sorgen der Kaufleute an exponierten Stellen nicht nur die ihren, was Stadtregierungen mit gelegentlichen Hilfen honoriert haben. Doch ist es aus inzwischen berühmten Fußgängerzonen bekannt: Erst jammern die Geschäftsleute vorsorglich, die in der Regel zahlungskräftigeren Autokunden würden ausbleiben. Machen sie in einer verweilfreundlichen urbanen Oase dann Kasse, steht nichts davon in der Zeitung. Für überhöhte Geschäftsraummieten ist der Verkehrssenator jedenfalls nicht zuständig.

Als die »Schnalle« an der Gedächtniskirche geschlossen werden sollte, was wir als bescheidenen Anfang immer wieder gefordert hatten, gab es den üblichen Widerstand. Am Brunnen vor der Kirche... Daraus wäre nichts geworden, hätten die Autofetischisten sich durchgesetzt.

Nein, das Auto darf nicht verketzert werden. Es ist, wie schon gesagt, unvernünftig, für die Havelchaussee keinen Kompromiß zu finden. Aber sehen wir nach München oder in kleinerem Format nach Göttingen. Fußgängerzonen mit Sonderregelungen für den Lieferverkehr und öffentliche Verkehrsmittel: aus ehemals stinkenden und brüllenden Stadtkernen sind erholsame Zonen geworden.

Auch in Berlins City geht es nicht mehr nur um Busspuren, die der Senat eben nicht gegen Handel und Wandel, gegen Autobummler aber konsequent durchsetzen sollte. Der untere Kurfürstendamm steht auch als Fußgängerzone mit exklusivem Quer-, Bus- und Lieferverkehr zur Debatte. Denn die City gehört nicht erst im nächsten Jahrtausend dem Flaneur. *(14. 5. 89)*

Das Wort des Jahres

Ist es fünf Minuten vor oder nach Zwölf? Die Frage zielt nicht auf das zeitgerechte Anstoßen der Gläser zum Jahreswechsel, sondern auf die Unsicherheit, ob die Welt noch zu retten ist. Aufgeworfen wurde sie in einem jüngst veröffentlichten Leserbrief. Unsere Uhr gehe falsch, hieß es darin. Wir hatten in einer Glosse wider die allgemeine Depression geäußert, es gebe auch Anzeichen dafür, daß der Mensch sich doch noch aufrappele, ehe es zu spät sei. Die vermutlich jungen Leser hatten darin Gesundbeterei gesehen und statt dessen ständige Anklage gefordert. Immerhin stand diese Aufforderung zur Aktivität im Widerspruch zu der gleichzeitig geäußerten Ansicht, der Zeiger habe die Marke schon überschritten. Solche Dialektik resultiert einmal aus der Angst, die das Fühlen und Denken vieler Zeitgenossen bestimmt und manches Handeln oder Unterlassen motiviert, zum anderen aus den unübersehbaren Anlässen, an der Verheißung »Fürchtet Euch nicht!« zu zweifeln, wenn nicht zu verzweifeln. Weiß Gott: zum Optimismus bedarf es heute noch größerer Anstrengung als vor knapp sechzig Jahren, als Erich Kästner auf die Frage, wo denn das Positive bliebe, antwortete: Ja zum Teufel, wo bleibt es eigentlich?

Zu den Heimsuchungen, die des Menschen Schicksal mitbestimmen, zur höheren Gewalt sind die von ihm selbst verursachten Untergangsfaktoren gekommen, seitdem er mit konsequenter, indes unbedachter Nutzung seiner Fähigkeiten deren Grenzen hinsichtlich der Beherrschbarkeit überschreitet. Dies summiert sich mit einer Verhaltensunsicherheit zwischen kultureller und materieller Daseinsbewältigung, wie sie in dem Kontrast einer dramatisch drohenden Übervölkerung des Erdballs mit der Ablehnung umfassender Geburtenkontrolle durch einen der Hohenpriester der Menschheit deutlich wird. Die Besorgnis des Zauberlehrlings hat auch eine neue deutsche Vokabel hervorgebracht. Noch dem Duden Ende der sechziger Jahre war sie fremd. In der 17. Auflage tauchte sie dann als technischer Begriff auf. Inzwischen erscheint es geboten, beim Rückblick auf 1986 ähnlich den Bemühungen, die Frau oder den Mann, die Sportlerin oder den Sportler des Jahres zu finden, das Wort des Jahres zu küren: Der Boris Becker des Vokabulars unserer wackeren, neuen und gefährdeten Welt ist auf Deutsch die

Entsorgung. Ob das Wort schön ist, steht dahin. Treffend ist es jedenfalls, zumal es nicht nur materiell verstanden sein will.

Tschernobyl belegt das. Seine Strahlung betrifft Seele und Körper gleichermaßen, wobei die Unsicherheit auch der Fachleute über räumliche und zeitliche Wirkung von prinzipiell neuer Qualität war und den Angstfaktor potenzierte. Das Menetekel ist an der Wand, aber schwer zu enträtseln. Im übrigen ist die bei politischen Kommentaren zu bedrohlichen Entwicklungen gängige Formel, Angst sei ein schlechter Ratgeber, biologisch fragwürdig. Immerhin löst die Furcht vor einer erkannten Gefahr Körperreaktionen zu erhöhter Abwehrbereitschaft aus, sofern sie nicht im Übermaß wirkt und lähmt. Das gilt auch für die Schrecksekunde in übertragener Bedeutung. Resignation ist nichts anderes als das mögliche Verpassen der letzten Chance unter der Zwangsvorstellung, der Zeiger habe die Marke passiert. So digital geht die Weltenuhr wohl nicht, daß man pünktlich alle Hoffnungen fahrenlassen könnte und müßte, bevor der Mensch ohne Wiederkehr in Dantes Hölle eintritt.

Was Sorgen bereitet und uns daran hindern könnte, mit ihnen fertig zu werden, sind gewisse Reaktionsdefizite auf selbstverschuldete Gefahren. Zur Entsorgung gehört zunächst das Einsammeln der berühmten neuen Kleider des Kaisers, das Anfassen von Tabus. Diese bedürfen keiner Dekontaminierung, vielmehr verursacht umgekehrt der Glaube an die Behauptung, ihre Berührung sei gefährlich, erst die gesellschaftliche Gefährdung. Die Grünen sind auf dem Baum solcher Erkenntnis gewachsen. Ihre bis auf weiteres gesicherte politische Existenz zeigt an, daß die herkömmliche Weltbetrachtung Defizite aufwies; zum anderen, daß die Weltenesche germanischer Mythologie noch Saft hat, welche Fäden die Nornen auch immer spinnen mögen. Die Warnung des »Club of Rome«, höchst seriöser Damen und Herren, vor den »Grenzen des Wachstums« sind inzwischen Jahrzehnte alt und ebenso gerühmt wie unvollkommen beherzigt worden. Das war Humus für manches Wildkraut, auch für Brennesseln. Selbst die Götter scheinen besorgt zu sein, ob wir's noch rechtzeitig merken. Hätten sie sonst Tschernobyl und Tschernobasel in einem Jahr stattfinden lassen?

Da die große Oppositionspartei der Bundesrepublik offenbar über eine interne Spaltanlage verfügt, die sich auch im Alarmfall nicht abschalten läßt, könnte die Bundesregierung vor und nach der Wahl dem möglicherweise verhängnisvollen Irrtum verfallen, einer weiteren ideellen Entsorgung bedürfe es nicht. Bei aller Anerkennung von Verdiensten um mehr Stabilität - Sturheit ist immer vom Übel. Was das heißt? Eine Regierung sollte politisch zumindest auf dem gegenwärtigen Stand wissenschaftlicher Erkenntnisse sein. Die Kernfrage, ob die sogenannte friedliche Nutzung der Atomenergie ohne Einschränkung fortgesetzt werden darf, wird von Wissenschaftlern unterschiedlich beantwortet. Eine ausschließliche Festlegung auf das schwer quantifizierbare, aber nicht zu leugnende Restrisiko ist also auch dann falsch, wenn es richtig bleibt, daß Regierungen Entscheidungen treffen müssen. Schon gar nicht darf die andere Auffassung in Acht und Bann getan werden, denn das hieße, das Feinddenken fördern. Es grassiert schlimm genug. Jüngst hat Moskau erklärt, Tschernobyl strahle jetzt nicht mehr. Jetzt! Wenn die Bundesregierung in manchen ihrer Beschwichtigungen vom April zurückblättert, müßte sie einräumen, daß ein Mangel an Furcht nicht immer Mut, sondern mitunter ein Defizit an Vorstellungskraft anzeigt.

Die Frage der Lagerung oder Beseitigung von Sondermüll ist ungelöst. Und das auf unserem engen Raum. Die Stadt Lübeck will beim Kadi durchsetzen, daß die Devisenversorgung der DDR durch Sondermüll-Entsorgung mancher Bundesländer gestoppt wird, weil die Kippe Schönberg auf Kosten der Hansestädter gehen und deren Wasserversorgung gefährden könnte. Die Bundesrepublik flickschustert an einem Problem, das wir heute für Zehntausende von Jahren und hoffentlich viele Menschengenerationen zu bewältigen haben.

Nach uns die Sintflut? Welch harmlose Vorstellung im Hinblick auf die Halbwertzeiten der Strahlung von Atommüllhalden; dies immer unter der Voraussetzung, die großen und kleinen Raketen aus der Rüstungsbüchse der Pandora würden die ersten Waffen der Menschen sein, die nur dem Frieden gedient hätten. Ja, damals, als das Land in Trümmern lag, mußte der Schornstein wieder rauchen. Was sonst. Wer von der Kriegsgeneration ließe sich das ausreden. Ist aber Buschhaus anno 1986 ein Rauchzeichen technischen Fortschritts oder Symptom der Schrumpfung gesunden Menschenverstandes? Wir bringen es noch nicht einmal fertig, auf ein Treibmittel in Sprühflaschen zu verzichten, das offenbar den Schutzgürtel unserer Erde durchlöchert. Das Sammeln von Altpapier überlassen wir dem Markt, auch wenn es nicht mehr klappt, als ob solche Aufbereitung nicht längst eine öffentliche Aufgabe wäre. Zum scheintoten Rhein sei nur Herodot zitiert. Vor gut 2400 Jahren schrieb der erste Historiker des Abendlandes über die Perser: »In einen Fluß pissen oder speien sie nicht, ja sie waschen sich nicht einmal die Hände darin, leiden auch nicht, daß ein anderer das tut, weil sie vor den Flüssen die größte Ehrfurcht haben.«

Warum wir heute soviel Angst haben müssen? Weil es uns an der Furcht gefehlt hat, am timor Dei, der Gottesfurcht, oder wem das zu transzendent, zu hochgegriffen ist, einfach an der Ehrfurcht vorm Leben. Wir haben vergessen, daß wir nicht die Herren, sondern die Kinder der Erde sind. Auch wie wir heute miteinander umgehen, verrät, wie wenig wir begriffen haben, wen allein zu beherrschen uns aufgegeben ist: jeder sich selbst. Wir hoffen zu überleben. Überleben können wir nur, solange wir hoffen. *(28.12.86)*

Kernfusion des Interesses

Kinder aus der Gegend von Tschernobyl werden zu einem Erholungsaufenthalt nach Berlin eingeflogen. Gleichzeitig wird in Berlin weiter über die Gefährdung des zukünftigen

Atomreaktors des Hahn-Meitner-Instituts (HMI) in Wannsee durch Flugzeuge diskutiert. Die Gegenüberstellung der beiden aktuellen Mitteilungen soll nicht Furcht erregen, sondern daran erinnern, daß und warum wir dazugelernt haben. Der Zauberlehrling des Atomzeitalters ist Geselle geworden.

Die resignierende Hinnahme einer Waffenbereitschaft zum Overkill ist dank politischen Fortschritts einer generellen Abrüstungsbereitschaft gewichen. Die Angst mag ein Bundesgenosse der Vernunft gewesen sein, obgleich sie sprichwörtlich als schlechter Ratgeber gilt. Auch Skepsis wie Gegnerschaft gegen die friedliche Nutzung der Kernenergie wird von deren Befürwortern nicht mehr sogleich als ideologische Verblendung verketzert. Die Atomgegner wiederum wissen, daß gerade unter heutigen Umweltbedingungen die Energiegewinnung aus fossilen Rohstoffen mit der insoweit, aber eben nur insoweit sauberen Kernspaltung ökologisch konkurriert.

Der vergleichsweise geringe Gefährdungsgrad durch ein Objekt wie das HMI spricht nicht gegen die gebotene und mögliche Vorsicht, wenn es denn für die Forschung unentbehrlich erscheint. Sicher würde unter heutigem Kenntnisstand und angesichts der veränderten Bedingungen durch die Wiedervereinigung kein Mensch mehr auf die Idee kommen, ein Kernforschungsinstitut in die Millionenstadt zu setzen. Das war nur durch die West-Berliner Situation und Bedenkenlosigkeit zu erklären.

Auch würde das HMI heute nicht mehr ohne Containment, die Sicherung gegen Flugzeugabstürze, errichtet. Doch da steht es nun. Der nachträgliche Einbau würde viel, wenngleich nicht mehr als ein kompliziertes Militärflugzeug kosten, aber viel Zeit. Angesichts der Zunahme des zivilen Flugverkehrs und befristeter Aufrechterhaltung des militärischen, ist es nur logisch, wenn die für den Umweltschutz politisch verantwortliche Senatorin zumindest das Luftsperrgebiet erweitern will. Daß die Einhaltung solcher Vorschriften zunächst nicht deutscher Kontrolle unterliegt, gehört zu dieser Berliner Spezialität.

Wer das Restrisiko um der Forschung willen für vertretbar und unvermeidlich hält, wird gegen eine erhöhte Vorsichtsmaßnahme, die den Institutbetrieb nicht behindert, nichts einwenden können. Schließlich geht es hier um eine Fusion unseres im Kern gespaltenen Interesses. *(17.7.90)*

Des Kaisers neue Kleider

Es ist mein Lieblingsmärchen, obgleich mir erst in reiferen Jahren Hans Christian Andersens Weisheit ganz aufgegangen ist. »Des Kaisers neue Kleider« - das ist die Frage der Glaubwürdigkeit. Die Antwort entscheidet auch über Erfolg und Mißerfolg gesellschaftlicher Bemühung, nicht nur in der Politik im engeren Sinne. So beginnt die Auswahl zu diesem Thema mit einer Betrachtung über das immer aktuelle Thema der Urteilsfähigkeit und Zuständigkeit des Laien für Kunstwerke. Geschrieben wurde sie Anfang der 50er Jahre aus Anlaß öffentlicher Auseinandersetzungen über die Gestaltung des Konzertsaals der Hochschule für Musik, des Berliner Wappenbären und der städtischen Oper. Der Skulpturen-Boulevard zur 750-Jahr-Feier Berlins läßt grüßen. Doch dann wird das Märchen auch politisch wahr, das so manchen Machthaber nackt dastehen läßt.

Künstler, Sachverständige und Laien

Sicherlich kommt es darauf an, in der Kunst, wie Schiller sagte, »das Materielle durch Ideen zu beherrschen«. Das bedeutet auch die Abstrahierung einer Idee vom Materiellen, wie es sich in der Natur darstellt: etwa in der Literatur bei Kafkas visionären Alpträumen, oder in der Architektur am Luftbrückendenkmal, oder in der Malerei bei den Werken der großen französischen Impressionisten. Über Geschmack läßt sich nicht streiten, und Geschmack kann nie Maßstab der Kunst sein, denn dann wäre für mich das ein Kunstwerk, was ich mir gern an die Wohnzimmerwand hänge oder in den Bücherschrank stelle. Ich räume auch ein, daß ein Laie nicht immer in der Lage ist zu erkennen, welche Idee den Künstler geleitet hat. Doch immer, so behaupte ich, wird der aufgeschlossene Laie vor einem echten Kunstwerk den Hauch der Idee verspüren, auch wenn er keine Namen dafür weiß. Denn Kunst kann auch in der Abstraktion nur Ordnung sein, niemals Chaos. Auch wird der Laie feststellen können, ob das Werk auch hervorragendes Handwerk ist. Ich vermag beispielsweise die Idee zu Franz Marcs »Turm der blauen Pferde« nicht zu deuten; ich spüre aber, daß auf dem Gemälde eine Idee mit hervorragendem handwerklichem Können verwirklicht ist. Ich ließe mir die Idee sogar gern von Experten erklären, obwohl ich diese immer im Verdacht habe, daß sie mehr über die Idee wissen als der Künstler selbst.

Goethe sagte zu Eckermann: »Da kommen sie und fragen, welche Idee ich in meinem ‚Faust' zu verkörpern gesucht habe. Als ob ich das selber wüßte...« Aha, werden Sie triumphieren: also reine Intuition. Ja, aber Goethe fuhr fort: »Ich hatte als Poet weiter nichts zu tun, als Anschauungen und Eindrücke in mir künstlerisch zu runden und auszubilden und durch eine lebendige Darstellung so zum Vorschein zu bringen, daß andere dieselbigen Eindrücke erhielten, wenn sie mein Dargestelltes hörten oder lasen.« Aha, sage ich: das ist doch wohl nicht l'art pour l'art, nicht Kunst bloß für den Künstler. Mir scheint, dieser Künstler legte Wert darauf, verstanden zu werden.

Wenn der Laie vor vielen als Kunstwerk deklarierten Gemälden den Eindruck hat, daß nicht einmal der Schöpfer, geschweige denn seine Idee die Materie beherrscht, so wehrt er sich meines Erachtens mit Recht dagegen, daß ein zürnender Priester ihm die Tür weist. Die Kunst ist nun einmal Menschenwerk, wenn sie auch Gottnähe ahnen läßt. Sie bedarf keiner Priester, und gerade die erhabensten Kunstwerke benötigen den Erklärer am wenigsten. Der Laie verzeiht dem Genie Hochmut übrigens leichter als der Kunstsachverständige. Doch ist nicht jeder Hochmütige ein Genie, und nicht jeder, der Chaotisches auf die Leinwand bringt, ist ein Meister der Abstraktion. Daß der schöpferische Mensch naturnotwendig einsam ist, heißt ja nicht, daß er sich nicht mit der Gesellschaft auseinandersetzen und in ihr durchsetzen muß. Wer wagt es zu behaupten, daß ein vom Volke nicht verstandenes Genie unerkannt dahinwelkt, wenn die

Experten es nicht im Treibhaus geschlossener Kunstzirkel aufziehen? Man sagt, auch früher seien die Künstler von ihren Zeitgenossen verkannt worden. Wer sind die Zeitgenossen? Vielleicht das Volk? Überliefert werden doch zumeist die Kritiken der Sachverständigen. Wo waren die Kunstexperten, die ja angeblich allein immer auf der Höhe ihrer Zeit sind, als Rembrandt in Armut starb? Gegen wen hat sich Richard Wagner eigentlich durchgesetzt? Gegen die Öffentlichkeit mit Hilfe der Kritiker oder umgekehrt?

Wer ist denn überhaupt das Volk, wenn wir von der Auseinandersetzung mit der zeitgenössischen Kunst sprechen? Diese Auseinandersetzung ist, wenn sie überhaupt stattfindet, immer eine individuelle Entscheidung. Sie unterliegt in viel geringerem Umfange der Massenpsychose als beispielsweise die Betrachtung der Politik, der Kunst des Möglichen. So scheue ich gar nicht vor der frevlerischen Behauptung zurück, daß der »Mann auf der Straße« in Fragen der Kunst urteilsfähiger ist als in Fragen der Politik. Kunstbetrachtung ist Nachempfinden (was mehr ist als nur Verstehen) einer vom Künstler getroffenen Entscheidung. Die Politik aber verlangt beispielsweise vom Wähler Entscheidungen, die ihm kein Wahlredner abnehmen kann, wenn dieser sie nicht praktisch schon für ihn trifft. Im gleichen Maße wie die Demokratie nicht Herrschaft des Volkes sein kann, sondern auf eine strenge Kontrolle der Elite durch das Volk zurückgeführt werden muß, braucht die Kunst andererseits nach meiner Ansicht viel mehr als bisher den Kontakt mit dem Laien. Das Veto der Kunstsachverständigen, die dem selbständig denkenden Laien von vornherein ein Mitspracherecht versagen, wenn er nicht alles für Kunst hält, was er weder versteht noch als geniale Maßlosigkeit empfindet, schafft erst die Kluft. Wer will dem Zweifler verdenken, daß er hinter dem verschleiert gehaltenen Bild nicht die Wahrheit, sondern die Anmaßung vermutet?

Nur ein Nihilist wird versuchen, das Nichts zu deuten. Gewiß soll niemandem das Recht bestritten werden, in Stein oder Farbe ein Nichts darzustellen, aber diesem Recht entspricht das Recht des Publikums auf das Lachen. Und das Lachen über eine unregelmäßige Scheibe mit einem Loch, die unter einem koketten Titel das Nichts verbirgt oder die Verachtung des Publikums durch ihren »Schöpfer« darstellt, ist legitim. Dieses reinigende Lachen fehlt in einer Zeit, die keine Maßstäbe mehr anerkennt, die in der Philosophie vom Nullpunkt der menschlichen Existenz ausgeht, die des Göttlichen spottet und das Nichts anbetet; in einer Zeit, die das eigene Ich zum Fixstern macht, um den die Welt sich dreht. Dieses Lachen kann das Inhaltlose von der echten Überhöhung des Materiellen trennen, die auch dem Laien die Substanz nicht verbirgt.

Auch ich bin dagegen, daß Ausschüsse über Kunstwerke entscheiden oder sie gar korrigieren, eben weil in diesen Ausschüssen die womöglich konkurrierenden und voreingenommenen Experten sitzen. Aber man soll den Laien an die Kunst heranführen. Nicht die Mehrheit soll entscheiden, was Kunst ist; aber warum soll nicht ein für die Öffentlichkeit bestimmtes Kunstwerk – beispielsweise der Berliner Wappenbär – von der Öffentlichkeit begutachtet werden? Man rede keinem Künstler in das Handwerk, aber man lasse fünf Künstler je einen Wappenbären entwerfen, stelle diese Entwürfe aus und lasse nun getrost die Mehrheit der Besucher entscheiden. Man schädigt dabei weder einen Künstler noch die Kunst, wohl aber kann man damit die Öffentlichkeit mehr als bisher für die Kunst interessieren. Doch das setzt voraus, daß man von den Elfenbeintürmen herabsteigt. Wer dann fürchten muß, in der Menge unterzugehen, kann so groß nicht sein. *(3.1.54)*

Warten auf Strauß

Aktuell ist Franz Josef Strauß alleweil: im Deutschen Bundestag, im In- und Ausland. In den Zeitungen steht sein Name meist mit in der Überschrift, auch wenn es nicht immer eine Schlagzeile ist. Wer in alten Gazetten blättert, findet manch leichtfertigen Schwanengesang auf den Politiker Strauß. Er selbst hat ja einmal die Möglichkeit angedeutet, managen könne er auch in der Industrie. Das Dementieren überließ er, wie zumeist, den Tatsachen. Wie er überhaupt wenig darunter zu leiden scheint, gestern etwas ganz anderes gesagt zu haben als heute. Die Zeiten ändern sich, und wir ... Der weiland Primus eines humanistischen Gymnasiums würde sagen: tempora mutantur et nos... Wobei angemerkt sei, daß entgegen einem landläufigen Vorurteil ein Klassenbester später durchaus lebenstüchtig sein kann. Und wie!

Eines der Indizien für das politische Vollblut des gelernten Lehrers und autodidaktischen Kenners der Waffensysteme, der Kernspaltung und der Volkswirtschaft ist, daß er bei allem Drang zu zitierfähiger Rede und Raffinesse beim Aufbau neuer Positionen die entscheidende Aktualität selbst nicht provoziert, die Frage nach dem Minister Strauß. Das überläßt er seiner bajuwarischen Hausmacht, der CSU, deren Potenz der Wähler zwischen Main und Isar in Kürze neubestimmen wird. Dann werden wir, dann werden auch intime Feinde wie Hundhammer in München und Gerhard Schröder in Bonn weitersehen. Eines trojanischen Pferdes, um Bonn zu erobern, bedarf der Listenreiche freilich nicht. Die Hilfstruppen stehen zu Hauf in den Mauern. Wer möchte da Kassandra sein!

Der SPD-Wehrexperte Helmut Schmidt hat vor Jahren, als die Worte noch nicht auf die Goldwaage einer Großen Koalition gelegt wurden, über Strauß gesagt, er sei sein eigener Feind. Hat Strauß diesen Gegner überwunden? Ist er ein anderer als der Stier von Spanien vor dem roten »Spiegel«-Tuch? Würde er heute noch versuchen, einen kleinen Polizisten fertigzumachen, der dem Fahrer eines Ministers die Verkehrsregeln beizubringen versuchte? Und wenn Strauß Strauß nicht mehr im Wege stehen sollte – wer und was spricht noch gegen ihn als Minister? Denn daß er ein Politiker von Gnaden ist, scharfblickender Zweiäugiger unter gar vielen Blinden, empfindet selbst Fräulein Elisabeth Müller am Fernsehschirm. Wen also hat er noch zu fürchten? Wer beobachtet, wie achtungsvoll Helmut Schmidt, der scharfzüngige, mit Strauß, dem jovialen, die Klinge kreuzt, ja häufig völlige Übereinstimmung in der Sache feststellt, der wird an Fritz Erlers Wort: »Die SPD geht nicht mit Strauß« zwar noch denken, es aber für historisch halten. Hat nicht der CSU-Chef, um Einfälle nie verlegen, für Willy Brandt als Regierenden Bürgermeister Berlins Bonner Kabinettsrang empfohlen? Dies tat er, ohne nachträglich darüber zu erröten, daß die frühere Propaganda gegen den Emigranten Brandt einen stark bayerischen Akzent aufwies. Der Wind schlägt schnell um in der Politik. Der Mantel mit. Der Herzog muß nach. Wo fand Wehner in der Stabilitätsdebatte wohlwollenden Widerhall statt Wogenprall? Strauß war der staatsmännische Glätter. Wer vermied es, auf die dem Bundesverteidigungsminister Hassel von der Opposition geschlagenen Wunden parteifreundliche Pflaster zu legen? Just der Mann, der Hassel den Starfighter eingebrockt hat. Es sei daran erinnert, daß Mende seinerzeit gesagt hat, Strauß habe aus politischen Gründen die falschen Flugzeuge gekauft. Freilich: der Bürger mutmaßt, Strauß wäre an Hassels Stelle mit dem Problem fertiggeworden, wenn nicht damals der Minister-Schleudersitz betätigt worden wäre, um das rechtsstaatliche Prinzip zu retten.

Dem Bundeskanzler zumal, an dessen Image der scharfzähnige Bayer genüßlich genagt hat – auch im »Bayern-Kurier« wird Erhard nicht eben hofiert –, mag heute in der rheinischen Götterdämmerung der Gaullisten-Sepp als strammer Siegfried erscheinen. Im Drachenblut der öffentlichen Meinung hat der Recke Unverwundbarkeit erworben, ausgenommen jene Stelle, wo das vermaledeite Blatt vom Lügenbaum die Hörnung hinderte. Aber wer möchte heute den Speer zücken und Hagen sein. Hat doch schon das Nibelungen-Lied die Frage aufgeworfen, ob das Recht rächen dürfe.

In maßgebenden Kreisen der CDU und SPD ist die Frage nur, wann, allenfalls ob Strauß kommt, nicht aber, ob er mitregieren darf. Und der Vielgelobte hütet sich, offene Türen einzurennen. Inzwischen entwirft er den Maßanzug eines Superministers, für sich selbst zugeschnitten, allerdings ohne Kaufzwang für das Parlament. Haute couture der Innenpolitik.

Und was sagt das Zünglein an der Waage? Es dürfte, wie häufig, gespalten sein, was nicht nur an die Schlange erinnern sollte, sondern auch an die Erkenntnis, daß wirklich Liberale schwer festzulegen sind. Zwar haben FDP-Politiker den Fehdehandschuh der Koalitionsfrage in Interviews gelockert, doch war vor Jahresfrist eine Art Ehrenerklärung für den Ex-Verteidigungsminister Teil der Koalitionsvereinbarung. Mende steht wieder einmal am Scheidewege, aber auch vor der Frage, warum sich immer nur Strauß wandeln soll. Welchen Teil der öffentlichen Meinung hat die FDP in dem Falle zu vertreten? Denn im Wahlvolk dürften es nicht nur Erhards Pinscher sein, denen sich die Nackenhaare sträuben angesichts der Renaissance des Ritters ohne Furcht, jedoch mit Tadel. Es kann ja nicht vergessen sein, was viele schon damals vor knapp vier Jahren zu vergeben bereit waren. Es hat ja schließlich weltweit Aufsehen erregt, daß diese »häßlichen Deutschen«, die Klippschüler der Demokratie, plötzlich Recht vor Macht gehen ließen, und zwar von unten her. Das Volk, ein großer Teil zumindest, stand in Opposition, schlug sich auf des »Spiegels« Seite, auch ohne ihn zu lieben. Bevor wir dies Kapitel nochmals aufschlagen, verlangt die Fairness zu erörtern, was für Strauß spricht. Denn das ist nicht wenig.

Und damit anzufangen: er hat Humor, was in der Regel eine gewisse Bereitschaft zur Selbstkritik vermuten läßt. Der inzwischen 51jährige hat nicht nur Machtinstinkt, sondern auch eine profunde Bildung, was nicht sehr häufig gekoppelt ist. Seine rasche Intelligenz vermag es, diese Bildung jeweils schnell in neue Fachgebiete auszudehnen. Er ist begabt für das Management, ein Talent, das heute jedes Regierungsmitglied auszeichnen sollte. Gerade hier zeigen sich des rechtschaffenen Ökonomieprofessors Erhard Mängel. Strauß will und kann führen. Der Ehrgeiz schließlich ist eine blanke

Selbstverständlichkeit für einen Mann der Politik, der also Macht ausübt. Daß Strauß so ausnehmend tüchtig erscheint, ist natürlich auch eine Frage des Niveaus des anderen. Mehr braucht dazu nicht gesagt zu werden.

Machiavelli hat im Mittelalter und zuerst den Dreiklang formuliert, der jede Politik bestimmt: zwingende Notwendigkeit, Energie, Glück. Die Energie steht außer Frage. Kann man nun sagen: Strauß hat damals Pech gehabt; inzwischen hat es sich als notwendig erwiesen, mit diesem politischen Motor die Regierung auf höhere Touren zu bringen?

Vor vier Jahren wurde Strauß, nachdem er schon neun Jahre Minister gewesen war (davon sechs im Verteidigungsressort), gestürzt, als sich die FDP nach der Spiegelaffäre an die Spitze einer starken öffentlichen Meinung stellte. Es sei ihr nicht vergessen. Die Gründe waren schließlich auch für hartgesottene und nicht pingelige Parteifreunde schwer genug. Der »Abgrund von Landesverrat« hatte sich geschlossen, ein anderer tat sich auf:

Objektiver Rechtsbruch durch einen Minister bei der Verhaftung von Ahlers in Spanien. Das in dieser Sache eingeleitete Ermittlungsverfahren wurde im Juni 1965 eingestellt, weil subjektiv der Nachweis nicht zu erbringen war. Allein die Aussageverweigerung des Staatssekretärs Hopf ergab diese Rechtslage.

Mißachtung des Parlaments durch eine unwahrhaftige Mitteilung vor dem Plenum, nicht er, Strauß, habe die Aktion veranlaßt, was er später korrigieren mußte. Ein Minister, der das Parlament belügt, rührt an den Grundfesten der demokratischen Ordnung.

Bald darauf stärkten die bayerischen CSU-Wähler dem gestürzten Minister den Rücken. Der damalige Innenminister Höcherl, freilich kein führender Vertreter der Legalität, prophezeite Straußens Wiederaufstieg. Das hielt allerdings auch die »Times« schon damals für möglich, wobei sie vornehm unerwähnt ließ, daß ein englischer Minister, der die sehr ehrenwerten Volksvertreter anlügt, keiner Regierung Ihrer Britannischen Majestät mehr angehören wird.

Strauß hat uns auch seitdem Nüsse zu knacken gegeben, indes keine rechtsstaatlichen, sondern rein politische. Er hat das Atomtestabkommen von Moskau 1963 getadelt, womit er Wasser auf jene Mühlen goß, die vernehmlich klappern: dieser Mann will mit an den großen roten Knopf. Strauß hat stets ein Gespür, was gerade ankommt: die dritte Kraft Europa gegenüber den erklärten Atlantikern zu betonen, die Überfremdung der deutschen Industrie durch die geschäftstüchtigen Amerikaner zu rügen. Geschickt mischt er Nationalwunsch mit Wahrheit. So auch, wenn er in London am Tag der deutschen Einheit die Wiedervereinigung in Frieden und Freiheit zutreffend nüchtern in Frage stellte, aber die Integrierung eines ostdeutschen *freien* Staats in Europa als Lösung anbot. Das mag in britischen Ohren gut geklungen haben, aber gerade die Unfreiheit drüben verhindert doch sowohl die Wiedervereinigung als auch Europa bis zum Ural. Dies alles sind nur Anhaltspunkte für ein Unbehagen an diesem tüchtigen Teutonen. Entscheidend für die Kabinettsfrage bleiben die Gründe des seinerzeitigen Sturzes.

Gibt es für einen führenden Politiker eine unbefristete Disqualifikation als Minister? Wenn die Mehrheit des Bundestags die Lüge als verjährt betrachtet, so werden wir politisch mit dem Minister Strauß leben müssen. Doch sei gesagt: eine Rückkehr ins Verteidigungsministerium scheidet aus, auch wenn Strauß dieses undankbare Ressort wieder anstrebte, was er natürlich nicht tut. Den Superminister sollte er gewiß nicht stellen, und als Bundeskanzler brauchen wir einen Mann mit Kraft, aber geringerer Impulsivität. Denn Strauß hat gar kein dickes Fell wie etwa Adenauer. Und wer leicht verletzlich ist, neigt zum Verletzen, seien es Personen, Institutionen oder Prinzipien. Sein Sturz und die Jahre haben den Vielgewandten gewiß reifer gemacht. Auch sollte nicht unerwähnt bleiben, daß es im Grunde unpolitisch erscheinen könnte, den demokratisch gewählten Vorsitzenden einer großen Landespartei als persona ingrata auf Regierungsebene zu erklären. Indes ist Strauß als Minister nicht zurückgetreten, weil er die parlamentarische Verantwortung für sein Ressort übernahm, was heute ohnedies für überflüssig gehalten wird, sondern weil er selbst sich unmöglich gemacht hatte.

Der Teil der deutschen Bevölkerung, der Franz Josef Strauß zumindest reserviert gegenübersteht, ja seine Dynamik für gefährlich hält, dürfte in der Minderheit sein. Auch das ist demokratisch relevant. Nicht alle aber warten auf Strauß ohne Vorbehalt und entrollen gar die Transparente »Vergeben«. Falls er kommt, so sei doch namens dieser Minderheit rechtzeitig gesagt: Keiner kann wissen, ob der bayerische Saulus schon in seinem Damaskus war. *(30.9.66)*

Sie spielen bestechend

Was der griechischen Mythologie der Stall des Augias, ist der deutschen Gegenwart die Bundesliga. Nur ein Herkules fehlt. Selbst wenn es ihn gäbe, müßte er sich zerreißen. Denn das große Geschäft der Kicker wird einmal mit der moralischen Elle eines naiven Amateur-Sportsgeistes gemessen, zum anderen ist die Fußball-Schiebung als juristischer Tatbestand schwerer zu packen als ein glitschiger Ball. Da wird ein Sportgericht gebildet, das keine gerichtlichen Vollmachten hat, aber einschneidende Sanktionen verhängt. Da wird von Bestechung geredet, obwohl ein flotter Ausputzer, selbst wenn er für Ruhm und Ehre der deutschen Nation das Leder tritt, noch kein Beamter ist.

Wenn einige aus der Schar der Fußball-Begeisterten es nur wollten, ließe sich ein Musterprozeß vor ordentlichen Gerichten schon führen. Denn soviel scheint, um in Berlin zu bleiben, beispielsweise festzustehen: Zumindest ein Teil der Spieler der vielgeliebten Hertha hat bei dem für die Berliner bedeutungslosen Treffen gegen Bielefeld für Geld auf Sieg des Gegners gespielt.

Damit wurden die Zuschauer getäuscht, die in Erwartung regulärer Anstrengungen beider Mannschaften ihr gutes Geld ausgaben. Aber wer von den Fußball-Begeisterten wird denn (Recht oder Unrecht – meine Hertha!) einen Stein, gar den ersten heben wollen. Sie wollen sie doch weiter kicken sehen.

Denn kein Zweifel: Nie haben sie so gedribbelt, geflankt, geschossen und gefoult wie in den Jahren, seit das Millionenspiel um den goldenen Bundesliga-Ball begann. Das Fußball-Roulett geriet in Größenordnungen, denen biedere Vereinsvorstände nicht gewachsen waren. So holte man sich Bosse aus Wirtschaftsunternehmungen, um Bilanzen und vor allem die ganz große Angst zu bewältigen, man müsse den Platz an der sengenden Sonne unter eineinhalb Dutzend Vereinen wieder räumen. Biederen Jungen, die es vornehmlich in den Füßen haben, mußte der Starruhm die Köpfe verdrehen. Warum nicht auch die Hände offen halten. Maßlosigkeit ist der Zug der Zeit, Raffen und Angeben gilt auch in Kleinkleckersdorf. So wurde bestechend Fußball gespielt. Sicherlich nicht nur bei denen, die stolpern.

Einer hat solange dicht gehalten, bis »Bild« ihn zum ehrlichen Manne machen konnte. Wie wohl? Nur durch Appell an seinen Sportsgeist natürlich. Ob Hertha zum zweiten Male ins unsaubere grüne Gras beißt, haben Instanzen zu entscheiden, die das eigentlich gar nicht können. Das Millionenspiel wird weitergehen. Was müssen bloß die Fußballer für eine Wut im Bauch haben, die sich regulär die Lunge aus dem Leibe reißen. Denn solche gibt es auch noch – sogar in der Bundesliga. *(3.11.71)*

Ein ungefeierter Jubilar

Es gibt auch eine Dialektik zwischen den Stühlen. Dort sitzt der deutsche Kommunist und Humanist Professor Robert Havemann. Wieder einmal ist sein Name in den Zeitungen aufgetaucht. Aus Wien wurde berichtet, er habe zu Gerüchten über eine etwaige Ausweisung mißliebiger Genossen aus der DDR erklärt, er bleibe, obwohl »der Kommunismus eben verboten ist in der DDR«. Für Franz Josef Strauß, der schon die Solidarität unter hiesigen Demokraten für »blödes

Zeug« hält und nur, dies allerdings aus Überzeugung, Kommunisten im fernen Osten schätzt, wäre Havemann kein Gesprächs- oder nur Denkpartner. Wir sollten es uns schwerer machen. So sei an jene rühmenswerten, aber fast schon wieder vergessenen Vorlesungen dieses Professors an der Linden-Universität im Winter 1963/64 über »Naturwissenschaftliche Aspekte philosophischer Probleme« erinnert. Die damals geäußerten Gedanken und ihr Echo bei den Studenten brachten den Nationalpreisträger der DDR, Direktor des physikalisch-chemischen Instituts, das Mitglied der Volkskammer, vollends in Ungnade.

In dem Rowohlt-Bändchen *Dialektik ohne Dogma?* erschienen 1964 Auszüge eines Tonband-Protokolls der frei gehaltenen Vorlesungen. Die Lektüre machte den Zorn der konservativen Kommunisten nur zu verständlich. Denn schon im Vorwort dieses »kommunistischen Buches«, das sich »an Menschen jedweden Glaubens und jedweder Richtung wendet und zum Widerspruch auffordert« hieß es, nur »durch den Zweifel am Alten überwinden wir das Alte und bewahren uns doch seinen Reichtum«. Einen weiten Bogen von den griechischen Philosophen bis zur Anwendung der Quantenmechanik auf Denken und Tun spannend, definierte Havemann beispielsweise den »tieferen Sinn der friedlichen Koexistenz« wie folgt: »Der historische Prozeß, den wir in diesem Jahrhundert durchlaufen, bedeutet nicht nur: Dort eine Welt im Untergang und hier eine im Aufstieg. Nein, beide Teile dieser Welt beeinflussen einander – nicht nur durch Störung –, im gewissen Sinne bedürfen sie einander, sind voneinander historisch nicht nur abhängig, sondern ihre Entwicklung, ihre weitere Umwandlung ist ein einheitlicher Gesamtprozeß der menschlichen Geschichte. Eine ständige intensive Berührung zwischen diesen beiden Teilen der Welt, nicht eine Isolierung und Abtrennung voneinander wird die Umwandlung beschleinigen.«

Wer die so interpretierte Konvergenztheorie lediglich als Aufforderung zum Widerspruch empfindet, wird sich bei dem folgenden Zitat aus der Vorlesung »Freiheit und Notwendigkeit« schon schwerer tun: »Freiheit ist nicht in dem Sinne Einsicht in die Notwendigkeit, daß man jeweils nur eine einzige notwendige Sache tun kann. Sondern wahre Freiheit haben wir erst, wenn es für unser Tun und Lassen eine breite Skala von Möglichkeiten gibt. Je mehr man nicht tun darf, um so weniger Freiheit. Wir wollen eine Welt schaffen, in der allen Menschen immer mehr Möglichkeiten offenstehen, so daß jeder ganz nach seinem individuellen Streben handeln kann, nicht beschnitten und eingeengt durch Anordnungen, Befehle und ›Grundsätze‹.«

Schließlich ein Schlüsselsatz dafür, warum dieser Mann nur in Ungnade in der DDR leben kann: »Wer sich vor den Folgen einer allgemeinen uneingeschränkten Information fürchtet und sie darum behindert, schafft dadurch gerade die Bedingungen für eine unheilvolle Entwicklung. Womit sich eine alte These der griechischen Tragödie bewahrheitet, daß der Mensch sein Schicksal dadurch herbeiführt, daß er es abzuwenden trachtet.«

Der Mann, der vor knapp zwölf Jahren im Zentrum der DDR-Macht vor mehr als 1000 Studenten so sprach, war 1943 von Hitlers Blutrichter Freisler zum Tode verurteilt worden. Wegen seiner vom Regime für unentbehrlich gehaltenen naturwissenschaftlichen Qualitäten wurde die Vollstreckung immer wieder aufgeschoben und dem Todeskandidaten ein Forschungslabor im Zuchthaus Brandenburg eingerichtet, wo die Russen ihn befreiten. 1950 entließ man ihn wegen eines Artikels über die amerikanische Wasserstoffbombe als Leiter des Dahlemer Kaiser-Wilhelm-Instituts.

Vorige Woche, am 11. März, ist Havemann 65 geworden. Kein deutscher Hahn in Ost und West hat meines Wissens danach gekräht. Die Gedanken sind frei, aber wer sie so unerschrocken und unbequem verbreitet, greift am Lorbeer vorbei. Wer von uns sich indes aus dem Dunstkreis demagogischer Vereinfachung befreien will und daher die Wut über rote Tücher den Stieren überläßt, wird am undogmatischen Denken dieses ungefeierten Jubilars schwerlich ohne Aufenthalt vorbeikommen. *(16.3.75)*

Die Rangfolge der Tugenden

Wie mag einem Feuerwehrmann zumute sein, der den Schlagwortabtausch von Politikern in der Zeitung verfolgt und liest, Pflichtgefühl und Standhaftigkeit, wovon der Bundeskanzler gelegentlich spricht, seien Sekundär-Tugenden, also zweitrangig. Den Begriff hat der katholische Schriftsteller Carl Amery geprägt. Von ihm übernahm ihn der deutsche Namensvetter eines berühmten französischen Fabeldichters und hat in polemischem Zusammenhang – herausgerissen oder nicht – an Amerys Formulierung erinnert, mit Sekundärtugenden ließe sich auch ein KZ betreiben.

Der Bundeskanzler wird den Disput aushalten, wenngleich er Lafontaines Attacke nicht verdient hat. Schiller wußte wohl, warum er von der »heiligen Ordnung« sprach, weil er eben nur die heilige meinte. Hätte er sonst auch die »Räuber« geschrieben?

Der Feuerwehrmann wird sich womöglich durch leichtfertigen Umgang mit scharfsinnigen philosophischen Betrachtungen bei seiner Beanspruchung mehrerer Sekundärtugenden nicht irritieren lassen. Doch wer ermißt die prägende Wirkung solcher Konfliktschablonen etwa auf Jugendliche?

Natürlich ist es folgerichtig, wenn gerade in diesem Volke immer wieder darüber nachgedacht wird, wie grauenvoll penibel und korrekt Eichmann, der Inbegriff des Schreibtischtäters, gewesen sein muß. Doch will jemand die Berufung auf den verbrecherischsten Befehl der Menschheitsgeschichte als ordentlich verstehen?

Ist es Zufall, daß die von Hitler der deutschen Jugend vorgeschriebenen Ideale keineswegs Carl Amerys Sekundärtugenden waren? Der deutsche Junge sollte sein hart wie Krupp-Stahl, zäh wie Leder und flink wie ein Windhund. Alles andere hielt »der Führer« wohl für selbstverständlich, also nicht einmal sekundär. Mein Vater gab mir auf den Weg: »Bleib anständig.«

Es waren im deutschen Widerstand nicht wenige, die sich aus Pflichtbewußtsein im besten preußischen Sinne zur Verletzung eines auf den Unmenschen geschworenen Eides aufgefordert sahen, eines Eides, den die Masse nicht aus Pflichtgefühl, sondern aus schlichter Angst nicht in Frage zu stellen wagte.

Es gibt liebenswerte Menschen, die gemessen am Durchschnitt gegenüber alltäglichen Erfordernissen nachlässig sind, ein bißchen schlampig oder unpünktlich. Man sollte ihnen aber das nicht als Vorzüge einreden, erschweren sie doch das Miteinander durchaus. Zudem gibt es menschliche Verhältnisse, unter denen Nachlässigkeiten Unrecht werden.

Ein unpünktlicher Sprengmeister ist schlecht vorstellbar. Ein junger Arzt im Nachtdienst, der es voll verinnerlicht hätte, daß Pflichtgefühl und Standhaftigkeit gegenüber einer bleiernen Müdigkeit nur Sekundärtugenden sind, wäre eine Gemeingefahr. Haben die KZ-Ärzte Menschenversuche aus Pflichtgefühl gemacht?

Was einem Denker im Essay recht sein kann, sollte dem Politiker zu billig sein, um damit um sich zu schlagen. Was die Spannung zwischen Freiheit und Ordnung betrifft, so schrecken die deutschen Spuren. Doch wer heute unsere Konflikte, Straßen und Wände betrachtet, darf wiederholen, was hier schon zur Apo-Zeit formuliert wurde: Schlechtes Benehmen ist noch keine Revolution oder auch nur Opposition.

Einem Flugkapitän wegen seiner gewinnenden Menschlichkeit nachzusehen, daß er unordentlich wäre, könnte auch für Wächter der Tugend-Rangfolge tödlich sein. *(18. 7. 82)*

Alterserscheinungen

Die These vom Sprachverfall sei, wie gestern zu lesen war, vermutlich in erster Linie ein Generationsproblem. Schmunzelnd las ich es, hatten meine jüngeren Kollegen mir doch kürzlich zum Wiegenfeste scherzhaft eine gewisse Unerbittlichkeit beim Fahnden nach Sprachschnitzern beurkundet. Heute sind nicht nur Fremdwörter Glückssache. Den Zeitungen ist es anzusehen und den Rundfunksendungen anzuhören. Man sieht und spricht auch die Muttersprache »nicht mehr so eng«. Zeichensetzung halten manche ohnehin für Zufall oder Schicksal, je nach Weltanschauung.

Im Ernst. Wenn dpa den zitierten Sprachwissenschaftler richtig wiedergegeben hat, unterstrich er seine Generationstheorie mit der Behauptung, die Älteren meinten stets, früher sei alles besser gewesen, also auch die Sprache.

Verallgemeinerungen sind üblich, aber unwissenschaftlich. In unserer Zeit haben die Älteren nicht nur Grund, vieles heute für entscheidend besser zu halten als früher. Es gibt sie auch, solche Älteren. Alter schützt zwar vor Torheit nicht, verschafft aber bessere Vergleichsmöglichkeiten.

Die Sprache sei kein Monolith, sagen die Experten. Es gäbe Teilsprachen, Modewörter. Das alles bringe Lebendigkeit in die Sprache, ohne daß sie sich insgesamt verschlechtere. Die Medien, vorzugsweise das Fernsehen, wirkten auf die Sprache ein. Und ob! Und wie fatal mitunter.

Sieht ein Sprachfachmann keine Risiken in solch medialer Massensuggestion? Macht es Maul- und Denkfaule munter, wenn ein Rundfunksprecher ungerührt und wiederholt sagt: »Meines Erachtens nach«? Meines Erachtens und nach meiner Erfahrung wäre er früher kein Rundfunksprecher geworden.

Ob man es Sprachverfall nennen soll, wenn heutige Abiturienten und Akademiker die Rechtschreibsicherheit früherer Volksschulabsolventen nicht erreichen, mag offenbleiben. Sicher aber gehört es nicht zu dem, was heute besser ist als früher.

Redegewandtheit und Ausdrucksfähigkeit haben dank ungleich größerer Ausbildungschancen zugenommen. Man darf auch vermuten: Wer 18 oder mehr Semester studiert, hat so viel diskutiert, daß er vielleicht noch durchs Examen, aber nicht auf den Mund fällt.

Das harte Wort Grammatik hat der besagte Wissenschaftler (immer laut dpa) vermieden. Er warnte freundlicherweise davor, die Sprache in den Medien nur unter ästhetischen

Gesichtspunkten zu beurteilen, sondern vor allem unter dem Aspekt der größtmöglichen Informationsvermittlung.

Soll heißen: Ob einer schön schreibt, ist weniger wichtig. Hauptsache, er hat etwas zu sagen und sagt es so, daß ihn jeder versteht. Aber das so auszudrücken, ist wohl eine Alterserscheinung. *(25.2.89)*

War Moltke ein Alternativer?

Da fiel mir Ernst Reuter wieder ein. Seine Baskenmütze wie überhaupt die nicht auf Gesten, Statussymbolen, Wichtigtuerei, sondern auf Leistung, Ausstrahlung, Weltoffenheit und Selbstdisziplin beruhende Autorität. Anlaß war die gemeldete erheiternde Diskussion über Senatsspitzen der AL, die aus unterschiedlichen Gründen den zustehenden Dienstwagen bestimmter Klasse für entbehrlich halten.

Vor mehr als 36 Jahren hatte ich hier einen Bezirk wegen einer mir damals unzeitgemäß aufwendig erscheinenden Repräsentation kritisiert. Zur Vermeidung von Mißverständnissen wurden auch Beispiele vernünftigen Aufwands genannt. Es sei kennzeichnend und sympathisch, daß Louise Schroeder, Reuters amtierende Vorgängerin, mit der Straßenbahn zum Dienst gefahren sei. Indes werde nicht verlangt, daß Ernst Reuter mit dem Motorroller ins Rathaus kutschiere. Der Regierende antwortete humorvoll, bekannte sich als zur Sparsamkeit erzogener Preuße, nahm aber den Bezirk mit sorgfältiger Begründung in Schutz.

Er hatte wie alle in dieser heiklen Spitzenposition weiß Gott mehr zu tun, nahm sich aber der scheinbaren Bagatelle grundsätzlich und selber an. Er ließ nicht die Senatskanzlei schreiben. Seinen Dienstwagen hat er benutzt. Es mag die berühmte Marke gewesen sein und ist eine historisch aktuelle Pointe, daß der Sohn heute an der Spitze des Konzerns steht, dessen Mitbegründer das Auto erfunden hat und den Status-Stern produziert. Ernst Reuter wie Edzard repräsentieren gleichermaßen erfolgreich deutsche Politik und Markwirtschaft. Dies mit jener Würde, die der Machtsymbole und der materiellen Prestigeabzeichen nicht bedarf.

Hier nun begegnen sich – so merkwürdig das in den Ohren mancher ganz aufs Imponieren getrimmten Zeitgenossen klingen mag – vorgelebte Wertmaßstäbe des Citoyen, nicht des Bourgeois, mit alternativer Unbefangenheit, Ernst Reuters Baskenmütze mit Schilys Krawatte. Dieser freilich ist insoweit alternativ unter den Alternativen. Der intellektuelle Grüne, der sich auch seinen Mitstreitern nicht anpaßt, der als Citoyen gegen verlogene, materialisierte, von Werten nur redende Bourgeoisie protestiert, hält sich an der Krawatte ja nicht fest. Er legt sie aber auch nicht den uniformen Klischees grüner Turnschuhgenossen zuliebe ab.

Unabhängigkeit ist an sich unauffällig wie gute Herrengarderobe. Spektakulär wird sie erst im Kontrast zu der massenweise zur Schau getragenen Anpassung an das jeweils bevorzugte Milieu. Wer seiner selbst bewußt ist, nicht nur mitläuft, einen festen Standpunkt hat, kann anderen um so besser beistehen oder entgegentreten.

Es wäre demnach keineswegs gut bürgerlich, wenn wir nur darüber schmunzelten, daß AL-Funktionäre in politischer Verantwortung die berühmte deutsche Prestige-Hierarchie, von welchem Gehalt an welches Dienstfahrzeug, welche Schreibtischform und welches Gemälde hinter dem klugen Kopf zusteht, nicht mitmachen.

Nicht um anzugeben, so wie jemand, der einen Orden ablehnt, das aber dpa mitteilt. Nein, sie bedürfen der neuen Kleider des Kaisers nicht. Wenn sie zudem darauf verzichten, ihre Weltanschauung äußerlich zu Markte zu tragen, dann sind sie im guten Sinne preußischer als mancher, der damit vollmundig hausieren geht.

Mehr sein als erscheinen ... Ja, ja, der alte Moltke. War er womöglich ein Alternativer? Ein Historikerstreit *darüber* würde lohnen. *(21.5.89)*

Intelligenz, Entschlußkraft und Organisationstalent sind keine männlichen Geschlechtsmerkmale. Es gibt Männer, die zu solcher Erkenntnis nicht der Frauenbewegung bedurften. Das macht sie Feministinnen womöglich um so verdächtiger, weil sie mit unbefangener Dreistigkeit laut darüber nachdenken, ob und wann sie manche Hervorbringungen des Feminismus (der Feminisma?) für anti-emanzipatorisch halten.

So werden wir mit erklärter Zustimmung vieler Frauen nie aufhören, die pedantische, inzwischen amtliche Doppelbezeichnung männlich endender Gattungsbegriffe für schlicht unpraktisch, also anti-weiblich zu halten. Denn das pingelige Beharren auf praktischem Totalvollzug theoretisch richtiger Ansichten ist nach meiner männlichen Erfahrung eher den maskulinen Defekten zuzurechnen.

Auch mußte es hoffentlich nicht nur Männer verwundern, wenn einer der ersten Befürworter von Frauenhäusern auch hierzulande als Journalist im ersten Berliner Frauenhaus dienstlich durchaus unerwünscht, ja strikt ausgeschlossen war. Inzwischen soll entsprechend einer Koalitionsvereinbarung die Planung eines Mädchenhauses verwirklicht werden. In Gesprächen schwang dabei soviel ideologisch Frauenbewegtes mit, daß die zuständige Staatssekretärin sich genötigt sah, eine geforderte Bevorzugung gegenüber vorhandenen Fürsorgeeinrichtungen auszuschließen.

Zur Beurteilung des Hexenfrühstücks der acht Senatorinnen werden die Kränzchenschwestern vermutlich auch einen Mann schon hormonal für unfähig erklären, der diesen ersten überwiegend weiblichen Senat sinngemäß als eine Premiere mit politischem Sexappeal rezensiert hatte. Daraus wird also nun Hex-Appeal.

Heilige Johanna! Wofür hast du gebrannt, daß die Frauen Jahrhunderte später, wo sie endlich dran und örtlich den Männern sogar über sind, Frauenschaften (!) bilden. Just denen gilt doch der nicht nur männliche Spott, keineswegs den Leistungen. Daß Frauen besser hinhören können, was auch meinen Erfahrungen entspricht, wird durch eine feminine Exklusivität im Amt ohne dienstliche Rechtfertigung, gelinde gesagt, nicht bestätigt.

Da lobt man (!) gern die Architektinnen, die sich laut heutiger Meldung die Kateridee des Bausenators verbitten, einen Preis nur unter ihnen auszuschreiben, während sie doch beruflich konkurrieren und nicht als Weibchen. Sie reiten nicht wie die Hexen auf dem Besenstiel. Denn der ist männlich. *(29.6.89)*

Zeitgenossen

Kannten Sie Günter Schabowski? Nie gehört. Dabei spielte er in Berlin (Ost) eine beträchtliche Rolle. Schon lange. Chef der Bezirksleitung der Staatspartei. Mitglied des Politbüros. Für die Öffentlichkeit aber bisher ein Mann ohne Eigenschaften. Inzwischen wird er sogar in den »Tagesthemen« der ARD interviewt und fragt bei Sabine Christiansen irritiert lächelnd zurück, was sie denn mit »Machtapparat« meine.

Kein Zweifel. Aus dem Apparatschik ist ein Mensch geworden. Der Fortschritt ist phänomenal. Schabowski geht auf die Straße, gibt sich zu erkennen und stellt sich einer Diskussion. Das fände er gut, sagt ein Bürger. »Herr Schabowski« müsse aber schon verstehen, daß auf Grund bisheriger Erfahrungen Versprechungen aus solchem Munde zunächst als »Falle« angesehen würden. Schabowski versteht das.

Selbst wenn Kurt Hager – doch, das ist einer von denen, die man kannte – die neuen Tapeten noch nicht bestellt hat – die Renovierung ist in vollem Gange. Mit Rauhfaser. Das Volk hat zu erkennen gegeben: Die Mieter, sofern wir schon wohnen bleiben, sind wir. Nun rücken sie der Hausverwaltung auf die Bude. Aus dem Politbüro, der Nomenklatura ohne Gesichter, werden Namen, Lebensläufe und persönliche Verantwortungen. Schabowski ist das Berliner Beispiel für eine elementare Veränderung, deutsche Perestrojka, auch wenn manche der davon Betroffenen beim Aussprechen der russischen Vokabel noch lange Zähne bekommen.

Wo Apparatschiks Menschen werden, wird es, was immer sie noch tun oder vorhaben, menschlicher. Es muß gar nicht Modrow aus Dresden sein, der in aller Munde ist, weil er Hoffnung macht. Oder eine Paradefigur einstiger Konspiration wie Markus Wolf, der sich öffentlich schämt für Genossen, die den Flüchtlingen zunächst »keine Träne nachweinten«. Krenz provoziert Pfiffe, wenn sein Name vor Demonstranten fällt. Den kannten sie schon. Wer von der Nomenklatura öffentlich auftrat, hatte die Macht und wird den Geruch der alten Tapeten nicht so schnell los.

Vor mehr als 30 Jahren beschrieb Milovan Djilas, der in Ungnade gefallene ehemalige Kampfgefährte Titos, in seinem Buch »Die neue Klasse« den Kastengeist und die »veränderlichen moralischen Regeln« der kommunistischen Oligarchie, deren »Spitze fast alles erlaubt ist«. Ganz nach dem Wort des französischen Revolutionärs Saint Just: »Ihr braucht in der Wahl der Mittel gegen die Feinde unserer Bewegung nicht zimperlich zu sein.«

Dazu bedurfte es der Anonymität des Apparats. Jetzt geben leibhaftige Generalstaatsanwälte und Polizeipräsidenten Pressekonferenzen, und dies angesichts mancher Übergriffe der bloßgestellten Staatsgewalt mit dem Rücken zur Wand. Sie bekommen Gesichter und menschliche Züge wie eben Schabowski.

Ein Gespenst ging um in Europa. Es war der Kommunismus. Es gibt ihn noch, aber er läßt mit sich reden, ganz anders als Marx es prophezeite. Die Geisterstunde Europas jedenfalls ist vorüber. Die »neue Klasse« geht aufs Altenteil. Aus dem Machtapparat werden Zeitgenossen. *(29.10.89)*

Ein verkaterter Sozialist

Stefan Heyms Zivilcourage als DDR-Bürger hat auch dazu beigetragen, daß er sie drüben nun nicht mehr braucht.

Respekt. Wer ihn und seine Bücher kennt, wird zudem verstehen, daß er sich um den Sozialismus in der DDR sorgt, seit er Tantiemen nun nicht mehr nur in Westgeld verdienen muß.

Auch rennt der in Ost und West renommierte Schriftsteller gerade in West-Berlin offene Türen ein, wenn er in einem »Spiegel«-Essay »Aschermittwoch in der DDR« eine Katerstimmung beschreibt, die »stalinistische Wirtschaft« für »bankrott« erklärt und mahnt, wenn nicht »auf dem Gebiet, das wirklich zählt, bei Wirtschaft und Währung, sich wirklich Entscheidendes ändert, wird der Tag kommen, da die Arbeiter der Versprechungen müde sein werden...«

Darauf ist nicht nur Stefan Heym gekommen. Da war sein Leitartikel in einer Ausgabe der stalinistisch strammen Ost-»Berliner Zeitung« der 50er Jahre zugunsten der »Bluejeans« mit der Begründung, auch vom Kapitalismus könne man lernen, origineller und ist in erheiternder Erinnerung.

Es entspricht auch nicht der Beobachtungsgabe und dem Intellekt des ehemaligen US-Sergeanten, daß er vor lauter Sorge um den ostdeutschen Weg neue antiwestliche Klischees wie am Fließband stanzt. Wenn die Arbeiter den »Krempel« hinwürfen und dem »Nächstbesten« überließen, würde »die DDR tatsächlich nicht nur verkauft werden, sondern verschenkt«.

Geschenke sind in der Regel nicht in jedem Sinne des Wortes so teuer. Heym behauptet aber nicht nur, daß »der Westen, insbesondere die Bundesrepublik just auf diesen Moment gewartet und das Ihre dazu getan haben, ihn irgendwann endlich herbeizuführen«. Er vermutet, daß man »lächelnd abwartet, bis der schon halbtote Kadaver alle viere von sich streckt, um ihn danach auszuschlachten«.

Die physiologisch epochemachende Entdeckung eines »halbtoten Kadavers« indiziert, daß Heym die sozialistische Erregung vollends übermannt hat. Dabei würde seine respektable Sehnsucht nach einer Alternative zur westdeutschen Gesellschaft womöglich mehr Verständnis finden, wenn er dazu nicht einen Buhmann benötigte, den er als »Freibeuterstaat mit dem harmlosen Namen Bundesrepublik« denunziert. Er hat die von den »Freibeutern« garantierten Grundrechte und nicht nur diese zu nutzen gewußt.

Sein Artikel in dem Nachrichtenmagazin ist mit einer Mausefalle illustriert. Über dem BRD-Speck, der am Auslöser für den tödlichen Klappmechanismus der DDR-Seite hängt, balanciert ein Mensch. Offenbar ist er auf dem lebensgefährlichen Weg in den Westen, um das Begrüßungsgeld abzuholen.

Warum dieses so heißt? Stefan Heym hat es herausgefunden: »...Schlange standen um das Almosen, das mit List und psychologischer Tücke Begrüßungsgeld geheißen war, von den Strategen des Kalten Krieges.«

Um vollends zu beweisen, daß der erzürnte Autor dem Westvolk nicht lutherisch aufs Maul schaut, sondern lieber drauf haut, hat er bei den bedauernswerten Kassiererinnen von Selbstbedienungsläden, die um ihren Job noch nie zu beneiden waren und nun den Käufersturm aushalten, ein Hexenschandmal des Kapitalismus entdeckt: »Das höhnische Lächeln der Mädchen an der Kasse.«

Bei diesen Frauen wenigstens sollte der verkaterte Sozialist Stefan Heym, wenn er denn wirklich einer ist, sich entschuldigen. *(6.12.89)*

Das Kamel ist sächlich

Selbst wenn es sonst keine(r) gemerkt haben sollte: bei gleicher Dauer kann in einer Talkshow nicht mehr soviel zur Sache gesagt werden wie früher. Die Gleichberechtigung braucht ihre Zeit. Damit ist keineswegs der nicht nur von Frauen beklagte hinhaltende Widerstand mancher Männer, das Ritardando der Emanzipation gemeint. Es geht um die Sendeminuten, die insbesondere Politiker verbrauchen, um auf dem Fernsehschirm nicht als Machos zu erscheinen.

Ist in maskuliner Suada beispielsweise von »den Sozialdemokraten« die Rede, läßt der Sprechende alsbald, mitunter nach erkennbarer Schrecksekunde, »die Sozialdemokratinnen« auf der Zunge zergehen. Darf ein Demokrat in einer Diskussion über die Deutschlandpolitik, obgleich es damit wirklich pressiert, von Übersiedlern sprechen, ohne diesen die Sendezeit raubende Übersiedlerinnen nachzuschicken? Vielleicht hat Graf Lambsdorff den Schneid, irgendwann einmal galant zu sagen: »Wir freien Demokratinnen.«

Bis dahin ist man (und frau) an Heinrich Bölls Satire »Doktor Murkes gesammeltes Schweigen« erinnert, in der die Pausen die Hauptrollen spielen. In einer medienwissenschaftlichen Dissertation wird vielleicht bald der Zeitaufwand gesendeter zusätzlicher femininer Formen von Gattungsbegriffen in seiner Wirkung auf die emanzipatorische Bewußtseinsbildung ausgelotet.

Auch Bücher müssen alle dicker werden, sofern sich Autoren und Lektoren, nicht zu reden von Autorinnen und Lektorinnen, nicht dazu entschließen, an Substanz zu sparen, was sie den weiblichen Formen schulden. Man stelle sich vor, in Brehms Tierleben (meines hat 1128 Seiten) müßte dem beschriebenen Löwen stets die Löwin beiwohnen, wo immer er im Text auftaucht. Auch außerhalb der Brunft. Tiere tun sich ja viel schwerer als wir. Um gerecht zu sein, dürfte man (frau) die Gans, wenngleich als Gattung unwiderruflich weiblich, nicht ohne den Ganter schnattern lassen. Nur das Kamel käme ohne raumgreifende Paarung davon, weil es sächlich ist. So komisch das oberflächlichen Betrachtern und Betrachterinnen erscheinen mag – beim Grundgesetz wird's ernst. Unsere Verfassung ist nämlich verfassungswidrig. Sie widerspricht sich selbst. Schlagen Sie nach. Während Artikel 3 versichert, Männer und Frauen seien gleichberechtigt, ist davon sonst keine Rede mehr. Wer hat ein Grundrecht auf Leben, körperliche Unversehrtheit, freie Persönlichkeitsentfaltung, Meinungsfreiheit? »Jeder«. Nicht etwa »jede«. Kein Deutscher darf ausgeliefert werden. Und eine Deutsche? Der Gipfel, um nicht von Zipfel zu sprechen, wird im Petitionsrecht erreicht. Das hat ausdrücklich nur »jedermann«. Salzburg läßt grüßen.

Kaum der Erwähnung wert, daß Immunität nur dem, aber nicht der Abgeordneten zugesichert ist. Die Unabhängigkeit der Richter ist garantiert. Die Richterinnen können sehen, wo sie bleiben. Nur als Mütter sind Frauen ausdrücklich geschützt. Da weiß man doch, warum immer nur von den Vätern unserer Verfassung die Rede ist.

Dagegen ist es vergleichsweise harmlos, wenn der Tagesspiegel zur Verstimmung mancher Leser (weniger der Leserinnen) immer noch schreibt, Momper habe dies, *Frau* Stahmer jenes gesagt. Das in der treuherzigen Absicht, Männlein und Weiblein praktisch zu unterscheiden, weil unserer patriarchalischen Muttersprache eine Stahmerowa nicht zu Gebote steht.

Das Unzulängliche, hier wird's Ereignis... Was mag unser Dichterfürst bloß gemeint haben, als er schrieb: »Das ewig Weibliche zieht uns hinan.« Jedenfalls nicht die Quotenregelung. *(26.1.90)*

Ordnung und Freiheit

Ja wenn wir auf unsere Dichter hörten. Deutschland hat Lessing hervorgebracht, aber auch den Holocaust auf dem Gewissen bis zum Ende aller Tage. Der Schöpfer des Nathan wußte, warum er sagte, die Dichter wollten weniger gelobt als gelesen sein. War es nicht Schiller, der die Ordnung als segensreiche Himmelstochter nicht wie Oskar Lafontaine als Sekundärtugend verstand. Doch sein Jugendwerk schrieb er »in tyrannos« und sah den Menschen frei geschaffen, frei und würd' er in Ketten geboren. Gerade wir Deutschen hätten also geistig gut gewappnet sein müssen, um die unaufhebbare Spannung zwischen Ordnung und Freiheit gut durchzustehen. Hätten! Inzwischen hat das Grundgesetz der Bundesrepublik, eine der freiheitlichsten Verfassungen der Welt, seinen 40. Jahrestag hinter sich, und die größte Bewährungsprobe steht ihm bevor. Denn wie die Wahlen in der DDR vom 18. März 1990 bestätigt haben, wird das Grundgesetz auch das Fundament des vereinigten deutschen Rechtsstaats sein. Wie das Bundesverfassungsgericht wiederholt bestätigt hat, ist es nicht zuletzt Aufgabe der Presse, die gesellschaftliche Wirklichkeit am Grundgesetz, an den auch für den Gesetzgeber unveränderlich verbindlichen Grundrechten zu messen. Ein Journalist, der diese Aufgabe nicht als Privileg, sondern als berufliche alltägliche Bringschuld versteht, macht dabei über die Jahrzehnte immer noch die Erfahrung, daß hierzulande gern für einen Linken gehalten wird, wer scharf nach dem Rechten sieht.

Der Krawall

Nun ist es wieder passiert. Auch im Sportpalast nicht zum ersten Male. Das mußten Hausherr und Veranstalter wissen. Sie waren versichert und hatten für entsprechendes Polizeiaufgebot gesorgt. Der materielle Schaden wird bald behoben. Leid tun einem die verletzten Polizisten, und zu beklagen ist in erster Linie der immaterielle Schaden, der sich im allgemeinen Kopfschütteln über *diese* Jugend ausdrückt. Bleiben wir zunächst bei den Erwachsenen. Wem schieben wir den Schwarzen Peter zu? Jedenfalls nicht der Polizei. Sie hat die Suppe nicht eingebrockt, von der man wußte, wie heiß sie ist. Zum Rechtsstaat gehört, daß die Polizei sich dreimal überlegt, ehe sie zuschlägt. Manchmal gefällt das der Öffentlichkeit, manchmal nicht. Zum Rechtsstaat gehört es immer. Und den wollen wir doch. Wir wissen ja, warum der Sportpalast kaputt ging, in dem man eine Zeitlang gar so diszipliniert war. Übrigens hätte am Sonntag der Knüppel im überfüllten Haus den Zimmermann wohl auch nicht erspart, wenn man ihn früher gezogen hätte.

Nun zu den Jugendlichen, die heute fast alle wieder zur Schule oder zur Arbeit gehen, als sei gar nichts passiert. Das ist es ja. Die Halbstarken gibt's nur im Plural. Als einzelne können sie sich hinterher kaum erklären, wie es zu einer solchen Raserei kommen konnte. Der Halbstarken-Krawall ist bereits Gegenstand der wissenschaftlichen Literatur. Besonders überzeugend darunter ein Bericht des Psychologischen Instituts der Universität Hamburg, der 1957 im Münchener Juventa-Verlag erschien: »Jugendliche stören die Ordnung.« Auf diese Untersuchung fußen wir bei unserer Argumentation.

Man fragt, ob organisierte Banden diese Exzesse leiteten oder anstifteten. Nichts dergleichen wurde beobachtet, allenfalls, daß Karten reihenweise gekauft wurden. Gerade das Fehlen eines Führers, eines gemeinsamen Brennpunkts und eines zwingenden Anlasses kennzeichnet nach Feststellung der Psychologen diese Krawalle. Die Jugendlichen kommen nicht mit der Absicht, die Einrichtung zu demolieren. Sie kommen, um sich von einer Musik, die dazu hervorragend geeignet ist, weil sie sich ausschließlich an das Gefühl wendet, in eine Ekstase treiben zu lassen. Es ist eine Art Ausweg aus einer gefühlsarmen Erlebniswelt. Ekstase ist Hemmungslosigkeit, die dann auch nicht mehr vor Stühlen und Fensterscheiben haltmacht.

Der Rock'n'Roll-Rowdy ist nicht der jugendliche Straßenräuber, der kalte Asoziale. Der potentielle Halbstarke erkennt als Einzelner die Gesellschaftsordnung an, aber er spürt eine vage Unzufriedenheit mit seinem Leben in einer Zeit, die ein gezügeltes, rein vernunftsgemäßes Verhalten auch vom Jugendlichen verlangt, so daß für spontane Gefühlsregungen und Antriebe kaum noch Platz ist. Dieser Gefühlsstau wird in der enthemmenden Massensituation frei, wobei die Musik nicht die Ursache, sondern die Initialzündung ist. Die Jugendbewegung früherer Jahrzehnte schuf eine Gemeinschaft, in der eine gewisse Auflehnung gegen die Gesellschaftsordnung organisiert und absorbiert wurde. Die Jugend von heute, die man die »skeptische Generation« nennt, hat keine Möglichkeiten solcher Bindungen und verlangt doch nach einem Gemeinschaftserlebnis, so daß sie schließlich die Gefühls-Isolierung in der Massenekstase zu sprengen sucht.

Was also können wir tun? Zwei Dutzend Strafanzeigen laufen gegen die, die man rein zufällig erwischt hat. Und die anderen? Gebt ihnen weniger Gelegenheit zum Massenwahn. Und wenn ihr es tut, wundert euch nicht. Jede Gesellschaft hat die Jugend, die den gesellschaftlichen Bedingungen entspricht. Das klingt nach Materialismus. Ja, aber wo sind denn die Ideale? *(28.10.58)*

Polizisten als Freiheitshüter

Man nennt sie Ordnungshüter und erwartet von ihnen vor allem Sicherheit. Voraussetzung und Ziel der rechtsstaatlichen Ordnung ist die Freiheit. Folglich sind unsere Polizisten Freiheitshüter. So einfach ist das in der Theorie. Im Alltag ist das schwieriger und wird den Polizisten gelegentlich auch schwerer gemacht, als bei der Anwendung angemessenen Zwangs unvermeidlich. Wie stehen wir zur Polizei, wie diese zum Bürger? Gretchenfragen der gesellschaftlichen Befindlichkeit. Anlaß, sie aktuell zu stellen, geben scheinbar zusammenhanglose Ereignisse der jüngsten Zeit und eine Aufforderung des Bundeskanzlers im Zusammenhang mit Krawallen in verschiedenen Städten nach dem Tod eines Demonstranten, die Politiker sollten Polizei und Justiz mit ihrer Sympathie begleiten.

Wenn schon nicht Sympathie, so können Polizisten zumindest Verständnis für ihre komplizierten Arbeitsbedingungen erwarten. Sie sind dafür in Mainz auf die Straße gegangen. Der Polizist als Demonstrant? Warum nicht. Wenn allerdings Staatsbeamte, die Träger des Gewaltmonopols, einen Politiker niederschreien, so geben sie damit nicht nur ein schlechtes Beispiel, sondern vernachlässigen auch das Mäßigungsgebot, das ihren besonderen Rechten als Pflicht entspricht. Sie mindern damit das Vertrauen auch desjenigen Bürgers, dem das Schimpfwort »Bulle« nicht über die Lippen käme und der begreift, wie schwierig es ist, die Freiheit ordentlich und die Ordnung freiheitlich durchzusetzen.

Wer das nur für ein Wortspiel hält, verkennt die auch im Rechtsstaat unauflösbare Spannung der Begriffe. Dem ausgeprägten Sicherheitsbedürfnis des Bürgers hält seine Bereitschaft, die Arbeit des Polizisten zu erleichtern, nicht immer die Waage. Wer nach einer kleinen Verkehrsübertretung als ertappter Sünder sachlich reagiert und nicht um den Tatbestand herumredet, löst bei dem einschreitenden Polizisten mitunter Erstaunen aus. Offenbar sind die Beamten aggressive Reaktionen auch von Mitbürgern gewohnt, die sonst alles andere als Systemverächter sind, sich aber bei einer selbstverschuldeten Reibung mit der Ordnung sogleich entzünden. Und jede Ordnung bedarf des Schemas, freilich ohne Schikane. Dafür hat der Beamte seine Ermessensfreiheit. Ob diese immer hinreichend genutzt wird, darf gefragt werden.

Wie aber bestehen wir gemeinsam die großen Konflikte, wie sie bei typischen Spannungssituationen zwischen Freiheit und Ordnung entstehen. So muß die Polizei von Gesetzes wegen eine Veranstaltung von Rechtsextremen absichern, zu deren Verbot kein hinreichender Anlaß bestand. Durch die Brokdorf-Entscheidung des Bundesverfassungsgerichts sind die Grenzen für ein vorbeugendes Verbot enger gezogen worden. Und dem Bundeskanzler ist beizupflichten, wenn er sich mit sonst selten geübter Deutlichkeit gegen eine Verschärfung des Demonstrationsrechts ausspricht. In Deutschland wird nach jedem größeren Zwischenfall gern nach dem ohnehin mit Überproduktion beschäftigten Gesetzgeber gerufen. Dabei werden häufig im Gestrüpp der Paragraphen gegebene gesetzliche Handhaben übersehen oder nicht hinreichend genutzt. Auch daran hat Kohl erinnert. Gesetzesänderungen würden nichts an dem Problem ändern, aus einer Demonstration jene kriminellen Gewohnheitsstörer auszusondern, für die politische Kundgebungen mit Massenbeteiligung immer Vorwand und Deckung zum vorsätzlichen Begehen von Straftaten sind.

Die Berliner Polizei hat, zumindest in ihrer Spitze, auch nicht nach einer Verschärfung der geltenden Gesetze gerufen, zu deren Novellierung sie seinerzeit aus ihrer praktischen Erfahrung beigetragen hatte. Wie aber wird sie mit Schwierigkeiten in den eigenen Reihen fertig. Bleiben die Erkenntnisse eines merklichen und in dieser Zeitung wiederholt registrierten Lernprozesses seit den Tagen der APO auch für nachrückende Jahrgänge als dienstliche Verpflichtung erhalten? Denn dem geforderten besseren Verständnis des Mitbürgers für den Polizisten muß dessen Bereitschaft entsprechen, auch zu einem unter großem Entscheidungsdruck begangenen Fehler zu stehen und ihn nicht mit bedingungslosem Schulterschluß abzudecken.

Wenn in Moabit ein Richter zu der unglaubwürdigen Zeugenaussage eines Polizisten resignierend feststellt: »Na ja, das Übliche«, so wird er Gründe dafür haben, was keineswegs nur atmosphärisch zu beklagen ist. Da Polizisten zu den häufigen und wichtigen Tatzeugen in Strafprozessen gehören, mindern Zweifel an ihrer Glaubwürdigkeit, auch wenn sie nur in Einzelfällen notorisch werden, das Vertrauen zu den Gesetzeshütern. Der gemeldete Fall eines Polizisten, der nach eigener Verkehrsübertretung den Spieß umzudrehen versuchte, läßt vermuten, daß er glaubte, damit durchzukommen. Dafür muß es kollektive Gründe geben, die viel mit mißverstandener Ordnung, aber nichts mit Freiheit zu tun haben.

Um so bemerkenswerter ist es, was vor dem zuständigen Parlamentsausschuß erörtert wurde. Bei einer Demonstration an der Gedächtniskirche hatten Übergriffe krimineller Störer zu einem Polizeieinsatz geführt, den auch die Polizeiführung kritisch sieht. Das liegt, so makaber es klingen mag, auch daran, daß die Berliner Polizei dank der ruhigen Lage in der Stadt aus der Übung gekommen sein mag. Damit allein aber ist es nicht zu erklären, daß ein Polizist in Zivil von einem Kollegen krankenhausreif geschlagen wurde, obwohl er für solche Einsätze ein Codewort parat haben dürfte, um der blindwütigen Anwendung von Staatsgewalt zu entgehen. Es haben aber Polizisten auch Aussagen zu möglichen anderen Übergriffen von Polizisten gemacht, gegen die nun von Amts wegen ermittelt wird. Das ist ein Zeichen für die Bereitschaft, Rechtsfindung nicht durch Kameraderie zu behindern, was zwar selbstverständlich gesetzlich geboten, aber psychologisch schwierig ist. Solche Bereitschaft zur Selbstreinigung, wie es ein Parlamentarier nannte, kann das Vertrauen zum rechtsstaatlichen Vollzug polizeilicher Gewaltanwendung nur stärken.

Dazu würde auch beitragen, wenn die Berliner Polizei darauf verzichtete, eine durch richterliche Grundsatzentscheidung gebotene und anstehende Neuregelung des Melderechts zu unterlaufen. Als Stimmungsmache gegen die organisatorische Trennung von Meldewesen und polizeilicher Datenerhebung werten wir den Hinweis, den Ausbrecher, der die Taxifahrerin schwer verletzt hatte, habe man nur dank voller Verfügbarkeit aller Meldedaten ergreifen können. Der Berliner Datenschutzbeauftragte schüttelt darüber nur den Kopf. Als ob nicht auch nach der Trennung, die einige organisatorische Schwierigkeiten verursacht, im begründeten Fall Zugriff für die Fahndung gewährt würde. Und so manche spektakuläre Verhinderung einer Abschiebung von Ausländern in letzter Minute läßt darauf schließen, daß man bei der Ausländerpolizei sich besser auf den Zwang als auf die Ermessensfreiheit versteht. Unsere Polizei muß, um erfolgreich zu sein, nicht strammer werden, sondern offener. Ihr zäher Widerstand gegen die in dieser Zeitung über Jahrzehnte geforderte Möglichkeit der Identifizierung eines uniformierten Polizisten im Einsatz spricht noch immer mehr für »Corpsgeist« als für demokratisches Selbstbewußtsein. *(13. 10. 85)*

Die unkontrollierten Späher

In das Grundgesetz wollen sie nicht recht passen. Schon gar nicht tragen sie es bei ihrer heimlichen Tätigkeit unter dem Arm. Und doch sollen sie unsere Ordnung schützen. So jedenfalls verspricht ihre Amtsbezeichnung: Verfassungsschutz. Wie sie es tun, ist bisweilen, womöglich sogar kennzeichnend, ordnungswidrig. Aus erneut gegebenem Anlaß müssen wir und andere die Frage stellen, ob der Teufel mit Belzebub auszutreiben ist. Dabei steckt er gewiß nicht nur im Detail, wenn öffentlich der Vorwurf erhoben und nicht dementiert worden ist, das Corpus delicti eines Mammutprozesses, die Tatwaffe im Mordfall Schmücker, sei vor mehr als zwölf Jahren noch fast warm in die Hände des Verfassungsschutzes gelangt, bis heute aber den Gerichten vorenthalten worden. Auch wisse man bei dieser im Zwielicht der Legalität arbeitenden Behörde über die seinerzeitige »Hinrichtung« eines Überläufers durch Terroristen mehr, als die Dritte Gewalt in drei quälenden Verfahren zu ermitteln vermochte. Die Revision auch des dritten Urteils im Kapitalfall Schmücker vom Juli dieses Jahres ist programmiert. Denn das Schweigen der Berliner Innenverwaltung, die offenbare Unfähigkeit, einer anscheinend auf Aktenkenntnis basierenden Veröffentlichung des Nachrichtenmagazins »Der Spiegel« zu widersprechen, läßt den vierten Schmücker-Prozeß unausweichlich erscheinen. Das geht nicht nur die dafür zuständigen Juristen an, die um ihre Sisyphusarbeit nicht zu beneiden sind. Unausweichlich ist auch eine breite und grundsätzliche Diskussion darüber, ob unsere Verfassung mit Methoden geschützt werden kann, die ihr widersprechen und ihren regulären Vollzug chronisch behindern. Denn die Späher zwischen den ordentlichen und einander kontrollierenden Gewalten des demokratischen Systems operieren nicht nur etwas außerhalb auch einer großzügig interpretierten Bandbreite von Rechtsstaatsgewalt, sondern stehen häufig just in den Fällen, in denen sie tätig waren, den Gerichten nicht mit ihren Erkenntnissen als Zeugen zur Verfügung. Begründet wird dies jeweils mit einer Gefährdung des Staatswohls oder dem Schutz des betreffenden Mitarbeiters, obgleich das meist schon durch Ausschluß der Öffentlichkeit gewährleistet werden könnte. Die Dritte Gewalt akzeptiert die Verweigerung nicht immer, allerdings selten genug mit dem Ergebnis, daß die Exekutive sich beugt, sondern zum Schaden der Wahrheitsfindung.

So wurden vor sechs Jahren im Lorenz-Drenkmann-Prozeß zwar die Entführer des CDU-Politikers verurteilt, der Mord an dem Präsidenten des Kammergerichts aber blieb ungesühnt. Den Freispruch verband der Vorsitzende des Gerichts mit dem kritischen Hinweis auf die Abschirmung eines Zeugen durch den Verfassungsschutz. Der Bundesgerichtshof begründete die Aufhebung des Urteils im zweiten Schmücker-Prozeß seinerzeit ausdrücklich damit, daß die Beziehungen zwischen einem Hauptbelastungszeugen und dem Verfassungsschutz nicht durch Fragen aufgeklärt werden konnten. Im jüngst beendeten dritten Verfahren über die Bluttat an der Krummen Lanke lieferte das Bundesverwaltungsgericht Anfang Spetember einen faustdicken Revisionsgrund für das Strafverfahren nach. Das Berliner Landgericht hatte den Prozeß beendet, ohne die Prüfung der höchsten Instanz im Verwaltungsstreitverfahren abzuwarten. Die Verteidiger der Hauptangeklagten Ilse Schwipper hatten die Verweigerung der Herausgabe von Akten des Verfassungsschutzes gerügt. Wieder war von der Behörde mit dem Staatswohl argumentiert worden. Zu Unrecht, wie die Verwaltungsrichter feststellten, aber zu spät für die Berücksichtigung im Strafprozeß.

Es ist paradox: Gewiß ist die Bedeutung des Verfassungsschutzes durch die Eskalation des politischen Terrorismus gewachsen, wobei einmal die Frage außer Betracht bleiben soll, inwieweit der Staat durch politisch motivierte Kriminalität, und sei sie noch so folgenschwer, überhaupt gefährdet wird. Jedenfalls wird die rechtsstaatliche Verfolgung der Delinquenten just durch die Behörde beeinträchtigt, die bei der Bekämpfung politisch motivierter Illegalität die Vorarbeit leisten soll.

In dem Begriff Vorarbeit steckt aber auch die Fragwürdigkeit dessen, was in den Verfassungsschutzgesetzen von Bund und Ländern als Aufgabe dieser Ämter definiert ist, die Sammlung und Auswertung von Auskünften, Nachrichten und sonstigen Unterlagen über Bestrebungen gegen unsere Ordnung, gegen den Bestand und die Tätigkeit der Staatsorgane, wozu auch die Überprüfung von Personen gehört, die im Sicherheitsbereich tätig sind. Für diese Aufgaben hat der Verfassungsschutz eine ausschließliche Zuständigkeit und das Recht auf Auskünfte von allen Behörden und Amtshilfe der Gerichte, während diese ihrerseits bei ihrer Tätigkeit durch die amtlichen Späher behindert werden.

Die Polizei darf erst ermitteln, wenn ein hinreichender Verdacht vorliegt, was gerichtlich nachgeprüft werden kann. Die Verfassungsschützer schulden allenfalls ihren Vorgesetzten Rechenschaft darüber, warum sie jemanden für verdächtig genug halten, ihre dienstliche Aufmerksamkeit zu erregen. Schlimmer noch: Der Fall Celle, die Vortäuschung eines Sprengstoffanschlages von Staats wegen unter Irreführung der ermittelnden Polizei, hat gezeigt, daß der Verfassungsschutz sogar mit Billigung der politisch Verantwortlichen selbst als Straftäter fungiert. Als die Aktion vom Jahre 1978 zur Unterstützung der Arbeit eines V-Mannes heuer ruchbar wurde, hieß es beschwichtigend, schließlich sei Vorsorge getroffen worden, daß niemandem etwas passiere. Auch habe der Staat nur sein Eigentum durchlöchert. Es fehle also am

Straftatbestand. Allerdings wurde bei dieser Gelegenheit nicht nur eine Mauer, sondern auch das Vertrauen mancher Staatsbürger in die Kongruenz von Rechtsstaatsgebot und Machtvollzug beschädigt. Es mag populär sein, bei der Bekämpfung von Terroristen fünfe gerade sein zu lassen. Das Sicherheitsbedürfnis wächst verständlicherweise und damit, was weniger Verständnis finden sollte, die Bereitschaft, vom Staat zu verlangen, er solle die demokratischen Glacéhandschuhe ausziehen. Wer aber schon keine rechtlichen Bedenken aufzubringen vermag, müßte in den geschilderten Fällen ganz pragmatisch den Erfolg, nämlich die Aburteilung begangener Verbrechen und die damit verbundene Abschreckung vermissen.

Die Mitarbeiter des Verfassungsschutzes sind nur Auge, nicht Arm der Staatsgewalt. Was sie in der Praxis tun, unterliegt, anders als bei der Polizei, nicht der eingespielten Kontrolle der geteilten staatlichen Gewalten. Die Behörde entscheidet selbstherrlich, wann sie ihre verdeckten Mitarbeiter in einem Prozeß aussagen läßt. Wem nützen eigentlich Ermittlungen, die bei der Strafverfolgung nicht verwendet werden können? Die Innenminister und Senatoren kommen und gehen, der Apparat aber, überhaupt ein so ganz auf Verschwiegenheit ausgerichteter, hat seine Kontinuität und sein Eigengewicht. Kann man ihm vertrauen, wo doch Kontrolle nun einmal besser ist?

Kann es dann noch verwundern, daß der Berliner Verfassungsschutz bislang unangefochten einen Vizechef hat, der es während seiner früheren Tätigkeit in der Staatsanwaltschaft an Sensibilität für die Trennung von Dienst und Privat hat fehlen lassen? Es sind ja nicht die schwarzen Schafe, die eine Herde durcheinanderbringen. Sie fallen allerdings auf. Gefährlich sind Unterlassungssünden der Schäfer und Schäferhunde. Ist es nicht kennzeichnend, wenn die Justiz dem Innensenator vorsichtig zu verstehen gibt, daß er als Chef des Verfassungsschutzes nicht vergessen dürfe, daß er auch Chef der Polizei ist, die schließlich gegen die beschuldigten Verfassungsschützer ermitteln müsse? Jedenfalls gibt es hinreichend Anlaß, auch im Parlament ausgiebig zu erörtern, ob die anspruchsvolle Bezeichnung Verfassungsschutz durch dessen Arbeitsweise immer gedeckt ist. *(5.10.86)*

Die Kardinalfrage der Volkszählung

Nun werden wir also gezählt. Freiwillig oder dazu bestimmt sind die Beauftragten, zumeist Amtspersonen, mit den Fragebogen unterwegs. Von den Antworten versprechen sich Statistiker und Politiker ein hinreichend genaues Ist unserer Bevölkerung, der Wohnungssituation, der beruflichen Qualifikation, der Arbeitsstätten und ihrer Lage. Ist das nicht harmlos genug? Erklärt solch bescheidene Wißbegier eines Rechtsstaates den erbitterten Streit über mehr als ein halbes Jahrzehnt mit Ausschöpfen aller verfassungskonformen Möglichkeiten und nun mit der offen propagierten Verweigerung, der massenhaften Aufforderung zum Rechtsbruch bis hin zur Bedrohung der Zähler und zum Aufruhr?

Einig sind alle wohl nur darüber: Außer der Totalerhebung zu Christi Geburt hat keine Volkszählung das Volk hierzulande so aufgebracht. Dabei ist sie mit allen demokratischen Weihen versehen. Nicht nur, daß sie für 1983 im Parlament einstimmig beschlossen worden war. Das seltene Votum wurde auf Einspruch einzelner Mitbürger der Prüfung durch die Dritte Gewalt unterworfen und nicht im Grundsatz, aber in der geplanten Durchführung korrigiert. Darüber hinaus sah sich das Bundesverfassungsgericht angesichts der »lükkenhaften verfassungsrechtlichen Rechtsprechung« zu einer präzisen Ausformung des Rechts auf informationelle Selbstbestimmung herausgefordert. Das verbesserte, nur von den Grünen mißbilligte neue Gesetz, entspricht auch nach Auffassung von Datenschutzbeauftragten den höchstrichterlichen Auflagen. Dem Hinweis auf nie auszuschließende Mißbrauchsmöglichkeiten begegnete einer der engagierten Datenwächter öffentlich mit dem Vergleich, es spräche nicht gegen die Qualität von Verkehrsgesetzen, daß man dennoch überfahren werden kann. Ist demnach der Appell des Bundespräsidenten zur Volkszählung ohne Wenn und Aber ein Schlußstrich auch unter den Streit? Die Frage ist rhetorisch, denn Loyalität und Meinungsverschiedenheit sind demokratische Zwillingsgeschwister, die ohne einander gar nicht auskommen. Stellen wir die Loyalitätsfrage zunächst zurück und überlegen, ob es seriöse Einwände gegen die Totalerhebung gibt.

»Die Möglichkeiten der modernen Datenverarbeitung sind weithin nur noch Fachleuten durchschaubar und können beim Staatsbürger Furcht vor einer unkontrollierbaren Persönlichkeitserfassung selbst dann auslösen, wenn der Gesetzgeber lediglich solche Angaben verlangt, die erforderlich und zumutbar sind.« Das steht nicht in einem Soziologenpapier über die gesellschaftliche Funktion der Angst, sondern im Begründungstext des Volkszählungsurteils von 1983. Auch Zweifel an der Methode wurden mit bindender Wirkung sanktioniert, denn es heißt mit deutlicher Befristung, es sei »derzeit nicht zu beanstanden«, wenn der Gesetzgeber davon ausgegangen ist, daß Stichproben »die Volkszählung als Totalerhebung nicht zu ersetzen vermögen«. Er werde sich aber damit erneut auseinandersetzen müssen, dürfe die methodische Entwicklung nicht unberücksichtigt lassen und müsse prüfen, ob eine Totalerhebung dann noch verhältnismäßig sei. Lediglich darauf zu verweisen, daß Volkszählungen schon immer in Form von Totalerhebungen durchgeführt worden seien, reiche nicht aus. Dem sei hinzugefügt, daß bei der Volkszählung unter Herodes nicht überwiegend sozialfreundliche Motive Pate gestanden haben dürften.

Es könnte durchaus sein, daß dies die letzte Totalerhebung im Geltungsbereich des Grundgesetzes ist. Wird sie selbst bei korrekter Ermittlung des Ist für das politische Soll viel bringen? Was sagt eine Statistik der Ausbildung und Berufe darüber aus, wieviele unter- oder überfordert wurden und ihren Beruf lieber heute als morgen wechselten? Beantwortet die Feststellung von Arbeitswegen die Frage, was verkehrspolitisch erwünscht ist und gefördert werden sollte? Ließen sich

Daten für infrastrukturelle Maßnahmen angesichts heutiger Möglichkeiten der Repräsentativbefragung nicht besser demoskopisch als hinter jeder Wohnungstür ermitteln? Ein populärer Einwand allerdings gegen die Totalerhebung ist durch den Datenschutz widerlegt, auf den manche sich dabei berufen. Wozu die Volkszählung, gäbe es doch für alle möglichen Zwecke schon Sonderdateien. Gerade das sei keine Alternative zur Totalzählung, sagt das Bundesverfassungsgericht, weil es technische, organisatorische und rechtliche Maßnahmen erfordere, um Daten personenbezogen zusammenzuführen, beispielsweise durch ein Personenkennzeichen. Genau das aber wäre »der entscheidende Schritt, den einzelnen Bürger völlig zu registrieren und zu katalogisieren«.

In sich widersprüchlich erscheint es, wenn zu erwartende Fehlerquoten der Volkszählung mit dem Hinweis auf Hochrechnungen abgetan werden. Zweck der Totalerhebung ist es doch, auf Hochrechnungen nicht mehr angewiesen zu sein. Daß Genauigkeit nur erreichbar ist, wenn der Bürger das notwendige Vertrauen in die Abschottung der Erhebungen gegen andere behördliche Wißbegier hat, wurde beim Entwurf zum Volkszählungsgesetz von 1950 ausdrücklich eingeräumt, woran das Gericht erinnerte. Das Vertrauen stand damals außer Frage. Heute sind auch loyale Staatsbürger mißtrauisch. Dazu mag beispielsweise die Verschärfung des Meldegesetzes beigetragen haben, womit einer der neuralgischen Punkte der Datenfurcht berührt wird. Die Entscheidungsfreiheit des Bürgers, wo er, sofern er mehr als eine Wohnung hat, seinen ersten Wohnsitz anmeldet, ist unter Bußdrohung beseitigt worden. Dies wohl auch, um ein Ausweichen vor dem Wehrdienst nach Berlin zu erschweren. Ist es nicht ein größeres Übel, aus politischer Opportunität die informationelle Selbstbestimmung in einem freien, in der Hinsicht aber ohnehin vergleichsweise pingeligen Lande zu beschneiden? Die Braven stört es nicht, die zur Umgehung Entschlossenen finden Wege. Viele werden durch solchen Perfektionismus der Erfassung erst sensibilisiert.

In der Praxis der Volkszählung gibt es schon zu Beginn ein Sonderproblem typischer Berliner Art. Während die deutschen Behörden mit enormem Werbeaufwand die Absicherung der ermittelten Daten beschwören, geben die Schutzmächte in stiller Übereinkunft mit dem Senat, wenngleich unfreiwillig zu erkennen, daß sie da Vorbehalte haben. Das ist peinlich, was immer an Erläuterungen nachgeschoben wird. Es leitet Wasser auf die Mühlen derer, die das Mißtrauen schüren.

Doch alle nur denkbare Kritik ist die eine, Bruch der Loyalität eine ganz andere Sache. Denn dies ist die Kardinalfrage der Volkszählung, auch wenn sie nicht auf dem Bogen steht. Wer in diesen Tagen insbesondere mit jungen Leuten diskutiert, erfährt, daß die argumentative Ablehnung der Volkszählung weit über den Kreis der Boykotteure hinausgeht. Das wäre ebenso wie selbst ein statistischer Mißerfolg leichter zu verschmerzen als die Erkenntnis, daß heute der Konsens der Bevölkerung über die repräsentative parlamentarische Demokratie abzubröckeln scheint. Motto: Mehrheitsentscheidungen im Parlament sind gut, sofern ich nicht grundsätzlich etwas dagegen habe. Auch richterliche Nachprüfung befriedigt nur bei dem gewünschten Ergebnis. Andernfalls muß unternommen werden, was nicht in der Verfassung steht. Anarchie statt freiheitlicher Ordnung. Das heißt, an dem Ast sägen, auf dem wir alle sitzen. Insofern ist diese Volkszählung auch eine Volksabstimmung darüber, ob die Deutschen nicht nur endlich kritische, sondern auf Dauer auch verläßliche Demokraten sind. *(17.5.87)*

Weniger Pressefreiheit

Die Freiheit stirbt zentimeterweise. Immer häufiger gibt es deutsche Anlässe, an diese britische Weisheit zu erinnern. Einen Tag nach der Entscheidung des Bundesverfassungsgerichts über das Beschlagnahmerecht für unveröffentlichtes Informationsmaterial denkt Berlins Regierender Bürgermeister in einer seiner diesmal furchterregenden Visionen laut über ein »neues System der Pressekontrolle« nach.

An sich verböte es der Respekt vor der Kompetenz der Karlsruher Verfassungshüter die unserem System hohnsprechende Entgleisung des Juristen Diepgen mit dem Urteil des Zweiten Senats in einem Atemzuge zu nennen. Indes paßt beides zusammen und wirkt in die gleiche Richtung. Der Wind hat gedreht in der Republik. Dies festzustellen, gebietet nicht das Selbstverständnis oder die Selbstüberschätzung der Journalisten, sondern die hoffentlich gemeinsame Sorge für einen Stützpfeiler unserer Ordnung, die Informationsfreiheit.

Das höchste Gericht hat beim Abweisen der ZDF-Beschwerde gegen eine Beschlagnahme unveröffentlichter Filme von Demonstrationen den Journalisten nur das Recht auf Schutz des Informanten zugebilligt, nicht aber auf Zurückhaltung selbst erarbeiteter Informationen. Wie aber soll die Identität eines Informanten geschützt werden, wenn zwar kein Material *von* ihm, wohl aber eine Notiz *über* ihn dem staatlichen Zugriff unterliegt. Die Entscheidung ist weltfremd und auch juristisch anfechtbar. Die Abwägung zwischen Wahrheitsfindung im Strafverfahren und Redaktionsgeheimnis wird nur am Gesetz geprüft, nicht am Grundrecht der Pressefreiheit. Allerdings entspricht das der sogenannten herrschenden Meinung.

Unser verstorbener Verleger Franz Karl Maier hatte daher schon vor vielen Jahren wenigstens die Selbstkontrollorgane der Presse davon zu überzeugen versucht, daß der Möglichkeit vorgebeugt werden müsse, Journalisten auch in politischen Auseinandersetzungen zum Büttel der Strafverfolgung zu machen. Mit der jüngsten Entscheidung ist der Gesetzgeber gefordert. Will er weniger Pressefreiheit? Die Zeichen schrecken. Denn öffentlich wird vor allem darüber diskutiert, wie man die Fackel beim Ausleuchten des Augiasstalles in Kiel hätte halten müssen, statt nach Herkules zu rufen. Der Berliner Regierende will die »vierte Gewalt«, wenn sie schon nicht verdeckt zu beeinflussen ist, offiziell besser in den Griff bekommen. Uns dagegen zu wehren, verstehen wir besten Wissens und Gewissens nur als Teil unserer gesetzlichen öffentlichen Aufgabe. *(30.10.87)*

Die Veränderung

Maienzeit – für die glücklich Überlebenden der Kriegsgeneration ist das nicht nur der schönste Jahresabschnitt in der Natur, sondern auch unauslöschliche Erinnerung an den Tag, als die Waffen in Europa schwiegen.

Die Blockade-Berliner gedenken in diesem Monat des Endes der Bedrohung am Rande eines neuen Krieges.

Zwei Jahre ist es her, seit in den ersten Tagen des Wonnemonds Tschernobyl sein Menetekel immer deutlicher in die wackere neue Welt setzte.

Am 23. Mai begehen – nein, sie begehen ihn eigentlich nicht, die Deutschen, den Geburtstag ihres vorbildlichen Grundgesetzes. Zur eigenen demokratischen Leistung haben sie ein eher kühles Verhältnis, weil es dabei keine Helden zu feiern gibt.

Ja, und in diesen Tagen wollen die Sowjets es wahrmachen und damit beginnen, ihre Truppen aus Afghanistan zurückzuziehen.

Der Monat hat es in sich, zumal für den Berliner, der seit mehr als einer Generation an der Nahtstelle zwischen Ost und West lebt, erstaunlich gut lebt, sofern er diesseits der Mauer wohnt.

Perestrojka – wer hätte vor wenigen Jahren auch nur zu denken gewagt, daß eine russische, an sich für den sowjetinternen Gebrauch gedachte Vokabel, westliches Denken bis in die Sprache hinein mitbestimmen würde, ja heute mitunter sogar verwendet wird, um eigene Leute auf Trab zu bringen.

Noch weiß keiner, ob die Verhältnisse stärker sein werden als die Kraft Gorbatschows, sie zu verändern. Es mag auch den Exegeten der Marxschen Lehre überlassen bleiben, ob die Figur des reformierten Generalsekretärs die Ketzerei belegt, das Bewußtsein bestimme eben doch das Sein. Noch ist die Mauer zumal für Berliner nicht zu übersehen. Immerhin fahren junge Ehepaare aus der DDR in ihrem »Wartburg« eben mal das Rheintal ab. Stefan Heym, der DDR-Deutsche mit amerikanischer Vergangenheit und den nicht einzumauernden Gedanken, hat Chancen, diesen oder jenen seiner Romane auch drüben gedruckt zu sehen.

Die Veränderung hat ihre Eisheiligen noch nicht hinter sich. Aber haben wir uns womöglich schon so an sie gewöhnt, daß wir nur noch eifrig darüber diskutieren, woran sie scheitern könnte, etwa an den leeren Läden. Denn erst kommt das Essen, dann die Politik. Oder war die Blockade ein Gegenbeispiel?

Gerade wir Berliner, die wir die Freiheit exemplarisch westlicher Festigkeit danken und uns nichts darauf einbilden, in kritischer Zeit gewußt zu haben, wohin wir gehörten, sollten die Ausstrahlung der Perestrojka nicht weniger sorgfältig registrieren als die Cäsiumwerte in den Lebensmitteln seit Tschernobyl.

Eine Weltmacht bringt aus einem diktatorischen System heraus einen Mann an die Spitze, der nicht mehr so weitermachen will, der unblutige Reformen riskiert, dessen Vorhaben hinter einem bis dahin eisernen Vorhang des Schweigens über innere Konflikte mit geradezu westlicher Offenheit diskutiert werden, der die Vasallentreue der DDR-Führung nicht nur in die Verlegenheit bringt, über einen »Tapetenwechsel« nachzudenken.

Wir Deutschen mußten militärisch besiegt werden, um befreit zu werden. Um so größer unser Respekt vor einer Rückkehr zur Demokratie aus eigener Kraft wie in Griechenland, Spanien, Portugal und überhaupt für jede Veränderung hin zu mehr Freiheit.

Nein, Gorbatschow ist kein Dissident, nährt aber auf dramatische Weise die Hoffnung, daß der Friede auf Erden eben nicht nur auf Abschreckung und Abmachungen beruht, sondern auf stellenweise verschütteten, aber immer wieder keimenden gemeinsamen Überzeugungen der Gattung Mensch.

Solche Pflanze mit gutem Willen zu begießen, ohne der Ernte der Früchte sicher sein zu können, gebietet jeder Mai, zumal wenn er so trocken ist, und der Selbsterhaltungstrieb. Gerade in West-Berlin, dessen Selbstbehauptung hinter dem Schild des Westens ein weltweit ablesbarer Indikator dafür war, daß sich drüben etwas verändern muß, wollen wir nicht die Beckmesser der Perestrojka sein. *(15. 5. 88)*

Steine aus dem Elternhaus

Auch Kinder haben in Kreuzberg Steine geworfen. Das könnte nach bösen Buben frei nach Wilhelm Busch klingen. Denn schon immer haben Jungen (die Mädchen mögen die Zurückstellung entschuldigen) bei Wurfübungen gelegentlich die falschen Ziele gewählt. Und was Max und Moritz anstellten, war nicht zum Lachen.

Bei der infantilen Beteiligung an dem Aufruhr vom 1. Mai hört allerdings auch der schwarze Humor auf. Von Jugendstreichen im herkömmlichen Sinne kann keine Rede sein. Welchen Vers soll man sich aber darauf machen?

Vielleicht hat ein Teil der Jugend heute keine Gelegenheit und kein Gemüt zur »normalen« Ausgelassenheit, empfindet die Gewalttätigkeit Erwachsener angesichts prägender »Vorbilder« auch im Alltag, auf Sportplätzen, beim Autofahren mit Onkel Ungemütlich und im Fernsehen geradezu als Aufforderung, selbst ein Mütchen zu kühlen, in der Menge ungestraft auszuflippen, ohne die ideellen und materiellen Folgen ein- und absehen zu können.

Auch der Regierende Bürgermeister zeigte sich betroffen über die Gewalt der Kids in seinem Wohnbezirk. Im Rundfunk war von Mutmaßungen einer Kinderschutz-Organisation zu hören, woran es denn liegen könnte. Von Überforderung der Kinder und vom Fehlen pädagogischer Angebote im Fernsehen war die Rede. Ist das nicht zu weit hergeholt?

Kann pädagogisches Fernsehen gutmachen, was Video-Clips längst angerichtet haben? Überforderung? Werden die

Kinder nicht unterfordert? Wenn man (gern) sieht, wie heute junge Bäume beim Wachsen gebunden und geschützt werden, müßten manche Kinder geradezu neidisch werden. Bindung und Zuwendung. Forderung und Behütung.

Für Fehlentwicklungen wird die Gesellschaft verantwortlich gemacht. Ein Kollektiv ist immer gut. Denn Gesellschaft sind wir alle, aber gemeint sind jeweils die anderen. Was wir Gesellschaft nennen, beginnt aber, unter welchen weltanschaulichen Bedingungen auch immer, mit der Familie, den Eltern. Ihr Recht und ihre Pflicht zur Pflege und Erziehung der Kinder sind im Grundgesetz vorrangig normiert. Entspricht das der heutigen Wirklichkeit?

Liegt es wirklich am Mangel von Kita-Plätzen oder fehlt es nicht allzuvielen Kindern an anspruchsvoller Zuneigung und Nestwärme, schlicht an Liebe, die der Gesetzgeber nur nüchtern als Recht und Pflicht von Mutter und Vater bezeichnet? Stören sie womöglich die »Selbstverwirklichung« der Eltern?

Fragen wir ernsthaft, woher Kids in Kreuzberg oder anderswo Steine gegen die Ordnung werfen, lautet die erste schlüssige Antwort: aus dem Elternhaus, sofern sie überhaupt eins haben. *(9.5.89)*

Recht und Gerechtigkeit

Nichts habe ich schon in jungen Jahren schlechter vertragen als Ungerechtigkeit oder das, was ich dafür hielt. Sei es, daß es anderen oder mir widerfuhr. So war ich sehr offen für den Rat meines verehrten Klassen- und Deutschlehrers in den letzten Schuljahren, ich sollte auf jeden Fall erst Jura studieren, bevor ich mich für meinen Beruf entschiede. Mein Ziel war der Journalismus. Doch davon hielt mein Klassenlehrer damals nichts. Anno 1938. Er riet mir einfach, das alles nochmals zu überlegen. Deutlicher drückte man sich gegenüber einem Sportwart im Jungvolkfähnlein nicht aus. Er war derselbe schmale, kleine Philologe, der meine Klassenkameraden, die Berufsoffiziere werden wollten, mit der Überlegung konfrontierte, da müßten sie ja, wenn es ihnen wirklich ernst sei, den Krieg wollen. Er fiel übrigens in den letzten Tagen des Krieges, als er mit weißer Flagge als Parlamentär zwischen den Fronten irrtümlich erschossen wurde. Das kurze Jura-Studium während einer Beurlaubung zwischen Arbeits- und Wehrdienst verschafften einen später autodidaktisch erweiterten Zugang zur Methode und Praxis des Rechts und der Dialektik von Legitimität und Legalität. Bekannte, inzwischen verstorbene Juristen, wie der Rechtsanwalt und FDP-Politiker Paul Ronge, der frühere Vorsitzende des 5. Strafsenats des Bundesgerichtshofs Werner Sarstedt und der Präsident des Bundesverfassungsgerichts und zuvor Präsident des Bundesverwaltungsgerichts Wolfgang Zeidler haben mir in ihrer Berliner Zeit Rat und Ermunterung zuteil werden lassen, für die ich ihnen viel Dank schulde.

Der Staat als Kuppler

Was ich nicht weiß, macht mich nicht heiß. Schon mit dieser Formel wäre kein Rechtsstaat zu machen. Betrachtet man aber die rechtliche Behandlung jenes Gewerbes, das als das älteste der Welt sprichwörtlich ist und durch Bernard Shaws

Frau Warren seine literarische Bezeichnung erhalten hat, so sieht es weit schlimmer aus: Man weiß es, verbietet es mit kühler Strenge des Gesetzes, läßt aber die Verwaltung in solch öffentlichen Häusern ein- und ausgehen, freilich nicht als Kunden, sondern in gesundheitspolizeilichem Auftrag. Heiß wird das Gewerbe für die jeweilige Frau Warren erst, wenn ein Zufall der Justiz den Anstoß gibt. Wo ein Kläger ist, ist dann ein Richter.

Im Berliner Fall Helmcke gaben »verfassungsschützerische« Bedenken den Anstoß, weil in jenem Etablissement mutmaßlich ein zusätzliches Gewerbe betrieben wurde, das auch das Tageslicht scheut: Spionage. Ein Prozeß darüber steht noch aus. Jetzt ging es nur um die Kuppelei. Nach § 180 des Strafgesetzbuches gilt »als Kuppelei insbesondere die Unterhaltung eines Bordells oder bordellartigen Betriebes«. Ein Kommentator formuliert: »Früher wurden gewisse Bordelle polizeilich geduldet, trotzdem aber ihre Inhaber auf Anzeige hin bestraft.« Früher ist gut.

Alle 14 Tage war das Gesundheitsamt bei Helmcke zu Besuch und konnte ihm daher vor Gericht bestätigen, seine »Damen« seien mit den nötigen ärztlichen Attesten immer voll versorgt gewesen. Der Richter, kraft Gesetzes zur Verurteilung gezwungen, hat in der Urteilsbegründung die Fragwürdigkeit solcher Prozesse angedeutet. Die Verteidiger sprachen von doppelter Moral. Wenn nur die Moral doppelt wäre...

Die Behörde handelt vorsätzlich gesetzeswidrig, indem sie kontrolliert, ohne anzuzeigen. Da befaßt sich das Justizministerium mit der Frage, ob es nicht geraten sei, den Strafverfolgungszwang bei Staatsschutzdelikten zu lockern, weil die Verfolgung bisweilen nicht opportun sei. Derweil liegt hier ein Problem direkt auf der Straße, das zeigt, wie wenig der Staat sich auch ohne Lockerung des Verfolgungszwangs um die Legalität kümmert, wenn es ihm nicht opportun scheint. Und wer schützt die Verfassung?

Es geht nicht um Herrn Helmcke alias Warren. Es geht auch nicht darum, ob öffentliche Häuser gesundheitspolitisch erwünscht sind. Es geht um eine eklatante Verletzung des Gleichheitsgrundsatzes (nur wer Pech hat, ist dran) und des Legalitätsprinzips (nur wer aus anderen Gründen interessant wird, kommt vor den Kadi). Die Moral bleibe aus dem tragikomischen Spiel frei nach Shaw. Frau Warrens Prozesse erweisen letztlich den Staat, der »gewohnheitsmäßig der Unzucht Vorschub leistet«, als Kuppler. Wer bestraft den Gesundheitsminister als Mittäter? *(21.1.66)*

Nicht besonders schutzbedürftig?

Das wäre ein Stoff für Gustave Flaubert. Ich will mich trotzdem dranwagen.

In einer Juninacht ließ sich ein 30jähriger Mann mit einer Prostituierten ein, der er zuvor 20 Mark gegeben hatte. Danach forderte er das Geld zurück und erhielt es auch, weil er der Dirne mit Mißhandlungen drohte. Er war noch nicht weit gekommen, als neben ihm ein Funkwagen stoppte. Daraus stieg mit den Beamten die Geprellte und ließ ihn feststellen.

Wegen schwerer räuberischer Erpressung verurteilte ein Schöffengericht den mehrfach vorbestraften Mann zu der gesetzlichen Mindeststrafe von einem Jahr Gefängnis. Das Urteil ist noch nicht rechtskräftig. Dem Mann wurden mildernde Umstände zugebilligt, weil der erbeutete Betrag nicht hoch und die Tätigkeit der Zeugin nicht besonders schutzbedürftig sei.

Diese Begründung hat in ihrem zweiten Teil einen doppelten Boden, nämlich unter dem rechtlichen einen moralischen, der aber nur dort eine Berechtigung hat, wo moralische Anschauungen Gesetzeskraft gewonnen haben.

Das älteste Gewerbe wird in der Großstadt geduldet. Das Unmoralische versteht sich sozusagen von selbst. Das Geld war von der Dirne mithin nach Gegenleistung rechtmäßig erworben. Sonst hätte der Mann ja nicht vor Gericht gestanden. Zu beurteilen war nicht die Tätigkeit der Zeugin, sondern die Straftat des Mannes. Aber selbst wenn man dem Gericht insoweit folgte, daß beides nicht voneinander zu trennen sei, und berücksichtigte, die Frau habe professionell etwas angeboten, was der Mann nur privat nutzte, so steht fest: zu der »nicht besonders schutzbedürftigen« Tätigkeit der Zeugin gehören immer zwei. Wieso kann dann dem Partner bei einer schweren kriminellen Handlung zugute gehalten werden, daß sein Opfer schlecht beleumdet ist?

Mich interessiert dabei nicht, wie lange der Verurteilte sitzt. Ich sehe aber in dem Fall eine rechtlich fehlsame Anwendung jener Herrenmoral, die zwar die Dirne, nicht aber ihren Kunden verachtet. *(10. 11. 67)*

Späte Gerechtigkeit für Nazi-Opfer

Mit Wirkung vom 1. Januar dieses Jahres bezieht der 77jährige West-Berliner Bürger Professor Ernst Niekisch eine monatliche Wiedergutmachungsrente, mit deren Höhe er selbst zufrieden ist und die etwa dem entspricht, was in einem vergleichbaren Falle nach dem Bundesentschädigungsgesetz an Nazi-Opfer gezahlt würde. Zwölf Jahre hat Prof. Niekisch vergebens mit der Bürokratie und vor den höchsten Gerichten um diese Entschädigung gekämpft, bis ihm nun auf dem Vergleichswege in Form einer sogenannten Härteleistung Gerechtigkeit widerfahren ist. Damit ist spät, aber nicht zu spät, ein Fall beigelegt, der kein Ruhmesblatt in den Annalen der Wiedergutmachung darstellt und bloßlegt, wie mitunter gesetztes Recht und Paragraphen-Korrektheit zu offenkundiger Ungerechtigkeit führen.

Während nach dem 131er Gesetz ehemalige Prominente aus NS-Führungsstäben hohe Pensionen als »wohlerworbenes Recht« zugesprochen erhielten, scheiterte Prof. Niekisch zunächst an der Bestimmung des Entschädigungsgesetzes, wonach niemand Leistungen gewährt werden dürfen, der der nationalsozialistischen Gewaltherrschaft oder einer anderen Gewaltherrschaft Vorschub geleistet hat.

Ernst Niekisch war allzeit ein engagierter Linker und hat mit größter Unerschrockenheit vor der heraufziehenden braunen Gefahr gewarnt. Er veröffentlichte die Kampfschrift »Hitler, ein deutsches Verhängnis«, dies entgegen der Warnung seines Weggefährten Ernst Jünger, der zwar Niekischs politische Meinungen nicht teilte, ihm aber stets respektvoll verbunden blieb. 1939 wurde Niekisch zu lebenslangem Zuchthaus verurteilt. Als er 1945 befreit wurde, war er infolge der Haft teilweise gelähmt und fast erblindet. Seine Aktivität als Antifaschist und Sozialist war ungebrochen. So verfiel er dem damals aus seiner Sicht verständlichen politischen Irrtum, der im Osten beschrittene Weg sei der richtige. Das hatte die späteren materiellen Nachteile zur Folge, obgleich Niekisch nach dem Juni-Aufstand seine Funktionen in der Zone und seine Professur an der Linden-Universität aufgab, um sich in die Wilmersdorfer Studierstube zurückzuziehen.

Bis hinauf zum Bundesgerichtshof focht er, vertreten von Rechtsanwalt Fabian von Schlabrendorff, ohne Erfolg um materielle Wiedergutmachung. Eine Anregung des Berliner Kammergerichts, dem abweisenden Urteil vom Jahre 1960 angefügt, über eine Entschädigung aus dem Härtefonds habe das Gericht nicht zu befinden gehabt, verhallte bei der Bürokratie ungehört. Auch eine Anfrage des Berliner CDU-Abgeordneten Professor Friedensburg an die Bundesregierung, wie sie den Fall gerecht zu regeln gedenke, verlief im Sande.

Im Frühjahr 1966 legte Professor Niekisch Verfassungsbeschwerde ein. Inzwischen hatte sich auch die Europäische Menschenrechtskommission mit dem Fall befaßt und eine Empfehlung zugunsten des schwergeprüften Nazi-Opfers ausgesprochen. Das Bundesverfassungsgericht erklärte die Beschwerde für zulässig, zu einer Entscheidung kam es jedoch nicht. Vielmehr intervenierte der Präsident des höchsten deutschen Gerichtshofes, Professor Gebhard Müller persönlich. Er schrieb an den Regierenden Bürgermeister Willy Brandt und empfahl, Berlin solle den Fall im Vergleichswege bereinigen. Andere prominente Persönlichkeiten unterstützten den Appell. So kam es zu der nun beschlossenen Regelung.

Die Rente bringt zwar keinen Ausgleich für empfangene Leistungen in der Vergangenheit, regelt aber Gegenwart und Zukunft auch der Angehörigen Professor Niekischs materiell in seinem Sinne. Dies wurde dadurch erleichtert, daß das Schlußgesetz zum Bundesentschädigungsgesetz ausdrücklich Härteleistungen erlaubt, wenn das Versagen einer Entschädigung an Widerstandskämpfer, die irgendwann der NSDAP angehört haben oder zeitweilig aktiv das Ulbricht-Regime unterstützten, inhuman erscheint. *(2.9.66)*

Ein Fluchthelfer-Prozeß wie am Schnürchen

Die blasse Frau, schätzungsweise in den Vierzigern, Ost-Berliner Krankenschwester, seit Mai in Untersuchungshaft, wird in den Zeugenstand gerufen. Ein beklemmender Augenblick, denn hier tritt erstmals ein DDR-Bürger ins Rampenlicht eines öffentlichen Tribunals, der bei einem Fluchtversuch gescheitert ist.

Nach wenigen Aussagen zur Person schiebt eine Helferin ihr einen Stuhl hin. Der Vorsitzende erkundigt sich nach dem Grund und erwähnt nur beiläufig lächelnd, daß in solchem Fall die Entscheidung an sich bei ihm läge. Das ungezwungene Gewährenlassen ist offensichtlich keine Geste für Kameras und Westreporter. Die Verhandlungsführung des leicht ergrauten Mittvierzigers, des Direktors dieses Gerichts, ist auch nach unseren Maßstäben souverän. Kein Dozieren, kein Drängen, wenn die Erinnerung des Angeklagten die Frage nicht auszufüllen vermag. Die Rechtsbelehrung zu Beginn, das Vermeiden suggestiver Fragen entspricht unserem Strafprozeß durchaus. Doch der leicht sächsische Akzent des Vorsitzenden, des Generalstaatsanwalts und seines Staatsanwalts, die Offiziersuniformen der Wachen und das mächtige DDR-Emblem an der Stirnwand des schmalen, stickigen Saales und natürlich die Terminologie lassen keine Irrtümer aufkommen.

Dieser Musterprozeß gegen die organisierte Fluchthilfe ist sorgfältig vorbereitet. Das beweist schon die vom juristischen Standpunkt nicht plausible Auswahl der Angeklagten. Ihre Haftdauer ist sehr unterschiedlich. Der Haupttäter der gestern zur Debatte stehenden gescheiterten Fluchtaktion, der Büssing-Fahrer, tritt hier nur als Zeuge auf. Der Angeklagte Voß spielte mit seinem Pkw, mit dem er das Blinkzeichen für den Autonummernwechsel gab, nur eine Nebenrolle.

Dieser blasse schmale Teenager mit schulterlangem rotblonden Haar – sein Deckname ist zur gelinden Erheiterung der rund 60 in- und ausländischen Reporter »Glatze« – erscheint in dem verständnisvollen Verhör so recht als ein Stiefkind des Westens. Schlechte Jugend, keine Ziele, kein Interesse für Politik, um so mehr für Autos, was dann auch zu einer kleinen Vorstrafe führt. Am Rauschgift hat er probiert, und natürlich weiß er auf die Frage im DDR-Jargon, was er »für eine Perspektive« gehabt habe, nichts zu antworten.

So ist er 1971 an die Fluchthelfer-Organisation geraten, die dem Hörensagen nach bei solchem Coup wie dem gescheiterten 57 000 D-Mark gut gemacht hätte. Die Chefs Herschel, Haack und Irrgang hätten ein aufwendiges Leben geführt, während Voß mit 500 DM für die Sicherungsfahrt und mit je 200 DM für Instruktionsreisen nach Ost-Berlin zufrieden sein mußte.

Präpariert wirkte Voß nicht. Auf die Frage des Verteidigers Dr. Vogel, ob ihm denn die Ausgeschleusten irgendwie am Herzen gelegen hätten, sagte er: »Sie haben mir leid getan. Es hat mir leid getan, daß es nicht geklappt hat.« Ob er für 500 DM auch in der BRD ein Verbrechen begangen hätte. Antwort: »Ich glaube nein.« Der Verteidiger macht deutlicher, worauf er hinaus will. »Hat also die Straffreiheit für solche Taten in der BRD auf Ihr Verhalten entscheidend eingewirkt?« – »Ja.«

Der Zeuge Merten, der verhaftete Lkw-Fahrer sagt auf entsprechende Fragen des Verteidigers, eine schwere Straftat traue er Voß nicht zu. Hier wirft der Vorsitzende ein, ob er denn das hier zur Debatte stehende Delikt nicht für eine schwere Straftat halte. Der Zeuge druckst.

Angeklagt wird hier zwischen den Sätzen die Bundesrepublik. Immer wieder kommt die Frage vom Vorsitzenden oder von den Staatsanwälten, wieso denn ein so präpariertes Fahrzeug das Zertifikat für die Zollverplombung bekommen habe. Der Angeklagte Voß und der Zeuge Merten stimmen im wesentlichen überein: Bei der Überprüfung sei das Versteck noch nicht eingebaut gewesen. Aber ob denn später nicht mehr kontrolliert worden sei. Das wird verneint. Der Büssing-Fahrer hatte, wie er zugibt, nicht nur gefälschte DDR-Papiere für die Fahrt abseits der Autobahn nach dem Umstellen des Wagenkennzeichens, sondern auch einen falschen West-Führerschein. Den habe ihm der Firmenchef Haack besorgt, da er wegen Trunkenheit am Steuer seinen Führerschein nicht mehr besessen habe.

Der Vorsitzende will wissen, ob denn der Firmenchef das Transitabkommen begrüßt habe. Ja, weil dann weniger Kontrollen zu befürchten seien. Es ließe sich dann besser arbeiten. Es sei auch richtig, daß nach dem Transitabkommen mehr Leute ausgeschleust worden seien. Es habe sich in erster Linie um »Doktoren und Ingenieure« gehandelt. Die Frage, ob dieser Personenkreis bevorzugt worden sei, weil er zahlungskräftiger war, kann der Zeuge nicht beantworten.

Die Firmenchefs waren nach Aussage des Angeklagten Voß bewaffnet. Bei einem habe er die Pistole im Halfter selbst gesehen, bei dem ersten Mann im Unternehmen, dem West-Berliner Herschel. Haack habe zwei Pistolen und drei Gewehre gehabt. Voß zeigt bei seinen Aussagen selbst eine bemerkenswert genaue Kenntnis der Waffenmodelle. Vieles, so auch die verhältnismäßig gewandte Ausdrucksweise zur Sache, mag er sich allerdings in den Verhören zuvor angeeignet haben. Und dann die Aussage der Ost-Berliner Krankenschwester. Mit ihrem Mann zusammen ist sie aus dem Transporter heraus verhaftet worden. Ihr Mann sei 59 Jahre alt und in schlechtem Gesundheitszustand. Wo er jetzt ist, welchen Beruf er hat, bleibt offen. Das Ehepaar verfügte immerhin über einen eigenen Pkw, mit dem es nach Brandenburg fuhr, um von dort mit dem Linienbus in Richtung Lehnin zu dem Parkplatz-Treff zu gelangen. Drei Starts waren dem vorausgegangen, aber schon in Ost-Berlin abgeblasen worden. Gefahr im Verzuge. Bei der Frage, was man mitgenommen habe, Geld und Papiere, kommt eine Vorstrafe des Ehemanns zur Sprache. Weswegen? Die Frau zögert. Da hilft ihr der Vorsitzende, wie es scheint aus den Akten, mit dem Stichwort Spionage. Und hier scheint er erstmals suggestiv zu verhandeln, als er mehr sagt als fragt, ihr Mann habe wohl in der BRD auf Grund dieser Vorstrafe auf eine spätere Entschädigung gehofft. Auch dies fügt sich ins Bild, das gezeichnet werden soll.

Zur Abrundung fehlen nur noch sowohl in der Werkstatt bei Braunschweig wie beim Schleusen der Wagen zu Treffs in Ost-Berlin insgesamt drei amerikanische Staatsangehörige als Beteiligte. Die Verhafteten erscheinen gegenüber den Organisatoren als verführte Opfer.

Die Zeugin bekennt, sie habe sich »sträflicherweise keine Gedanken darüber gemacht«, welchen Sicherheitsgrad solch ein Unternehmen habe. Eine Bekannte sei im Februar mit ihrem Sohn in die Bundesrepublik geflüchtet, 60 Jahre alt und herzkrank. So habe man geglaubt, sich nicht zuviel zuzumuten. Auch sei ihr erst später klar geworden, daß sie zu organisierter Fluchthilfe beigetragen habe, als sie auf Wunsch von Voß Telefonate aus Ost-Berlin an ein fluchtbereites Ehepaar in Leipzig übernommen habe.

Der Vorsitzende hört es gelassen. Er führt einen leichten Prozeß, läuft er doch wie am Schnürchen. *(31.10.73)*

Der heillose Paragraph

Reformbedürftig ist er, seit es ihn gibt, seit mehr als hundert Jahren. Diskutiert und von Dichtern dramatisch gestaltet wird das Problem seit Menschengedenken. Entschieden wurde darüber ausnahmslos oder vorwiegend von Männern. Selbst im Bundestag des Jahres 1974 wird das so sein. Dieser Gedanke scheint die Rechtsgleichheit der Geschlechter zu vernachlässigen. Dennoch verdient unterstrichen zu werden, daß es sich zwar nicht ideologisch, aber sozial, medizinisch und psychologisch um ein vitales ausschließliches Problem der Frau handelt. Der Mann kann stets nur Verursacher, nie Opfer sein. So sind es alles andere als Suffragetten, die in dieser Frage in weiblicher Ausschließlichkeit argumentieren und demonstriert haben.

Nun soll über den heillosen § 218 das Parlament eines Landes entscheiden, das in der Frage der Familienplanung im weitesten Sinne eher zu den Entwicklungsgebieten gerechnet werden muß. Wer das bezweifelt, braucht nur nach Skandinavien zu blicken. Zudem hat sich das Problem der Menge nach durch die viel wirksameren Verhütungsmittel inzwischen entschärft und auch sozial gemildert. Der gegenwärtige Rechtszustand ist seit langem von der Wirklichkeit ad absurdum geführt worden. Auch wo ein Kläger war, hat sich selten noch ein Richter befunden, der bereit gewesen wäre, bei einer Frau, die abgetrieben hatte, an die Strafandrohung (Freiheitsentzug bis zu fünf Jahren) auch nur zu denken. Die ärztlichen Gutachterstellen genehmigten Anträge auf Schwangerschaftsabbruch, zumindest in manchen Bundesländern, immer großzügiger, dehnten die medizinische Indikation nach sozialen und psychologischen Gesichtspunkten aus.

Der Gesetzgeber wird nicht darüber entscheiden, ob und in welchem Umfange menschliche Leibesfrucht auch künftig beseitigt wird. Es geht nur darum, wie weit die Unterbrechung unerwünschter oder unerträglicher Schwangerschaften legalisiert wird, ob eine Frau binnen drei Monaten selbst darüber entscheidet, ob sie zum amtlichen Gutachter gehen muß oder ob sie einem Arzt zu einem unversteuerten Verdienst verhilft, dessen Höhe nach dem strafrechtlichen Risiko und dem persönlichen Gewinnstreben bemessen ist. Hippokrates schaut solange weg.

Kein Gesetz wird einen Arzt zwingen können, gegen seine Überzeugung zu handeln. Doch ist zwischen einem Embryo und einem geborenen und damit rechtsfähigen Menschen nicht nur ein gradueller Unterschied. Das leugnet auch die Kirche nicht. So sollte es Kardinälen eigentlich schwerfallen, unter Berufung auf Gott und Gewissen, den Fötus über Wunschkind und Mutter zu stellen. Tun sie es, so müssen sie jedenfalls an die Trennung von Kirche und Staat, an die Verfassung dieses Landes erinnert werden. *(24.4.74)*

Ein verhinderter Deutscher

Die Entscheidung betrifft nicht nur den »Betroffenen«. Da wird ein Brite nicht als Deutscher akzeptiert. Er habe etwas auf dem Kerbholz. Brite ist er von Geburt, weil sein deutscher Vater aus »rassischen Gründen« Deutschland verlassen mußte, ein Land also, das etwas auf dem geschichtlichen Kerbholz hat.

Der Vater kehrt heim. Der Sohn desgleichen. Der Vater wird wieder Deutscher. Der Sohn versucht es, kollidiert aber mit einem Paragraphen unseres Staatsbürgerrechts, der einen anderen Sinn haben muß, als es in der Gerichtsentscheidung erkennbar wird, sofern Vernunft nicht Unsinn, Wohltat Plage sein soll.

Die begehrte Einbürgerung wird abgelehnt, weil der Antragsteller zweimal rechtskräftig verurteilt ist. Mit dieser Bestimmung sollen echte Ausländer, die als Straftäter aufgefallen sind, an einem Erwerb der deutschen Staatsbürgerschaft gehindert werden. Das machen andere Länder sicherlich ähnlich, nur ist der Vergleich hier absurd.

Sehen wir einmal davon ab, daß die rechtskräftigen Vorstrafen des verhinderten Deutschen nichts mit Bankraub oder Fahrraddiebstahl zu tun haben. Selbst ein völlig schwarzes Schaf dürfte unter solchen besonderen deutschen Umständen nicht abgewiesen werden. Wie wir früher einmal am Beispiel eines Kriminellen erläutert haben, den man nach

Paris abschieben wollte, weil ihn der uneheliche französische Vater legitimiert hat, ohne daß er auch nur ein französisches Wort verstünde oder je in Frankreich gewesen wäre, sollte man ohnehin mehr auf die Zunge als auf den Paß sehen. Hier aber ist's viel prekärer.

Ein Vertreter der Behörde hat eine Bemerkung gemacht, die wir so verstehen müssen: Was kann der deutsche Staat dafür, wenn der Vater dieses Mannes Deutschland verlassen hat, nur um sein Leben zu retten, als der deutsche Staat sich vorübergehend als Massenmörder betätigte.

Wenn die Entscheidung des Verwaltungsgerichts angefochten werden und trotzdem Bestand haben sollte, so wäre der Bundesgesetzgeber aufgefordert, hier Wiedergutmachung zu leisten. *(21.10.77)*

Nachtrag: Der Innensenator hatte ein Einsehen. Der Mann ist inzwischen Deutscher.

Mörder im Ruhestand

Wollen wir das wirklich? Einer der Mörder von Beckurts oder Braunmühl entschließt sich, seine Mittäter zu verraten. Er erhält keine Strafe, sondern einen neuen Namen, Papiere und genügend Geld, um in der Karibik ein sorgenfreies Leben als pensionierter Bluttäter zu führen. Das wäre die Konsequenz der von der Regierungskoalition eilends in die Wege geleiteten Kronzeugenregelung für Terroristen, wohlgemerkt nur dann, wenn sie tatsächlich funktionierte, was noch in den Sternen stünde. Eine Konkurserklärung des Rechtsstaats. Um mit den derzeit gefährlichsten Gegnern unseres Systems fertig zu werden, wollen wir dieses partiell und aus gewisser Unsicherheit zunächst nur befristet aufgeben, die Legalität gegenüber deren härtesten Verächtern der Opportunität opfern.

Die Einwände gegen solche Bedenken liegen nahe. Irgend etwas müsse doch geschehen. Außerordentliche Situationen erforderten Sondermaßnahmen. Im Ausland gäbe es Vorbilder. Nun, in Italien beispielsweise machte man Terroristen zu Kronzeugen, die man schon in Gewahrsam hatte, während unser Staatsschutz mit einer Immunitätswerbung für reuige Mörder, sofern sie ein politisches Motiv nachweisen können, erst in den Kern des Terrorismus eindringen will. Natürlich wollen die Fahnder ihre Methoden verbessern. Soweit das im Rahmen unserer Rechtsordnung bleibt, lassen sich Bedenken systemkonform ausräumen. Stärkere Inanspruchnahme von Daten, Rasterfahndung, Strafverfolgung jeder Anleitung zur Gewalt. Auch gibt es schon einen Kronzeugen bei Rauschgiftdelikten. Das wird weithin unter den heutigen Umständen auf Verständnis stoßen. Denn es ist ein Fehlsschluß, was jetzt immer wieder behauptet wird, die Öffentlichkeit reagiere gleichgültig auf aktuelle Schwerstkriminalität.

Schon der fingierte Sprenganschlag in Celle aber und die wiederholte Freistellung bestimmter Verfassungsschützer von ihrer Zeugenpflicht in Strafverfahren laufen unserer Ordnung zuwider. Es ist nicht die Schwäche, sondern die Stärke des Rechtsstaats, daß kein Zweck die Mittel heiligt. Schlimm genug, daß hierzulande sogar schon ernsthaft darüber nachgedacht worden ist, ob man um lebenswichtiger Aussagen willen nicht doch ein wenig foltern dürfe.

Ja, der Terrorismus muß mit allen legalen Mitteln bekämpft werden, mit rechtlich vertretbaren. Der Mörder im Ruhestand wäre das, worauf die Terroristen zielen: die Verletzung unseres Systems. *(24.10.86)*

Ein fairer Prozeß

Natürlich sind vier Jahre Freiheitsentzug hart. Wer aber wollte das Urteil ungerecht schelten. So paradox es klingen mag: die Moskauer Reaktion auf das verantwortungslose Husarenstück eines jungen Sportfliegers aus dem Westen bestätigt, was er in seinem nebulosen Friedenswillen zu fördern meinte: der Osten läßt auch über Unangenehmes, ja

Peinliches, vernünftig mit sich reden. Bedenkt man, wie rigoros der Kreml intern personell auf die Panne seiner Luftüberwachung reagiert hat, ist der Denkzettel für den ausländischen Urheber, der ins Herz der Sowjetmacht flog, relativ klein.

Der Strafantrag des Staatsanwalts war hoch, blieb aber zwei Jahre unter dem Höchstrahmen. Das Gericht halbierte die Zahl der Jahre und wählte unter Berücksichtigung aller denkbaren Milderungsgründe die leichteste Form der Strafverbüßung. Transportgefährdung ist auch bei uns mit Freiheitsstrafe bedroht. Rust selbst konnte ja nur um eine möglichst milde Bestrafung bitten, da die Notwendigkeit der konsequenten Ahndung eines solchen vorsätzlichen Leichtsinns außer Frage steht.

Daß wir unter Rowdytum etwas anderes verstehen als die sowjetische Justiz unter dem so bezeichneten Tatbestand, ist für die Beurteilung der Verhandlung und des Strafmaßes unwichtig. Der Prozeß war fair. Ob die Dauer des Freiheitsentzugs auf dem Gnadenwege verringert werden kann, wird sich zeigen und bleibt zu hoffen. Das weltweite öffentliche Interesse an dem Fall wirkt ohnehin zugunsten des Delinquenten.

An Glasnost hat es Moskau jedenfalls nicht fehlen lassen. Und die Perestrojka, die Umgestaltung Gorbatschows, wirkt gerade auf dem Gebiet des Rechts schon mehr, als im Westen bisher deutlich geworden ist. Wir erinnern an das Gesetz über den jetzt möglichen privaten Nebenverdienst. Eine Kontrolle der Verwaltung durch Gerichte ist ebenfalls bereits kodifiziert. Das Verfahren gegen Rust bestätigt in seinem auch westlichen Rechtsansprüchen genügenden Ablauf eine Konsolidierung solcher Entwicklungen.

Töne bleiben im Ohr. Der Verteidiger wählte, wenn auch unter Berufung auf Lenins Empfehlung zur Nachsicht mit der Jugend, eine Formulierung, die eher in der Tradition großer russischer Dichter angesiedelt ist. Allgemein menschlich sei Rust »auch unser Kind«. Dieses unser Kind kann froh sein, daß es und andere sein äußerst gefährliches Abenteuer gesund überstanden haben. Die östliche Supermacht hat jedenfalls auf einen unverhofften schmerzhaften Stich deutlich, aber auch mit einer Gelassenheit reagiert, die Rust vielleicht noch zugute kommt und für uns alle politisch zählt.

(5.9.87)

Mitmenschen

Prediger Salomon: »So sah ich denn, daß nichts Besseres ist, als daß ein Mensch fröhlich sei in seiner Arbeit, denn das ist sein Teil.« Freude an der Arbeit hat vor allem der, dem es gelungen ist, das zu werden, was er wollte. Doch jeder hängt auch einmal durch. Jede Profession hat ihre ungeliebte Routine. Und zur Arbeit eines leitenden Redakteurs gehört ja nur zu einem kleineren Teil das Schreiben, wie schon die Berufsbezeichnung besagt. Am meisten Spaß aber macht das Schreiben und dabei wiederum die Beschäftigung mit dem Du, dem Anderen, den Freunden und Gegnern, den Prominenten und Unbekannten, dem Menschlichen und allzu Menschlichen, der Bewunderung für geniale Leistungen und dem Charme der nicht reinen, aber blanken Vernunft im Alltäglichen.

Komödie nicht unbeabsichtigter Irrungen

Mit welcher Überlegenheit ein weltumspannender Geist, der die Grenzpfähle menschlicher Erkenntnis weiter steckte, die Enge menschlicher Unzulänglichkeit hinzunehmen wußte, zeigen zwei Originalbriefe Albert Einsteins, die sich im Besitz eines alten Berliner Beamten befinden. Die Korrespondenz erinnert auch daran, wie wenig der Prophet, der im Weltall zu Hause ist, in der irdischen Heimat gilt. Es handelt sich um den Hausbesitz des großen Forschers in Caputh bei Potsdam. Einstein selbst bezeichnete die Episode, die gewiß kein Ruhmesblatt in der Berliner Stadtgeschichte ist, als »Komödie nicht ganz unbeabsichtigter Irrungen«.

Es war im Jahre 1929. Zum 50. Geburtstag Einsteins hatte der Magistrat als Geschenk für den Gelehrten, der gern in der Stille arbeitete, ein Haus am Stadtrand vorgesehen. Man schenkte ihm ein Haus im Park von Neukladow. Die Frage des Raums schien somit geklärt. Doch als die Frau des Forschers zur Besichtigung erschien, zeigte sich, daß der Magistrat die zeitliche Relation mißachtet hatte. Der Vorbesitzer pochte auf sein Wohnrecht. Der beschämte Magistrat beschaffte Ersatz, ein Gelände auf dem Wirtschaftshof in Neukladow, zum Hausbau. Auch hier waren die Besitzverhältnisse ungeklärt. Nun wählte man das Grundstück im Dorfe Caputh, Waldstraße Nr. 7. Ein Vertreter der nationalistischen Parteien erhob Einspruch. Das Stadtparlament vertagte die Entscheidung. Einstein löste das Problem mit einer einfachen Formel. Er kaufte das Grundstück. Rückschauend schrieb er im Jahre 1949, daß er dem damaligen Berliner Oberbürgermeister folgendes mitgeteilt habe:

Da die Bemühungen um das geplante Geburtstagsgeschenk offenbar zu langwierig sind im Vergleich zu der Kürze des menschlichen Lebens, ersuche ich Sie, die Angelegenheit endgültig zu begraben.

Jener Berliner Beamte, der uns die Briefe des Forschers zur Verfügung stellte, fand 1949 in den Grundbüchern Hinweise auf dieses Debakel. Der Vorschlag der Schenkung war in der Vorlage mit der Begründung versehen: »Größter Gelehrter unseres Jahrhunderts.« Der Berliner schrieb nach Princeton und erbot sich festzustellen, ob Einstein noch als Eigentümer für das Haus, das er sich auf dem Grundstück in Caputh hatte bauen lassen, eingetragen sei. Auf seine Anfrage in Caputh erhielt er die Antwort, daß die Gemeinde als Eigentümer des Grundstücks ausgewiesen sei. Auf neuerliche Rückfrage teilte der Bevollmächtigte des Kreises Potsdam im September 1954 mit, daß auf dem Grundbuchblatt die beiden Töchter Einsteins je zur Hälfte als Eigentümer eingetragen seien. Weitere Angaben könnten nur auf Grund einer Vollmacht der Töchter oder ihrer Erben gemacht werden.

Am 13. Oktober 1954 schrieb Albert Einstein an den alten Berliner, der ein wenig Licht in die trübe Geschichte gebracht hatte, in einem Dankesbrief:

...die ganze Angelegenheit ist nicht wenig amüsant. Das Grundstück hatte ich erworben, angeregt durch die verunglückten Versuche der Stadt Berlin, mir zu meinem 50. Geburtstage ein Landhäuschen zu verehren, eine Komödie der nicht ganz

unbeabsichtigten Irrungen. Das Grundstück wurde von den Nazis weggenommen, als deren Erben nun das heilige Rußland in Erscheinung getreten ist, das sogar einmal einen schwachen Anlauf genommen hat, mir das Häuschen mit einem graziösen Kompliment zurückzugeben. Das heilige Rußland hat sich aber bald eines anderen besonnen und hat nicht mehr gepiepst.
Mit freundlichen Grüßen
Ihr
A. Einstein

Der gestrigen Ausgabe der »Neuen Zeit«, des Blattes der sowjetzonalen CDU, entnehmen wir, daß seit einiger Zeit geplant sei, das schlichte Holzhaus des großen Forschers unter Denkmalschutz zu stellen. Dort habe er die längste Zeit in Berlin verbracht, mit seiner Geige musiziert und einmal den indischen Dichter Tagore empfangen. Die sowjetzonalen Behörden sollten nicht versäumen, in Caputh auch den letzten Brief des großen Mannes zu dieser Affäre unter Glas auszustellen. *(20.4.55)*

Das Geheimnis der Philharmoniker

Es ist immer wieder ein Nervenkitzel. Karajan steht, die Füße parallel wie ein Leichtathlet, die Augen geschlossen, den Oberkörper leicht vorgeneigt und angespannt, daß die Frackschöße zu knistern scheinen. Er hebt konzentriert die Arme und schlägt beide Fäuste mit Wucht nach unten. Der Fortissimo-Auftakt der Fünften von Beethoven müßte kommen; aber er kommt nicht. Eine unerhörte Stille folgt der gebieterischen Geste des Dirigenten. Klopft nun das Schicksal wirklich an die Pforte? Haben die Berliner Philharmoniker im Fernen Osten den Einsatz verpaßt oder treten sie ausgerechnet auf Tournee in Sitzstreik? Letzteres wäre wenigstens journalistisch ein Knüller.

Doch da ist er: der Orchester-Donner nach dem Dirigenten-Blitz. Ta – ta – ta – taaa. C-moll, Allegro con brio. Die Fünfte hat begonnen, wieder mit jener bei Kennern berühmten, bei manchen Dirigenten berüchtigten Verzögerung der Philharmoniker, der musikalischen Verfremdung des Berliner Tempos, welches die Akteure im Gespräch lachend als eine ihrer schon seit Furtwängler gepflegten Spezialitäten bezeichnen. Niemand könnte sie ihnen wegtaktieren. Verlange es einmal ein Gast, der berühmt genug sei, um selbst solches fordern zu dürfen, dann komme der Einsatz wie schales Bier. Das ist eben ihre unverwechselbare Harmonie, die ihnen auch das Fortissimo, das in einer Honegger-Liturgie den Zuhörer fast das Fürchten lehrt, keiner nachmache. Mit jungenhaftem Lächeln betont es Rainer Zepperitz, Solist am Kontrabaß, Lehrer an der Musikhochschule und einer der beiden gewählten Vorstände. In der Hingabe an das Werk, dem Ehrgeiz, das härteste ff und zarteste, besonders bei den Bläsern ungemein riskante Pianissimo hervorzubringen, ließen sich die Philharmoniker wirklich von keinem anderen Orchester übertreffen.

Das sind so Bekenntnisse, wie man sie hört und versteht, wenn man drei Wochen lang die Gelegenheit hat, einen weltbekannten Klangkörper persönlich abzuhorchen. Zepperitz, der nebenbei mit unerschütterlicher Gelassenheit und unangestrengtem Geschick für Unterkünfte, Sonderwünsche und vergessene Rechnungen sorgt, wurde schon im vorigen Jahr einmal unseren Lesern vorgestellt. Wie weit seine Kompetenzen reichen, erfährt man nach der 15. Flugstunde, wenn ein paar Disharmoniker ihre Unlust wegen eines zu weit zurückgestellten Flugzeugsitzes am Vorstand entladen. Wenn ihm beim Konzert die Naturlocke zu wippen beginnt, hat der Komponist den Bässen besonders viel abverlangt. Die Ruhe verliert er bei allem Temperament freilich nie, der Globetrotter von Kindesbeinen an. Der Vater ging, als in den zwanziger Jahren in Deutschland sich nichts Rechtes bot, ins musikalische Engagement nach Indonesien. Auf Java wurde der Sohn geboren und wuchs dort auf. In Grunewald ist er seßhaft geworden, pflegt seinen Garten, filmt Töchterlein, ist bei aller Sensibilität ein, wie man sagt, patenter, vielgewandter moderner Mann mit Hobby-Interesse für Antiquitäten.

Der andere Vorstandskollege, Hellmut Stern, stellvertretender Stimmführer bei den ersten Geigen, aber auch am Piano und verwandten Instrumenten einsatzbereit, ist darüber hinaus in der Lage, auf japanisch in einem winzigen Lokal ein ausgefallenes chinesisches Gericht, Kiosan (Schreibweise ohne Gewähr), zu bestellen, halbmondförmige mit Fleisch gefüllte Mehlspeisen, die in Sojasauce getaucht vorzüglich schmecken. Wieso er das kann? Das ist ein Stück deutscher Weltgeschichte. Sein Vater war Gesangslehrer, aber auch in der SPD politisch aktiv und helle. Er sah voraus, was andere jüdische Bürger nicht glauben wollten. So kam der Berliner Junge per Schiff, vorbei an Ländern, die Emigranten nicht von Bord ließen, in die Mandschurei, erlebte rotchinesische, japanische und sowjetische Besatzung, lebte in den USA und Israel, spielte in Café-Häusern und Besserem, wurde nach Vorspielen in Berlin vom Fleck weg Philharmoniker, schloß Anfang 40 den Kreis seines Lebens, wieder ein passionierter Berliner deutscher und israelischer Staatsbürgerschaft.

Mit dem Kollegen Zepperitz überlegt er, wie man moderne Musik künftig auch lehrend darbieten könnte, die Philharmoniker nicht nur in Gala vor gewohntem Publikum, sondern vor der Jugend, mit Wiederholungen noch fremder Klangfolgen das Ohr erziehend. Zukunftspläne neben einer arbeitsreichen Saison. Das Üben daheim, die Proben, die Konzerte in Scharouns Zirkus Karajani, wo sie sich immer wieder zu Hause fühlen, zumal sie nirgendwo ein architektonisch ähnlich geniales Auditorium gefunden hätten, wie sehr über Akustik auch immer gestritten wird. Die Schallplatten-Aufnahmen nicht zu vergessen. Natürlich lohnt sich das auch finanziell. Ein Konzertmeister hat rund 4500 DM Monatsgehalt, dazu die Gelder für die Aufnahmen. So reden sie nicht nur über Einfamilienhäuser, sondern auch über Kursverluste an der Börse und wissen beim dritten Japan-Besuch genau, was sie wo kaufen werden.

Zum Lebens- und Berufsstandard gehört allerdings auch das aus eigenen Mitteln zu finanzierende Instrumentarium. Den Posaunisten kostet ein Instrument rund 800 DM. Erster

Konzertmeister Schwalbé führt den allein schon sechs- bis achthundert Mark kostenden Bogen auf einem Instrument des klassischen italienischen Geigenbaus. Wert: an die hunderttausend DM. Cello-Solist Borwitzky, mit Sitz und Stimme auch als Spaßvogel bei Reisemüdigkeit, besitzt vier Instrumente, wobei er für die Wertschätzung des besten ebenfalls sechs Stellen benötigt.

Gewisse Typenunterschiede unter den Orchestergruppen sind unverkennbar. Ein Trompeter-Professor etwa kann, ohne daß man seine Profession kennt, eher für einen viven Bankprokuristen gelten, wenn man ihn so reden hört. Kommt noch ein solider Berliner Akzent dazu, mit dem die Lupenreinheit von Perlen im Verhältnis zum Preis erläutert wird, hat man den Eindruck, auch philharmonisches Blech werde eher gemanagt als geblasen. Doch solche Sinnestäuschung verschwindet beim nächsten Konzert schon mit dem ersten silbrigen Ton. Man fragt sich, was ein Fagottist für Ohren haben muß, der die Posaunen hinter sich weiß. Vom Fortissimo der Philharmoniker war schon die Rede.

Flötist Dr. Demmler hat mit 45 den Dr. phil. nebenbei gemacht. Er kann zwei Zugstunden von den Vorsokratikern bis Voltaires *Candide* keineswegs nur Konversation machen. Er kennt sein Abendland, aber auch das Problem des Orchestermusikers, der sein Leben lang bis ins letzte Detail seiner Arbeit sich unterordnen, jedem Wink gehorchen muß und so psychisch des Ausgleichs bedarf. Über Karajan sind die Philharmoniker in der Hinsicht übereinstimmend des Lobes voll, auch wenn er Proben auf Reisen mehr der eigenen Unruhe wegen anzusetzen scheint. Den Maestro (wie an der Garderobentür steht) selbst darüber zu hören, hätte mehr Selbstverleugnung erfordert, als der offiziell das Orchester begleitende Vertreter einer unabhängigen Zeitung auch einem genialen Künstler zugestehen will und kann.

Von Frauen in ihren Reihen wollen die Philharmoniker, bislang jedenfalls, nichts wissen. Auch die Frau eines Philharmonikers, die selbst in einem anderen Orchester die erste Geige gespielt hat, hält nichts davon. Die zweite Harfe, gewiß, aber sonst... Das gäbe nur Probleme, die es bislang bei dem kollegialen Geist dieses berühmten Klangkörpers nicht mehr als unvermeidlich zu geben scheint. Und das ist bei der hierarchischen Pultbesetzung der Konzertmeister und Stimmführer und Stellvertreter und ersten Fagottisten usw. nicht selbstverständlich. Auch hier scheint Karajan, gestrenger Choreograph des Beifalls nach jeder Sinfonie, wobei nicht eine einzige Geste spontan, jede gezirkelt ist, eine leichtere Hand zu haben als andere Dirigenten. Von solchen hört man, sie versetzten Musiker im Zorn augenblicklich von einem Pult zum anderen.

Ein familiärer Sonderfall: Vater und Sohn Blau. Der Senior, bei den ersten Geigen spielend, hatte den Jungen zu einer erfahrenen Flöten-Lehrerin gebracht, die ihm allein auf Grund seines scheinbar mühelos erlernten Lippenansatzes eine Karriere versprach. Er hat sie gemacht. Der 21jährige ist bereits erster Flötist und zählt zu den großen Begabungen unter der Schar der Spitzenkönner. Von ihnen sei einer noch genannt, Lothar Koch. Nach seinen Oboe-Soli möchte man stets abklopfen, um sie dacapo zu hören. Übrigens scheinen die Philharmoniker auch als junge Familienväter sehr zielstrebig zu sein, wie etwa Professor Brandis, erster Konzertmeister, der seine Sprößlinge in einem Spezialkindergarten auf Musen und Fremdsprachen vorbereitet.

Für einen angenehmen Ton untereinander sorgt auch Intendant Dr. Wolfgang Stresemann, deutscher Gentleman amerikanischer Staatsbürgerschaft. Ein Herr ohne Ellbogen, Ästhet, dem die Musik am Herzen liegt und der solches auch von anderen, die sich mit ihr beschäftigen, erwartet. Zu später Stunde befragt, wie die Freundschaft seines Vaters mit Briand entstanden sei, erzählt er: Der seinerzeitige Reichskanzler Müller habe in einer Konferenz die Leiden des deutschen Volkes so pathetisch geschildert, daß Briand ihn trocken unterbrochen habe: »Hören Sie auf, sonst weinen wir alle.« Darüber habe Außenminister Stresemann herzlich gelacht, was unmittelbarer Anlaß zu jener historischen Freundschaft gewesen sei.

Die Philharmoniker haben es als deutsche Botschafter im Ausland leichter als die Diplomaten. Daheim – so meinen sie – kämen sie eher ein wenig zu kurz. Weg will keiner. Der Klarinettist Alfred Bürkner, ein Jahr vor der Pension, erzählt: Damals, in den zwanziger Jahren, konnte jeder, der Geld hatte, die Philharmoniker mieten, um sie zu dirigieren. Sie mußten sich selbst finanzieren. Er bekam vierhundert Mark monatlich. Heute bekommt der junge Flötist an die 3000 Mark. Aber es gibt auch nur wenige, die genau wissen, um wieviel später die Fünfte beginnt, wenn Karajans Fäuste unten sind. Das bleibt das Geheimnis der Berliner Philharmoniker. *(30. 5. 70)*

Weil er die Menschen liebte

»Als ich anfing, war es ein großes Risiko, arme Leute zu malen, damals koofte keen Hammel so was – nich mal der Majistrat.« Fünf Jahre vor seinem Tode wurde Heinrich Zille auf Vorschlag Max Liebermanns mit dem Professorentitel in die Preußische Akademie der Künste aufgenommen. »Da paß ick überhaupt nich hin«, kommentierte der Sohn eines späteren Mechanikers bei Siemens aus Radeburg bei Dresden.

Als Sohn Heinrich neun Jahre alt war, rückte die Familie in eine der Mietskasernen der preußischen Hauptstadt ein. Morgen jährt sich Pinsel-Heinrichs Geburtstag zum 125. Male. Sein Lehrer Theodor Hosemann hatte ihm geraten, beobachten sei besser als nachmachen. Und Zille sah, wie er der Akademie anläßlich seiner Aufnahme 1924 in seinem Lebenslauf schilderte, »Szenen, wie sie Dickens im ›David Cooperfield‹ geschildert hat«.

Sein karges Brot verdiente er zunächst als Litograph bei einer fotografischen Gesellschaft, der er 30 Jahre diente und die ihn mit 50 entließ, weil er nach seinem Eindruck »billigeren und jüngeren Kräften weichen mußte. Nebenbei war ihnen meine Linksrichtung störend«.

So wurde er der mitleidvolle und schonungslose Schilderer des fünften Standes. Sein berühmtes Wort: »Man kann mit einer Wohnung einen Menschen genauso gut töten wie mit einer Axt« schrieb er in einer der deftigen sozialkritischen Schilderungen unter dem harmlosen Titel »Zwanglose Geschichten und Bilder«. Er beginnt sie mit einem Selbstporträt, zeichnend bei Nieselwetter in einer Gruppe seiner proletarischen Motive, von denen eines sagt: »Sie haben woll sonst keene Zeit, det se det noch bei'n Regen missen zurechtefingern!«

Er spricht von Menschen, »die ihrem Geschick nicht entgehen können, die das Resultat der heutigen und früheren Gesellschaftsordnung sind. Bedauernswerte, in der ›Charite‹ oder im ›Fröbel‹ geboren, finden ihren Lebensweg schon in harten Lettern vorgeschrieben... Eine Welt für sich, die man bekämpft, aber nicht heilt!«

Zilles Arbeit, seine Rotznasen und ungeschminkten Berliner Typen haben sicher vieles heilen helfen, auch wenn das Blatt »Fridericus« die Ehrung des Milljöh-Zeichners mit dem Stoßseufzer zur Kenntnis nahm: »Der Berliner Abort- und Schwangerschaftszeichner Heinrich Zille ist zum Mitglied der Akademie der Künste gewählt und als solcher vom Minister bestätigt worden. Verhülle, o Muse, dein Haupt.«

Zum 70. Geburtstag, eineinhalb Jahre vor dem Tode des Künstlers, veranstaltete das Märkische Museum eine Ausstellung. Am 22. Januar 1928 schrieb Zille folgende Empfehlung an das Museum: »Ich bitte, meiner Tochter, Frau Margarete Köhler geb. Zille, den Eintritt zu gewähren. Sie hat nur sonntags Zeit zum Besuch der Ausstellung.« Diese seine Älteste überlebte ihn am längsten. Der Sohn Hans starb schon 1934, Walter 1959. Margarete schrieb 1969 in einem liebevoll ausgestatteten »Dicken Zille-Buch«, das ihr Freund Gerhard Flügge im Ost-Berliner Eulenspiegel-Verlag herausgab und dem die Zitate entnommen wurden: »Wir waren stolz auf ihn, der niemals stolz gewesen ist. Wir liebten ihn nicht deshalb, weil er unser Vater war, sondern weil er die Menschen liebte und ihnen in Not und Bedrängnis half.« *(9.1.83)*

Die Vorlesung

Es war einmal eine Mutter. Sie trug Jeans, einen verwaschenen Anorak und eine große Einkaufstasche. Mit ihr kamen Hänsel, etwa sieben Jahre alt, keß, und Gretel, höchstens vier, in bunter Winterkleidung, verträumt. Sie heißen bestimmt ganz anders und werden auch nicht in den Wald geschickt.

Die drei fuhren gestern zusammen in einem großen gelben Bus. Sie waren zum Oberdeck hinaufgeklettert, der Junge voraus, natürlich. Das Nesthäkchen wurde behutsam auf die Querbank vorm Fenster gesetzt, der Junge daneben.

Die Kinder sahen nicht nach draußen, wie die große laute Stadt vorüberstuckerte. Das kannten sie schon. Was Mutter zu bieten hatte, war neu, obgleich es so alt ist.

Die Frau mit den Jeans holte ein abgegriffenes Buch aus der Tasche und las den Kindern eine Geschichte vor. Sie machte dabei ein sehr ernstes Gesicht, wie jemand aussieht, der seine Sache besonders gut machen will.

Der Bus bremste, fuhr ab, quietschte, schüttelte, kurvte. Leute kamen treppauf gestolpert, setzten sich und gingen wieder. Die Frau las und las.

Das Mädchen hatte das Kinn auf den Arm gelegt und hörte mit offenem Munde zu. Der Junge nickte mitunter, als kenne er die Geschichte schon oder sei mit einem Stück Handlung besonders einverstanden. Und wie ging sie aus?

Bevor die Geschichte zu Ende war, mußten die drei aussteigen. Die Erzählung aber geht weiter und weiter. Und wenn sie nicht gestorben ist? Nein, solche Geschichten sterben nie, man muß sie nur wecken.

Die Deutschen lieben es, einen Unterschied zu machen zwischen Kultur und Zivilisation. Also gut, wenn einer unbedingt will, dann war der BVG-Bus die Zivilisation und die Vorlesung auf dem Oberdeck die Kultur. *(14.2.84)*

Die Kinder vom Turm

Wer es ausprobiert hat, weiß es. Von der Plattform des Zehn-Meter-Turms bis zur Wasseroberfläche ist es ziemlich weit. Zehn Meter genau? Die Behauptung verriete den Theoretiker. Denn aus Blickhöhe vorm Abdrücken sind es zwischen elf bis fast zwölf Meter. Auch kommt einem die Plattform bei den ersten Versuchen, bevor man vorsichtig an die Kante tritt, viel kleiner vor, als von unten betrachtet. Dabei müßte es nach den Regeln der Optik umgekehrt sein. Wer wissen will, wie hart Wasser sein kann, braucht nur einmal ungeschickt einzutauchen. Daher hatte zu meiner Kinderzeit die obere Plattform des Sprungturms im Schwimmbad nur selten Besuch, wenn nicht der Verein am Abend übte. Wer es sonst wagte, Rittersmann oder Knab', fiel ungemein auf. Dies selbst noch zu der Zeit, als Jungen schon systematisch zur Vorbereitung auf »den Ernstfall« von Staats wegen zu Mutübungen ermuntert wurden. Einige Amazonen gab es auch.

Um so erstaunlicher, was sich heute an einem heißen Tag auf dem Turm eines Berliner Sommerbades tut, sobald der gestrenge Bademeister die obere Plattform für einige Zeit bei genauer Beobachtung und Abwicklung freigibt. Unten stehen sie alsbald Schlange vom Dreikäsehoch bis zu dem schon Breithüftigen, der das von früher noch drauf hat und es vor soviel Publikum wieder einmal wissen will. Tatsächlich, er dreht einen Anderthalben und wird durch Klatschen belohnt. Seine Bandscheiben werden es ihm hoffentlich nicht nachtragen.

Nun steht eine mit Mäuseschwänzchen oben. Keine Sekunde braucht sie zu dem Entschluß, sich fallenzulassen. An den Steuerbewegungen sieht man: Es ist nicht das erstemal. Die Freundin hat an der oberen Leitersprosse »Nu mach schon!« gerufen. Ein Steppke, vielleicht zehn, wirft sich kopfüber ins Bodenlose, als sei der zunehmende Luftwiderstand ein Sofakissen.

Dazwischen die Waghalsigen, die in der Luft Kapriolen schlagen und sich vorm Aufprall kaum die Mühe machen, den Körper wenigstens zur Bücke wie ein Taschenmesser zusammenzuklappen. Was sie ihrem Körper zumuten und zutrauen, deutet die turmhohe Fontäne an.

Doch die Kühnen gab es immer. Was imponiert, sind die Turmsprünge der Kinder, denen solches Wagnis nicht irgendwelche Geltung verschaffen soll, sondern Spaß macht. Er verrät eine Vertrautheit mit dem feuchten Element, wie sie nur durch viel Gelegenheit und Anleitung entsteht. Das Risiko, zumal unter Aufsicht, erscheint so vertretbar. Ein Ruf durch den Lautsprecher schneidet die Schlange am Turmfuß nun ab.

Es bleibt der Eindruck einer fröhlichen, ja lustvollen Bereitschaft zur Leistung, die man fördern oder darben lassen, annehmen oder auch verketzern kann. Nicht nur beim Turmspringen. *(7.8.82)*

Rendite eines Fünfzigers

In der Sparkasse ist Betrieb. Die Leute stehen Schlange nach Geld, ihrem Geld. Unter ihnen ein Steppke. Zehn mag er sein.

»Halten Sie mal meinen Platz frei, bitte?«, sagt er zu dem Mann hinter ihm.

»Gern, mein Junge.«

Der Junge geht zu einem der Pulte, füllt ein Formular aus und reiht sich wieder ein. Jetzt ist er dran.

Er reicht sein Sparbuch nebst Formular durchs Fenster. Der Angestellte prüft alles mit dem für Geldgeschäfte erforderlichen Ernst. Dann schiebt er, ohne mit der Wimper zu zucken, mit einem »bitte« Buch und abgehobenen Betrag in den Zahlteller.

Es ist ein Fünfziger. Nein, kein Schein. Ein 50-Pfennig-Stück.

Dem Mann dahinter verschlägt es fast die Sprache, aber nur fast. Er lächelt und fragt: »Wofür brauchst du denn das Geld?«

»Für'n Wassereis.«

»Wieviel hast du denn noch drauf?«

»Zehn Mark.«

Die Schlange hat das Zwiegespräch zum Teil mitbekommen. Die finanzielle Transaktion ist Anlaß zum Murmeln, dann Rufen wie in einem Börsensaal. Nur sind die Gesichter viel freundlicher.

Der Mann gibt dem Jungen zu seinem Fünfziger eine Mark. »Muß ja nicht unbedingt Wassereis sein«, sagt er und denkt an seinen Neffen, der immer mit Geld abgefunden wird, wenn die Großen ihn los sein wollen, und so lernt, großspurig zu werden.

»Dankeschön, mir schmeckt Wassereis. Darf ich die Mark trotzdem behalten?«

»Klar, Junge!«

Nee so was. Die Schlange wackelt vor Rührung. »Hier, Junge!« Zu der Mark kommen noch ein paar hinzu. Der Fünfziger rentiert sich.

Der Empfänger hat blanke Augen. »Danke, danke!« Und weg ist er.

Nachdem der Mann sein Geld abgehoben hat, sieht er draußen den Jungen mit den Resten einer Eisportion. Wassereis natürlich. Nun geht der Junge, noch einmal über die Lippen leckend, wieder in die Sparkasse. Der Mann ist gespannt und folgt ihm.

Am Tresen ist jetzt etwas mehr Luft. Der Junge ist schon dran. Er zahlt auf sein Sparbuch das Geld ein, das er zuvor von den Leuten geschenkt bekommen hat.

Das gibt's doch nicht. Doch. Das gibt's. Im heißen Berliner Sommer anno 1982. Ja ja, die heutige Jugend. *(8. 8. 82)*

Häuslich friedlich

Vom Klassenstandpunkt ist es ganz falsch, als Mieter einen Hauswirt nett zu finden. Doch schon als Kind lief das bei mir schief. Denn ich fand unsere Hauswirtin prima, einfach so. Energisch, sehr energisch war sie, aber lieb. Vaters Mietvertrag mit der Frau hätte meine Empfindungen bestimmt nicht korrumpieren können.

Dabei war es damals wirklich noch ratsam, solche Respektperson artig zu grüßen, auch wenn sie ein Drachen gewesen wäre. Doch hätte es dessen bei ihr nicht bedurft. Inzwischen haben der Fortschritt und der Gesetzgeber dafür gesorgt, daß der Mietvertrag nicht mehr die juristische Funktion eines sozialen Abhängigkeitsverhältnisses ist. Auch dank dem Sozialismus.

Wo und wenn Hauswirte sich skrupellos verhielten, haben wir hier schon kräftig Laut gegeben, als Mieterzorn sich noch nicht en gros organisierte. Es gibt Zustände privater Verhältnisse, die öffentliches Interesse erzwingen. Auch sehe ich bei aller Abneigung gegenüber zuviel Staat in der Regelung sozialer Beziehungen nicht ein, wieso es noch immer erlaubt ist, alte Mietwohnungen einzeln zu verscherbeln; es sei denn an den langjährigen Mieter, sofern er und nur er es wollte. Indes hänge ich der zugegeben altmodischen Ansicht an, daß der Klassenkampf es nie vermocht hat und nie schaffen wird, die Quote der Miesen unter den Menschen gruppenweise zu vermindern. Ob Mieter oder Vermieter, arm oder reich, dünn oder dick – das Sein beeinflußt zwar das Bewußtsein, nicht aber den Charakter, was Karl Marx auch gar nicht behauptet hat.

Daher gefiel mir der Brief einer Hauswirtin, die fröhlich und ein bißchen gerührt schilderte, wie harmonisch es in ihrem sozialen Wohnungsbau seit 20 Jahren zugehe und wie ihr das bestätigt worden ist. Natürlich habe es Veränderungen gegeben, Kummer und Freude, Tod und Geburten, aber nie nennenswerten Streit. Bis auf einen seien alles Erstmieter.

So habe sie – natürlich nur scherzhaft – die Renovierung des Treppenhauses als Jubiläumsgabe deklariert. Am nächsten Tage habe sie vor ihrer Wohnungstür eine Blumenschale und ein gedichtetes Dankeschön mit den Unterschriften aller Mieter vorgefunden. Da sei nun eine Kaffeetafel fällig, wenn die Maler fertig sind.

Natürlich schadet solche Verbrüderung dem Klassenstandpunkt, aber das ist leicht auszuhalten. *(13.4.83)*

Sokrates und Pythia

Hochrechner sind nicht so schlimm wie Atomraketen, aber sie gehen ständig los. Damit richten sie mitunter beträchtlichen Flurschaden an, sofern sie sich nicht auf die Gegenwart beschränken, sondern Schneisen in die Zukunft schlagen. Denn im Unterschied zum klassischen delphischen Orakel geben die Hochrechner vor, da sie mit exakten gegenwärtigen Zahlen arbeiteten, müsse auch ihre Prognose zutreffen, was Leichtgläubige verleitet, sich danach zu richten oder sich zumindest entsprechend zu fürchten.

Pythia war da viel zweideutiger, weshalb noch heute anerkennend von ihr gesprochen wird, während Hochrechner und sogenannte Räte der Weisen spätestens dann jedes öffentliche Interesse verlieren, wenn ihre Voraussagen unter die Räder der Gegenwart geraten sind.

Wissen Sie noch, wie uns durch Hochrechner klargemacht wurde, daß spätestens im Jahre 2000 jedes Durchschnittsgehalt allein für die Krankenvorsorgekosten drauf ginge? So wird es nicht werden. Sie können mir glauben, denn Fortschreibung nimmt nie zur Kenntnis, daß der Mensch am Rand eines Abgrunds anzuhalten pflegt, nicht immer, aber häufig.

Wissen Sie noch, wie die Energiefortschreiber uns die Kraftwerksschlote wie Spargel anboten, wenn wir nicht künftig tatsächlich auf den Strom aus der Steckdose verzichten wollten, der entgegen einem landläufigen Kalauer tatsächlich nur durch die Kraftwerksleistung garantiert wird.

Doch selbst wenn das eintreten würde, wäre es, jedenfalls hochrechnerisch, kein Problem, da zumindest wir Deutsche bald aussterben, wenn wir unsere gegenwärtigen Babies fortschreiben. Wer welche hat, sollte sie dennoch getrost hochpäppeln, obwohl sie rein hochrechnerisch nur für die Renten der Älteren arbeiten werden und selbst keine mehr zu erwarten haben.

Ungewißheit ist Schicksal und Chance des Menschen. Bloch hat es als Prinzip Hoffnung definiert. Das heißt nicht verdrängen, was jetzt schon schief läuft, zum Beispiel: Was nützt die schönste Furcht vor dem sauren Regen, wenn sie nicht alsbald zu bleifreiem Benzin führt, mit dem man in eine garantiert bessere Zukunft fährt, soweit es die Luft betrifft, von der wir leben.

Es wird zuviel über die ungelegten Eier gegackert. Wie sympathisch klang daher die Stimme eines befragten Fachmannes im Radio. Ein Reporter wollte von ihm wissen, wie das mit der Ärzteschwemme in den achtziger Jahren werde. Der Arzt als Sozialpatient. Der Mann gab ein paar plausible Anregungen. Ja und die neunziger? Antwort: Was wissen wir denn, was dann überhaupt ist.

So sagte er. Fabelhaft. Kein Hochrechner, kein Tiefstapler, nur ein Mensch, der weiß, was er nicht weiß. Sokrates und Pythia lassen grüßen. *(6.5.83)*

Das Lächeln der Vierblättrigen

Sehen wir der Gefahr ins Auge. Nicht nur Tannen und Fichten lassen die Zweige hängen. Auch wir sind sauer. Liegt es am schwefeligen Regen? Würden Kalktabletten helfen? Wie sagen die Wissenschaftler so vorsichtig? Es kommen mehrere Faktoren zusammen. Organische Wesen reagieren auf die Umwelt. Gehölze verlieren die Nadeln, wir den Humor. Symptom: Es wird weniger gelächelt.

Die Behauptung ist nicht das Ergebnis einer wissenschaftlichen Versuchsreihe oder auch nur systematischer Beobachtung. Verglichen mit Zeiten aber, in denen es uns deutlich schlechter ging, erscheint die Temperatur sogenannter zwischenmenschlicher Beziehungen kühler. Selbst eine ausgesprochene Zuwendungsbereitschaft zu bestimmten sozialen Gruppen ist nicht selten mit Feindseligkeit gegenüber anderen verbunden, die man nicht dazu zählt oder die gar – Gott behüte – eine abweichende Meinung geäußert haben.

Versuchen Sie einmal, unterwegs einem Lächeln zu begegnen, nur so en passant, oder gar einen Grußaustausch mit beigefügtem Namen zu erhaschen. Nicht, daß nach Süßholzrasplern gefahndet würde, aber wird nicht so manches »Tach« mit einer Miene gesprochen, als tue das Entbieten der Tageszeit weh?

Natürlich sind nicht die gemeint, die vorübergehend oder chronisch nichts zu lachen haben. Indes lehrt längere Lebenserfahrung, daß Frohsinn durchaus keine Funktion äußeren Wohlergehens ist. Umgekehrt läßt eine längere Wohlstandsperiode offenbar die Bereitschaft, bei Gelegenheit trotzdem zu lachen, erlahmen. Zudem gibt es ein Konfliktbedürfnis, das nach Anlässen suchen muß, wenn diese sich nicht aufdrängen.

Diktaturen pflegen politische Buhmänner aufzubauen, um vom inneren Druck Dampf abzulassen. Doch auch unter uns, die wir in der Spitze des Weltlebensstandards und vergleichsweise in einem Garten Eden politischer Freiheit leben, werden emsig und mürrisch Buhmänner gesucht, individuell wie kollektiv.

Wer über Jahrzehnte Leserbriefe bekommen hat, muß eine bemerkenswerte Verschärfung des Tons in einem Teil davon feststellen. Ignoriert wird häufiger, daß das Äußern einer Meinung eine andere voraussetzt, weil die Stellungnahme sonst gar nicht lohnte. Allerdings wird die Gegenäußerung nicht in Form der Beschimpfung erwartet, daß man es gewagt habe, anderer Meinung zu sein. Und Spaß verstehen, wenn es ernst wird? Das scheint hierzulande weiterhin schwerzufallen.

Um so auffallender die Ausnahmen, die aber mehr und mehr wie vierblättriger Klee in dem großen Feld erscheinen. Das Versauern muß an der Umweltverschmutzung liegen. Wie das zu ändern ist?

Da fällt mir Jacques Tüverlin, jener schweizerische Schriftsteller in Lion Feuchtwangers 1930 erschienenem Roman

»Erfolg« ein. Bayerische Zustände während der Inflationszeit werden episch und gesellschaftskritisch scharf analysiert. Tüverlin sagt:

»Karl Marx meinte, die Philosophen haben die Welt erklärt, es kommt darauf an, sie zu ändern. Ich glaube, das einzige Mittel, sie zu ändern, ist, sie zu erklären... Sie mit Gewalt zu ändern, versuchen nur diejenigen, die sie nicht erklären können.«

Oder um noch weiter zurückzugreifen. Altes Testament, Prediger Salomon: »So sah ich denn, daß nichts Besseres ist, als daß ein Mensch fröhlich sei in seiner Arbeit, denn das ist sein Teil.«

Wer anderer Meinung ist – nicht sauer reagieren, lächeln!

(30.12.84)

Defruster gefragt

Es ist kein Setzfehler. Nicht Defroster sind gemeint, damit wir endlich wieder über Null kommen, oder etwas Ähnliches, eben Defruster. Mitmenschen oder Geräte, um den Frust abzutauen, der die Menschen heute befällt wie Rauhreif frühe Knospen.

Frust ist bekanntlich die von dem lateinischen Wort für vergeblich (frustra) abgeleitete Kurzform der Frustration für die Selbstdiagnose des Seelenlebens. Der Frust ist Symptom einer epidemischen Zeiterscheinung, die Welt auch dann mies zu finden, wenn man dazu persönlich wenig Anlaß hat.

Da war im Radio beispielsweise der vielversprechende Jung-Berliner, von dem ein gewichtiges Statement zum Streit über den Spielplatz auf der Nobel-Halbinsel Schwanenwerder eingeholt wurde. Warum er just diesen Platz für seine Selbstverwirklichung benötigt? Komische Frage: »Sonst häng ick rum. Wat soll ick denn mit meine Freizeit machen?«

Es gibt Menschen, die herzlos genug sind, da nicht recht mitleiden zu können, nur weil sie in dem Alter so wenig Freizeit hatten, daß sie sich davor jedenfalls nicht fürchteten.

Früher lachte man sogar über den Satz: Meine Sorgen möchte ich haben.

Heute hört man über den Äther auch von einer erwachsenen und gesunden Frau, die unzufrieden ist, was ein vergleichsweise harmloses Massenschicksal wäre. Doch sie weiß nicht warum. Entsetzlich. Als Grund zu vermuten, daß sie eben keinen Grund hat, wäre eine Mißachtung des Frusts als Indiz für gesellschaftliche Fehlentwicklungen. Denn schuld sind soziologisch immer die anderen.

Als dritter sei der Jüngling in den Zeugenstand gerufen, der auf die eher routinemäßige Frage eines älteren Verwandten: »Wie geht's denn?« mit umwölkter Stirn antwortete: »Wie soll es einem Angehörigen der heutigen Jugend schon gehen?« Unverkennbar meinte er damit nicht etwa »gut«, weshalb in zudringlicher Weise nachgehakt wurde, er möge mitteilen, wo es denn fehle. Als ob der Frust konkreter Anlässe bedürfte.

Zugegeben, die irdische Welt, ohnehin seit Menschengedenken ein Jammertal, hat sich mit erfolgreichem Basteln inzwischen ihre eigene Selbstvernichtung ermöglicht, eine Chance, mit der sie sogar zu spielen beginnt. Wen grauste nicht davor, obwohl es die Leute im Kino gern sehen. Alle anderen Sorgen hatten die Menschen schon immer. Indes verstanden sie sich weniger gut aufs Jammern, weil es ihnen nicht von morgens bis abends eingebleut wurde.

Vielleicht sollte über die Medien auch einmal mitgeteilt werden: Die Förderung des Frusts behindert ernstzunehmende Kritik, weil sie deren Maßstäbe vereist. So sind die Defruster eigentlich auch Defroster. *(21.2.85)*

Verstand Goethe Bahnhof?

»Bei einem Wort wie Bahnhof hätte der Geheimrat vermutlich nur Bahnhof verstanden.« Das liest sich hübsch, doch liegt der »Spiegel« mit diesem Wortspiel in seiner jüngsten Ausgabe schief. Der Autor kennt offenbar ein berühmtes

Zitat aus Goethes Gesprächen mit Eckermann nicht oder hat es vergessen. Dabei wollte er es einem Kollegen gründlich besorgen.

Anlaß des Artikels des Frankfurter Satirikers Robert Gernhardt in dem Hamburger Nachrichtenmagazin ist die Panne des Feuilletonchefs der »Zeit«, Raddatz, in einem Leitartikel zur Buchmesse, worüber Feuilletonisten und Leser sich seitdem hämisch hermachen. Die Mitherausgeberin der »Zeit«, Gräfin Dönhoff, sah sich sogar zu einem außergewöhnlichen Rüffel für die blamable »Schludrigkeit« ihres »Feuilletonchefs, der nicht lesen kann«, veranlaßt.

Raddatz hatte die parodistische Absicht eines Autors der »Neuen Zürcher Zeitung« verkannt und einen angeblichen Goethe-Ausspruch verwendet, daß den Verlegern zuliebe seinerzeit hinter dem »Bahnhof« in Frankfurt die »Schreberhäuslein« niedergelegt worden seien. »Goethe und Bahnhof – wie denn das?« zürnt die Gräfin. Die Idee des Leipziger Arztes Schreber (1808-61) hatte auch erst lange nach dessen und natürlich Goethes Tode gezündet. Peinlich. Raddatz braucht für den Spott nicht zu sorgen.

Doch haben die Spötter im Eifer des Wortgefechts Goethe unterschätzt. Zwar wurde der Olympier zur Zeit der Postkutsche geboren und zu Grabe getragen, doch von gestern war er nie und immer umfassend im Bilde, was damals nicht einfach war. Gegenüber Eckermann rühmte er denn auch Männer wie Alexander von Humboldt, die ihn an einem einzigen Tag weiterbrächten, als er es auf seinem einsamen Wege in Jahren erreichen könnte. Ob Goethe Bahnhof verstand?

Als die erste Dampflokomotive in England gebaut wurde, war er noch keine 55. Und als er, 79 Lenze alt, am 23. Oktober 1828 mit Eckermann sein berühmtes Gespräch über die Einheit Deutschlands führte, war der erste Dampfgüterzug in England schon drei Jahre auf Achse. Der über seine Zeit und enge Grenzen stets hinausblickende großherzogliche Geheimrat äußerte daher, bestens informiert, gegenüber seinem Sekretär: »Mir ist nicht bange, daß Deutschland nicht eins werde; unsere guten Chausseen und künftigen *Eisenbah-*

nen werden das Ihrige tun.« Der Prophet behielt recht, und er gilt etwas in seinem Vaterlande. Journalisten sollten immer Goethe selber fragen, bevor sie ihn interpretieren. Er verstand mehr als Bahnhof. *(23.10.85)*

Fahrstuhlgefühl

Tür schließen, Knopf drücken. Gleich geht's los. Und schon spürt man es, das Fahrstuhlgefühl. Nein, nicht die Wirkung auf das Gleichgewichtsorgan ist gemeint, jedenfalls nicht das im inneren Ohr. Es geht um den seelischen Druck, und er nimmt mit der Zahl der passierten Stockwerke zu, allerdings nur, wenn man im Lift nicht allein ist.

Sind es mehrere Personen, tritt die Empfindung ganz schwach auf, je nach Sensibilität kaum merklich. Bei nur zwei einander fremden Benutzern aber wird das Fahrstuhlgefühl akut. Das Schweigen scheint immer lauter zu werden, lastender.

Kann ich mit einem anderen auf engem Raum zusammengesperrt sein, ohne die sogleich auftretende Spannung durch ein Wort zu lösen? Wird das bei Verschiedenheit des Geschlechts falsch verstanden? Muß es einem Manne bei solcher Nähe gegenüber einer Frau als Annäherungsversuch gedeutet werden?

Aber ist es nicht einfach stur, keine Bemerkung in solches Vakuum fallenzulassen? Jedenfalls ist es großstädtisch.

Wir sind gewohnt, aneinander vorbeizugehen, -zufahren und -zuleben, ohne Kontakt aufzunehmen. Ja, das ist auch ein unschätzbarer Vorzug der Großstadt. Jeder kann sich heraussuchen, wen er kennen will und wer ihn kennen soll.

Indes gibt es Situationen, in denen diese Fremdheit befremdet. Im Fahrstuhl wird es am deutlichsten. Hier ist das zufällige Miteinander für Sekunden so stark, daß die Kontaktlosigkeit zumindest durch Funken überbrückt zu werden scheint. Wer das erste Wort findet, merkt meist, daß der (die) andere das auch als eine Lösung empfindet. Warum nur im

Fahrstuhl? Auch bei weniger räumlich bedingter Gelegenheit bringt manches kurze ungezwungene Zwiegespräch eine menschliche Berührung, und sei es nur ein etwas ausführlicheres Dankeschön für eine entgegenkommende Geste.

Shepard Stone, der amerikanische Berliner Ehrenbürger, erzählte mir einmal, er pflege bei Spaziergängen am Havelstrand entgegenkommende Fremde zu grüßen, so wie auf einem Dorf auch Zugereisten mitunter die Tageszeit entboten wird. Die so bedachten Berliner Strandläufer seien darüber verblüfft, denn unter deutschen Großstädtern ist so etwas auch außerhalb der eigentlichen Stadt nicht üblich.

Solch kurze Verbindung ist unverbindlich, läßt aber beiderseits ein angenehmes Gefühl zurück. Warum nicht selbst den Anfang machen – nicht nur im Fahrstuhl. *(13.12.87)*

Gruß als Zeitzeichen

Für einen Bayern oder Schwaben muß das immer wieder ein Schock sein. Er begrüßt einen Ex-Preußen mit einem vernehmlichen »Grüß Gott« und bekommt zu hören: »Tach«.

Auch unter Nordlichtern klingt das mehr wie ein Krankheitssymptom, wie ein Huster, nicht wie ein Gruß, soll dieser doch selbst als Floskel noch ein Entgegenkommen ausdrücken.

»Tach« hört sich nicht nur schrecklich an, sondern ist auch ausdruckslos. Einen Tag brauche ich niemandem zu wünschen. Den hat er schon. Ein guter soll es sein.

Haben Sie schon einmal einen Spanier nur »dias« sagen hören? Das »buenos« fehlt nie, selbst wenn der Señor dabei dreinschaut wie Don José, bevor er Carmen tötet.

Den Friesen wird nachgesagt, auch für »Guten Abend« dankten sie nur mit »Moin«. Doch gehört das wohl mehr in die Sparte landsmannschaftlicher Legende. Immerhin hört es sich besser an als »Tach«, das in seiner kehligen Einsilbigkeit zudem den Eindruck vermittelt, der Grüßende bedauere den Zweck zum Gruß.

Dabei wird in der unbestimmten Frustration unserer Hochzivilisation vergessen, daß der Gruß unter Fremden ursprünglich die Bereitschaft zur friedlichen Annäherung bekundete. Im arabischen »Salem« und im hebräischen »Schalom« ist es wörtlich überliefert und erhalten.

Gewiß sind das alles Formeln, die sich im Alltag abschleifen. Symbolisiert es aber nicht auch ziellose Hast bei immer mehr Freizeit und grassierende Mürrischkeit unter materiell günstigen Bedingungen, wenn das Grüßen verkommt?

Direkter gefragt: Liegt das Verschlucken des »Guten« beim Entbieten der Tageszeit daran, daß es uns »zu gut geht«?

In wieviel finstere Gesichter muß heute mancher blicken, der schlechtere Zeiten mit weniger grimmigen Physiognomien erlebt hat. Dabei ertappt er sich selbst schon beim »Tach« und erschrickt über das Echo im eigenen Hinterkopf.

Will Ihnen da einer gedankenloses Keep-smiling aufnötigen? Begreift er denn nicht, daß nur ernst dreinschauen kann und Äußerlichkeiten vernachlässigen muß, wer die Gegenwart wirklich – wie heißt das heute so schön – hinterfragt?

Meine Mutter, die alles andere als eine Plaudertasche war, hätte einen, der »Tach« sagt, schlicht maulfaul genannt. Auch »hm« statt »ja«, konnte sie nicht leiden. Sie sagte dann immer: »Hm ist ein Sommerwort, da kommen einem keine Fliegen in den Mund.«

Gut, aber ist auch maulfaul, wer »tschüß« sagt? Das ist schon akustisch etwas anderes. Obwohl einsilbig, klingt es freundlich, zumal man es, anders als »Tach«, beliebig dehnen kann.

Versuchen Sie einmal, mit bierernstem Gesicht »tschüß« zu sagen. Falls einer das schafft, wirkt er komisch. Dabei ist »tschüß« ein verballhorntes »adieu« oder »adiós«, also das französische oder spanische »Grüß Gott«. Auch ein internationales »Hallo!« hört man gern.

Um den schönsten Gruß »Auf Wiedersehen« wäre es allerdings schade. Fünf Silben. Ja, man muß sich dafür beim Abschied Zeit nehmen. Das »auf« läßt sich allenfalls entbehren.

Aber wirklich: Auf die Wörter kommt es nicht an. Der Ton macht den Gruß und ist auch ein Zeitzeichen. *(17.4.88)*

Den Gegnern alles Gute

So viele Menschen, so viele Meinungen. Das ist gut so. Besser noch, wenn sie sagen, was sie meinen, aber auch zuhören, wenn der andere seine Meinung hat. Ein bißchen recht hat fast jeder.

Das empfindet man besonders beim Beobachten intelligenter und wortgewandter Partner in öffentlicher Diskussion. Der Zuhörer steht wie auf einer Sandbank, die von Flutwellen überspült wird. Er spürt, wie der eigene Standpunkt schwindet. Mal muß er auf dem einen Fuß nachgeben, dann auf dem anderen. Wer zuletzt spricht, hat »am rechtesten«.

Man sollte sich solche Offenheit nicht als Schwäche, als Haltlosigkeit verargen, sondern als Aufnahmebereitschaft pflegen, sofern sie zur neuen Selbstfindung genutzt wird.

Unsere Ordnung beruht auf dem Austausch der Meinungen, dem Streit als Funktion des Kompromisses und der Wachsamkeit. Das heißt nicht Kultivierung des Wankelmuts, sondern Anerkennung eines *Fehlbarkeitsdogmas* als Grundgesetz der undogmatischen Gesellschaft. Nur am Stammtisch hat jeder recht und kann darauf trinken, daß immer nur die anderen irren.

Wer bis dahin gefolgt ist, wird zugestehen, daß man intelligente Gegner als Freunde schätzen muß. Nicht daß man sie duzte oder geneigt wäre, mit ihnen Bruderküsse auszutauschen, was bei Schwestern ohnehin mißverstanden werden könnte. Doch sie helfen einem weiter, auch wenn es nur menschlich ist, das nicht immer zuzugeben.

Schon gar nicht sind Gegner mit Feinden zu verwechseln, die einem übel wollen. Viel Feind – viel Ehr? Ein sehr teutsches Sprichwort, das Misanthropen auf ihre Fahne schreiben mögen; auch wenn Lebenserfahrung zu der Einsicht zwingt, daß Neid und Mißgunst das Miteinander chronisch vergällen, daß es vielen schwerzufallen scheint, anderen Gutes zu gönnen.

Da kam ein Weihnachtsgruß aus München gerade recht – freilich von einem Freund, der kein Gegner ist. Die Karte zeigt ein zur Jahreszeit äußerst unpassendes Motiv. Ein etwa dreijähriges strahlendes Pärchen, Seppl und Dirndl, Hand in Hand auf einer blühenden sommerlichen Almwiese vor ragender Bergwelt. Aufschrift: »Bloß koa Neid!«

Wenn es dem Menschen schlechtgeht oder er andere leiden sieht, wird er menschlicher, selbst in der satten Hochzivilisation. Ein armer Armenier? Wie weit ist er weg. Ein durch Katastrophe betroffener unglücklicher Armenier? Ein Nächster.

Soll man nicht sogar seine Feinde lieben wie sich selbst? Das ist Religion. So wie das Wort des Sokrates: »Ich weiß, daß ich nichts weiß.« Philosophie. Es ist schon viel erreicht, wenn es gelingt, anderen kein Feind zu sein und selber nur Gegner zu haben, die es glauben, wenn man ihnen ohne Schmus persönlich alles Gute wünscht. *(25.12.88)*

Der Knopf fürs Lächeln

Werden die Begegnungen mit einem fremden Lächeln, behüte gar einer Höflichkeit oder einer lustigen Bemerkung seltener? Täuscht die Beobachtung, daß die Leute für kleine Freundlichkeiten weniger empfänglich sind, ja mitunter gar nichts damit anfangen können oder jedenfalls so aussehen?

Ist es eine Folge der stärkeren Umweltreize und Ängste, die auf unser Lebensgefühl einwirken? Kann eine(r) über die kesse Bemerkung eines Markthändlers noch schmunzeln, wenn er (sie) gewohnt ist, von Show-Stars alltäglich professionell unterhalten zu werden oder einer Talkshow mehr oder weniger Prominenter, einer Gesprächsschau (!), passiv beizuwohnen?

Wollen die meisten in Ruhe gelassen werden, bevor sie sich wieder per Knopfdruck individuell von einem Roboter bedienen lassen oder sich kollektiv, aber isoliert in das Massenamüsement einschalten, sofern es ihnen gelingt, auf 17 oder mehr Kanälen rechtzeitig das Richtige zu finden?

Ist es ein Naturgesetz, daß der soziale Kontakt im gleichen Maße abnimmt wie die technischen Kommunikationsmöglichkeiten zunehmen? Ärger noch: Werde ich mit Möglichkeiten ausgestattet, die meine Bedürfnisse inzwischen weit übersteigen, mich irritieren oder letztlich uns alle, so wie wir nun einmal »programmiert« sind, überfordern?

Um die Worte nicht allzu groß erscheinen zu lassen, nehmen wir ein schlichtes Beispiel. So ein Diensttelefon war früher lediglich dafür geeignet, Gespräche zu vermitteln, auch per Knopfdruck an einen weiteren Partner. Darauf war man bald eingestellt. Inzwischen hat das elektronische Tastending Fähigkeiten intus, die mancher zu selten braucht, als daß er sich die Handhabung einprägte. Rückruf bestellen, makeln, Rundruf schalten, Briefkasten abfragen, Zeit nehmen, obgleich man spätestens seit der Konfirmation eine Armbanduhr hat. Speichern nicht zu vergessen.

Wie war das doch gleich mit dem Löschen? Wo haben wir denn die idiotensichere Anleitung? Denn in der zweiten Reihe brennt ein Lämpchen, das jedem Versuch trotzt, es auszuschalten. Die Knopfdruckfolge wird offensichtlich nicht beherrscht. Auf dem »Display« erscheint die sachliche Feststellung »Nicht möglich«. Je öfter, desto mehr sieht es aus, als wolle einen das Ding verspotten, weil man nicht auf der Höhe der Zeit ist, weil man die verlorene sucht.

Was denn? Will er behaupten, beim modernen Telefonieren verginge einem das Lachen? So auch wieder nicht. Aber haben wir inzwischen nicht mehr Knöpfe für unsere Bedienung, als wir nutzen können? Geht der Überfluß, die »Redundanz«, an Bequemlichkeit nicht zu Lasten der Gemütlichkeit in der weitesten Bedeutung des Wortes?

Wir können inzwischen mehr, als wir eigentlich wollen und sollten. Wir fragen uns, ob wir es dürfen, wenn wir dank Gen-Manipulation sogar die Frage stellen: Wie hätten Sie ihn denn gern, den Menschen? Bitte bedienen Sie sich! Sind die

Autos nicht schneller, als es uns guttut? Wird bei der Datenverarbeitung nur Strom oder auch Humanität verbraucht?

Wie freut es einen daher, wenn etwas einfach klappt. Der Ton liegt auf einfach. Da ist in einem Polizeiabschnitt der Warteraum überfüllt - wegen der neuen Ausweise. Das kann ja heiter werden. Doch es geht wie am Schnürchen. Wartenummer aus schlichtem Automaten. Licht- und Glockensignal für den Aufruf mit Zimmerangabe. Hinweis in Großbuchstaben auf die günstigsten Besuchszeiten. Nichts Überflüssiges. Routinierte, rasche, aber freundliche - nein nicht Abfertigung, sondern Bedienung. Besser geht's nicht. Das freut einen. Freut's alle?

Komisch: Den meisten sieht man es nicht an, daß sie es so gut treffen bei einer Behörde. Womöglich braucht der Mensch heute auch schon einen Knopf, damit auf seinem personalen »Display«, dem Gesicht, ein Lächeln erscheint, statt des imaginären Ausdrucks: Nicht möglich! *(12.2.89)*

Zum Nutzen des Mutterlandes

Was er sich von den Frauen verspreche. Walter Momper wurde es im Fernsehen gefragt. Fähigkeit zum Mitleiden statt kalter, glatter Geschäftigkeit, wie er sie immer wieder erlebt habe. Eine für den neuen Regierenden typische Antwort. Keine Worthülse, kein Pathos, kein Sonntagswort vaterländischen Sendungsbewußtseins, sondern Bekenntnis zu einer pragmatischen Politik, wie sie vor allem mit Frauen gemacht werden kann.

Das stimmt auch im Rückblick. Louise Schröder, Ella Barowsky, die ehrenvoll gescheiterte Ella Kay, Hanna-Renate Laurien mit Abgangspatzer, Rita Süßmuth. Selbstbewußt aber nie aggressiv. Doch waren das und sind zumeist weibliche Solitäre in der Fassung männlicher Politik. Kürzlich wurde hier unter Berufung auf Fontanes Stechlin Genugtuung geäußert, daß die Politik allmählich weiblicher und das von den Männern (im Sinne einer historischen Anspielung auf Maria Theresias Thronfolge) »pragmatisch sanktioniert« werde.

Vier Monate später ist es Berliner Wirklichkeit, eine Weltpremiere. Denn unter demokratischen Kabinetten ist uns bisher nur Norwegens Regierung unter Frau Dr. Brundtland vergleichbar in Erinnerung. Deren Weltrekord mit acht Frauen unter 18 Kabinettsmitgliedern wäre nun gebrochen.

Auch wer Rot-Grün nicht traut, wird einräumen müssen, daß der Überraschung des Wahlergebnisses die Verblüffung über die reibungslose Bildung einer so beispiellosen Regierungsriege folgte. Das zeugt von Politikfähigkeit und belegt das Durchsetzungsvermögen des Spitzenmannes unter denkbar schwierigen Umständen. Beeindruckend auch die Entschlußfähigkeit der binnen Stunden für ein solches Risiko verpflichteten Frauen.

Den Eindruck von »Quotenfrauen«, die nach einem Bonmot Frau Adam-Schwaetzers lediglich von einer »positiven Diskriminierung« profitiert hätten, machen sie nicht. Daß wir Vorbehalte gegen Senatoren welchen Geschlechts auch immer haben, die aus ideologischen Gründen die Grammatik unserer Muttersprache (Frau Klein) oder das Beamtenrecht ignorieren (Frau Volkholz), versteht sich von selbst.

Solche Fehlstarts stellen Kompetenz und Verantwortungsbewußtsein in Frage. Regieren ist schwieriger als Opponieren. Ein Feministerium wäre bei aller Notwendigkeit, die Lücken weiblicher Gleichberechtigung in der Praxis zu schließen, nicht das, was wir uns von einer weiblich akzentuierten Politik versprechen: mehr Geduld, mehr Zuhören, weniger Gockeln, weniger Scheinheiligkeit. Solche Gedanken sind auch der Opposition nicht fremd. Buwitt als einer der Horrorvisionäre schaffte seine Wahl als Diepgens parlamentarischer Adlatus nur knapp. Sechs Abgeordnete der CDU gaben den falschen Kassandras der eigenen Coleur eine Ohrfeige, indem sie in einer angesichts der Konfrontation wiederum beispiellosen Nutzung der Gewissensfreiheit des Abgeordneten zugunsten einer AL-nominierten Senatorin mit besonders zukunftsträchtiger Aufgabe ein Signal setzten.

Je mehr die Männer auf Frauen hören, die etwas zu sagen haben, desto weiter entfernen sie sich von den Stammtischen. Das kann unserem Mutterlande nur nützen. *(19.3.89)*

Mut zum Gemüt

Sprachlich sind sie blutsverwandt. Das Gemüt stammt vom Mut. Vielleicht sollten wir das als Aufforderung verstehen, uns ein Herz zu fassen, Gemüt auch zu zeigen, denn irgendwie haben wir es alle. Es ist zugleich Sitz und Summe der damit ausgedrückten Empfindungen. Nur zum Zeitgeist paßt es nicht. Cool ist Mode, kühl oder hitzig, aber nur nicht gemütlich.

Was würden die Leute staunen, begrüßte einer den Lenz in einer österlichen Talkshow mit Heinrich Heine: »Leise zieht durch mein Gemüt liebliches Geläute« (»Neuer Frühling«, 1831. Vertont von Mendelssohn-Bartholdy). Klingt das heute noch? Manchem fallen womöglich eher die jungen Leute ein, die am Gründonnerstag in eine Kreuzberger Kirche eindrangen und die Glocken läuteten. Wie sie der Polizei sagten, wollten sie einmal auf sich aufmerksam machen.

Gravierender noch der Einwand, zwar blühten auch heute blaue Blumen wie eh und je, aber nicht die der Romantik. Und dennoch: Ist Heinrich Heines Formulierung »Aus der Tiefe seines Gemüts«, die er in einem Bericht über eine Pariser Gemäldeausstellung verwendete, wirklich nur ein Ausdruck längst verblichenen Zeitgeistes? Ändern sich die menschlichen Grundbedürfnisse oder werden sie nur nicht mehr befriedigt?

Gemütlich – dieser ungemein deutsche Begriff wurde nach Auskunft des Duden im 18. Jahrhundert gebräuchlich. In anderen Sprachen wie Englisch und Französisch wird er umschrieben (»sich wie zu Hause fühlen«, »wie man es gern hat«) oder mit Worten bezeichnet wie bequem, herzlich, die nur einen Teil unseres »gemütlich« decken. Auch die Verneinung »ungemütlich« beschreibt viel mehr als Unbequemlichkeit. Daß beim Geld die Gemütlichkeit sprichwörtlich aufhört, spricht Bände.

Wenn es Merkmale nationaler Mentalität gibt, so gehört dazu das deutsche Bedürfnis, es sich auch unter ungünstigsten Bedingungen so schnell wie möglich gemütlich zu machen. Unvergessen die rührenden Versuche in schlimmen Zeiten, selbst eine Notunterkunft auf fast verzweifelte Art wohnlicher zu gestalten, und sei es nur mit einem Birkenholzrahmen um ein Foto der Familie.

Allerdings zeigt sich darin auch eine Tendenz, die Gemütlichkeit den eigenen vier Wänden zuzuordnen, zum Rückzug auf das Ich, allenfalls die nächsten Angehörigen eingeschlossen. Am Arbeitsplatz, wo man seine Leute auch kennt, zeigt sich routinierte Kollegialität oder Kumpelhaftigkeit. Das Du ist dort billige Scheidemünze geworden - ohne viel Gegenwert.

Mut zum Gemüt bedarf keiner Bekanntschaft oder der Vertrautheit. Er kann sich in einem Signal zwischen Fremden bei flüchtiger Begegnung zeigen, in einem Erkennen der Bereitschaft des anderen, nicht nur Passant zu sein, vorüberzugehen. Gemütsmensch - ist es nicht seltsam, daß dieser Ausdruck meist nur ironisch gebraucht wird?

Dabei suchen wir ihn eigentlich alle, den Gemütsmenschen, in uns selbst und unter denen, die uns scheinbar nichts angehen oder anderer Meinung sind als wir. Indes leben wir heute zwar immer bequemer, aber immer ungemütlicher. Würden sonst zur Unzeit die Glocken läuten?

(26. 3. 89)

Diebe der besseren Art

Mag sein, daß wir nur wenig Taschendiebe zu unseren ständigen Lesern rechnen können. Vielleicht aber spricht sich der folgende Appell in Langfingerkreisen herum. Es gilt im beiderseitigen Interesse, der Opfer wie der Täter, einen unangenehmen Sachverhalt möglichst reibungslos zu regeln.

Allerdings denken wir dabei nicht an kriminelle Vereinigungen, die mit einer Brieftasche nicht nur das Geld entwenden. Gemeint sind Individualisten, die der Gelegenheit, welche Diebe macht, nicht widerstehen können. Da trägt eine Frau ihre Einkaufstasche offen durchs Gedränge oder in der Gesäßtasche prall enger Jeans läßt einer ein Stück seiner Identität, Kreditwürdigkeit, Kraftfahrtüchtigkeit und Barschaft zum Bedienen herausgucken.

Also gut, oder besser gesagt, schlecht: Sie haben solch jungem Mann das Ledertäschchen unbemerkt entwendet und das Geld entnommen. Die Beute war eher enttäuschend. Was tun mit dem Rest, den für das noch ahnungslose Opfer so wichtigen und nur unter erheblichem Ärger und Zeitaufwand wiederzubeschaffenden Papieren?

Sie überlegen tatsächlich. Sie sind wiederum oder erstmals straffällig, wie die Juristen sagen, aber kein Ausbund an Schlechtigkeit. Es regt sich, was man altmodisch Gewissen nennt, und verursacht Mitgefühl mit dem Opfer.

Den Schreck und den Vermögensnachteil wollen Sie ihm nicht ersparen, wohl aber den Verlust all dessen, mit dem Sie nichts anfangen, weil Sie zum Glück für das Opfer nur die schnelle Mark interessiert. Wohin also mit Ausweis, Führerschein, Fahrzeugschein, Scheckkarte, Kreditkarte, Postsparbuchkarte, ein paar Erinnerungen?

Nun würden Sie es für eine Zumutung halten, dem Bestohlenen die Papiere selber zuzuschicken und womöglich von dem erbeuteten Geld auch noch das Porto zu zahlen. Würfen Sie die Brieftasche einfach weg, würden Sie womöglich noch dabei beobachtet. Tun Sie also bitte, was sich in der Praxis just wieder bei besagtem jungen Mann bewährt hat, der fern der Heimat Geschäften nachgeht.

Die örtliche Polizei hatte ihm nach Meldung des Verlusts routinemäßig erst einmal empfohlen, abzuwarten. Die Ordnungshüter kennen ihre Pappenheimer. Das Sperren der Kontokarten genüge erst einmal.

Tatsächlich: Nach Tagen ein dickes Kuvert von der Bundespost im Briefkasten der Heimatadresse. Die Brieftasche.

Alles drin außer dem Geld. Das empfindet der Empfänger ohnehin als eine Art Finderlohn für den Dieb.

Die Post hatte die Fundsachen einem ihrer Straßenbriefkästen entnommen. Sie erledigte die Zustellung mit gewohnter Sorgfalt von Amts wegen, sogar ohne Gebühr.

Also, Ihr Diebe der besseren Art, macht Euch die geringe Mühe, das entleerte Objekt Eurer unbürgerlichen Begierde in den nächsten Postkasten zu werfen. Nicht nur all die Opfer werden es zu danken wissen, die Bundespost wohl weniger. Doch der Staatsapparat und somit die Steuerzahler, sparen Kosten. So ist eigentlich allen geholfen. *(23.6.89)*

Unter Menschen

Immer wenn man argwöhnt, nun könnten sogar die Berliner ihren Humor verlieren, wird man eines Besseren belehrt.

Keine Bange – nicht von der politischen Lage ist die Rede, etwa von Volksvertretern, die auch dank Gnade der späten Geburt offenbar noch nichts wirklich Schlimmes erlebt haben; nein, vom Alltag, der doch das eigentliche Leben ausmacht. Tucholsky sprach von verbrühter Milch und Langeweile. Also: Da stehen Mitmenschen in einer Meldestelle und warten. Hinter dem Tresen zwei Frauen, die seit Stunden tippen, erklären, vergleichen, beschwichtigen, telefonieren, auch einmal einem hereinstürmenden Kollegen sagen: »Nein, jetzt nicht, siehst du doch!«

Und als gerade mal Zeit ist zum Luftholen, sagt die eine zur anderen, wobei sie strahlt, als packe sie ein Geburtstagsgeschenk aus: »Weißte, was ich jetzt nicht mehr sehen kann – Menschen!«

Sie sagt es aber, wobei sie die Arme in die Seiten stemmt, so, daß die Menschen im Raum verständnisvoll schmunzeln und sich durchaus nicht persönlich getroffen fühlen.

Das scheint sie mit Genugtuung bemerkt zu haben und setzt fort: »Bald haben wir's geschafft, zu Hause verkrieche ich mich aber.«

Man meint direkt zu sehen, wie sie in den Couchsessel fällt.

Die Kollegin indes schaut drein, als mutmaße sie Arges. Dann sagt sie, was eben so nur in Berlin gesagt wird: »Na und wer wird kommen, wenn du gerade gemütlich abschlaffst? Dein Mann – ooch 'n Mensch!« *(11.3.89)*

Andere Länder...

Das Berufsproblem des Journalisten, zumal in einer Welt zunehmender und äußerst verästelter Spezialisierung, ist, daß er zu wenig von zu viel weiß. Er ist in der Dämmerung der untergehenden Allgemeinbildung der Fachmann fürs Universelle. Nicht immer hilft ihm dann, wofür er überdurchschnittlich begabt sein muß, die Neugier und das schnelle Zurechtfinden auf unbekanntem Gelände. Immerhin bewahrt es ihn vor Fachidiotentum und Betriebsblindheit. Dabei helfen vor allem die Gelegenheiten zur Horizonterweiterung über das engere Arbeitsgebiet hinaus, so die Auslandsreisen zum Eichen des Maßstabs, zur Vermeidung regionaler Kurzsichtigkeit. Natürlich wird keiner im Zeitraffer einer Dienstfahrt über einen Kontinent ein Alexander von Humboldt, aber der Fremde sieht mitunter, zumal wenn es professionell geschieht, das Typische deutlicher als der schon daran Gewöhnte.

Sind die Engländer Europäer?

»Es ist kein Zufall, daß Darwin ein Engländer war. Sehen Sie, die körperliche Auslese auf der Insel ist noch heute sehr streng. Erstens essen die Leute hier nicht sehr gut. Zweitens pumpen sie sich von morgens bis abends mit Tee voll, mit zuviel Flüssigkeit also, die auch noch ein Gift enthält, zum dritten heizen sie ihre Zimmer nicht ausreichend, und viertens treiben sie Sport.« Der Mann, der mir das beim Plaudern am Kamin sagte, ist natürlich kein gebürtiger Engländer, aber er lebt nun mehr als zwanzig Jahre dort und schätzt die persönliche Freiheit, die er seit seiner Flucht aus Deutschland genießt, über alles; ein jetzt emeritierter Nationalökonom in Oxford, der mit scharfem Instinkt den Umbruch Großbritanniens vom wohlhabenden Hausherrn des Commonwealth zu einer um ihre Weltgeltung ringenden Nation seziert, die zudem noch in die Klemme zwischen perfektem Wohlfahrtsstaat und Großmachtanspruch geraten ist. Der Leser wird gleich fragen: Was sagen denn die richtigen Engländer über sich selbst, sind sie sich über ihre Situation im klaren, fühlen sie als Europäer, oder glauben sie noch immer an eine splendid isolation? Ich möchte einen Teil der Antwort einem hohen Beamten des Schatzamtes überlassen, bei dem wir uns über die finanzielle Situation Großbritanniens orientierten, das noch heute Weltbankier und zweite Handelsgroßmacht ist. Auf die Frage eines Kollegen, wie denn die Abteilung für Information und Public Relations entstanden sei, meinte der Beamte: »Nach dem Kriege hatten viele Leute in England nicht begriffen, daß sich unsere Situation grundlegend gewandelt hat. Da unter diesen Leuten auch Minister waren, kam ich auf die Idee, einen wöchentlichen Aufklärungsbrief für den internen Dienstgebrauch auszuarbeiten. Daraus entwickelte sich dann die Information auch für die Öffentlichkeit.« Die mit ernstem Gesicht vorgetragene nationale Selbstironie ist typisch, zumindest für den gebildeten Engländer. Er hat einen gemächlichen Humor, der in dieser Art bei uns recht selten ist. Die Selbstironie rührt freilich nie an die Substanz. Im Gegenteil, gerade das für einen kontinentalen Europäer schier unglaubliche Selbstbewußtsein, dieses feste Wurzeln in der Vergangenheit des eigenen Volkes erlaubt es dem Engländer, die äußeren Erscheinungsformen des öffentlichen und privaten Lebens mild zu belächeln, auch vor Fremden. Von dem Besucher der Insel wird freilich erwartet, daß er nicht in das gleiche Horn stößt. Zwar kann er sagen, was er will, ohne auch nur einmal einer Gereiztheit zu begegnen. Aber er muß damit rechnen, daß man ihm, ohne daß er es merkt, einen »bad taste«, einen schlechten Geschmack, ankreidet, und das ist vernichtend.

Es ist natürlich kühn, nach einer vierzehntägigen Reise eine Bilanz des englischen Wesens ziehen zu wollen. Ich möchte daher hier einen Ratschlag, den uns der deutsche Botschafter in London bei einem kurzen Empfang gab, auch dem Leser zur Verfügung stellen. Es ist bei der Unterhaltung zwischen Engländern und Deutschen nämlich wie beim

Temperaturmessen mit Fahrenheit und Celsius. Der Maßstab ist verschieden. Der Engländer liebt das »understatement«. Er stellt alles ein wenig kälter dar, als es tatsächlich ist, während der Deutsche eher ein wenig zu dick aufträgt und sich am Thema erhitzt. Das muß bisweilen, vielleicht auch bei diesem Artikel, korrigierend berücksichtigt werden. Zum Beispiel war der Kaffee im Innenministerium nicht gar so schrecklich, wie der Leiter der Abteilung »Recht und Ordnung« warnend bemerkte, bevor wir die Tassen hoben.

Er gab uns einen kurzen Einblick in die englische Verwaltung, bei der so wenig von logischen Regeln und so viel von dem gesunden Menschenverstand, dem common sense des einzelnen abhängt, wie sich beispielsweise ein englischer Polizist bei falscher Anwendung der Gesetze nie auf den Befehl eines Vorgesetzten berufen kann, er handelt immer kraft seines eigenen Amtes. In England kann eine Stadtverwaltung einen Film verbieten, weil er blasphemisch, sadistisch oder obszön ist, der in einer anderen Stadt unbeanstandet läuft. Solche Verbote werden allerdings sehr selten ausgesprochen. Drüben streitet man sich überhaupt weniger als bei uns um Grundsatzfragen. Hauptsache, der Laden klappt. »Vieles bei uns ist unlogisch, aber es funktioniert«, sagte der hohe Beamte mit jenem Stolz, der seine Rechtfertigung nicht nur aus dem Heute bezieht. Und er erzählt uns von einem Unterhausabgeordneten, der in einer Debatte zur Gegenseite hinüberrief: »Da Ihnen die Argumente ausgehen, nehmen Sie Ihre Zuflucht zur Logik!« Und unser Begleiter vom Zentralamt für Information, der nie versäumte, unsere Koffer zu zählen, meint lächelnd: »Wenn Sie in den Buckingham Palace eindrängen, so würde der Posten mit der Bärenfellmütze ungerührt weitermarschieren. Der Bobby aber wäre um so aktiver.«

Hier hat sich das 20. Jahrhundert ohne Bruch in der Geschichte angesiedelt. Die Raben im Tower werden weitergefüttert, weil ihr Aussterben ähnlich schlimme Bedeutung hätte wie das der Affen in Gibraltar. Und die Londoner Steppkes mit den bunten Schülermützen drücken sich die

Nasen platt an den tonnenschweren Scheiben vor den Kronjuwelen im »blutigen Tower«, unweit der Kammer, in der Richard III. seine Neffen ermordete, und des schmalen Austrittes, von dem aus der jahrzehntelang gefangene Seefahrer Sir Walter Raleigh die Brise von der nahen Themse atmete. Auf den Stufen stolpert man. Sie sind ungleich hoch, damit niemand ungehört den Posten beschleichen konnte.

Diese Engländer brauchen auf ihrer Geschichte keinen Staub zu wischen. Sie rechten nicht mit ihr, sie leben in ihr und haben keine Dolchstoßlegenden. Derselbe Cromwell, der in das Parlament eindrang, um die Symbole der Krone zu entfernen, erhielt unmittelbar daneben sein Reiterstandbild, unweit der Stelle, wo in der Westminster Hall Charles I. sein Todesurteil empfing, bis zuletzt die Legitimation seiner Richter verneinend. Und wenn man im Gespräch in die jüngste Vergangenheit zurückkehrt, zur Suez-Krise, und nach pro und contra fragt, so bekommt man zur Antwort: »Es gab pro und contra eigentlich nur so lange, bis unsere boys dort kämpften.« Der das sagt, war übrigens contra.

Die einzigartige Kontinuität der Geschichte, von der man im Parlament, obwohl es im Kriege zerstört war, schon so stark beeindruckt ist, wird im ehrwürdigen, planvoll gebauten Oxford noch überzeugender. Der Student, der uns führt, zeigt hinüber auf ein Gebäude in einem der weiten College-Höfe. »Das ist neu«, sagt er. »Es wurde 1750 erbaut.« Er lächelt nicht dabei. 1750 ist für ihn neu, obwohl er Politik, Philosophie und Wirtschaft studiert und ziemlich moderne Anschauungen hat. In der 700 Jahre alten Bibliothek mit dem schönen Deckengebälk hat eine junge Studentin die Aufsicht über die Bücher, die an der Kette liegen. Sie waren früher nicht wegen Diebstahlsgefahr angeschlossen, sondern damit die Studenten nicht zu Hause arbeiten, sagte uns ein Professor. Sie sollen nicht ständig die Nase in die Bücher stecken, sonst kommt der Sport zu kurz. Auch so kann man spätere Nobelpreisträger erziehen.

Ja, die Bildung, auch da hat es der Engländer leichter, mit der Geschichte seines Landes in Verbindung zu bleiben. Ob

Britisches Museum, Nationalgalerie am Trafalgar Square oder Tate-Galerie, wo die englischen Maler und die modernen Ausländer ihr Domizil haben – der Eintritt ist frei. Auch am Sonntagnachmittag bitten die Musen zu Gast. In der Nationalgalerie sah ich einen alten, abgerissenen Mann ganz versunken vor einem Velazquez sitzen. Vielleicht war er auch nur müde. Einerlei, es kostet ihn jedenfalls nichts, ein paar Stunden bei Rembrandt oder Gainsborough zu verbringen.

Um noch einmal auf den Humor zurückzukommen. Das ist eine der überraschendsten Eigenschaften der Inselbewohner für den Fremden, dieses ständige Spaßmachen mit sich selbst. Unser schon erwähnter Begleiter liebäugelt zur Zeit mit einem alten Rolls Royce. Der Second-hand-Kauf ist besonders beliebt, weil auf allen neuen Wagen eine hohe Einkaufssteuer liegt. Die Wagen sehen genau so aus wie früher, aber der Rolls Royce bleibt eben Rolls Royce, meint er. Und dann erzählt er uns die Geschichte von dem Engländer, der in Spanien mit einem solchen Wagen Panne hatte. Da keine Ersatzteile zu bekommen waren, forderte man einen Austauschmotor an. Er kam postwendend per Luftfracht. Als der Mann ein halbes Jahr später noch keine Rechnung hatte, schrieb er an die Firma, wie es denn mit der Bezahlung stünde. Die Antwort lautete: »Uns ist kein Fall bekannt, daß jemals ein Rolls Royce irgendwo eine Panne gehabt hätte.«

Auch der öffentliche Humor hat seine besondere Note. Nahe dem Victoria-Bahnhof läuft seit 27 Jahren mit wechselndem Programm, aber gleichen Darstellern Jack Hyltons Revue der »verrückten Bande«. »The crazy gang«, diesmal als »These foolish kings«. Die törichten Könige sind schon sehr betagt, aber der gekonnte Blödsinn, jeweils wechselnd, mit den unvergleichlich exakten und einfallsreichen Beinschleuderkünsten der Tiller-Girls belustigt ungemein, so lange, bis die Könige schließlich zum Schluß die Papp-Kronen abnehmen und singen: »God save the Queen«, wie in allen Theatern und Kinos. Schließlich erlebten wir im Old Vic in Bristol, dem ältesten noch geöffneten Theater in England, ganz ursprünglichen und historischen Klamauk. Eine der Pantomimen, wie sie im Winter von den seriösen Schauspielern aufgeführt werden, die im Shakespeare nicht weniger gut zu Hause sind. »Ali Baba und die 40 Räuber.« Die Hauptrolle: Ali Babas Frau, dargestellt von einem Mann. Keine noch so derbe Situationskomik wird da ausgelassen, jedoch gleich abgefangen durch ein ironisches Wort. Die gute Fee verliebt sich in den Teufel, der auf arabisch Djinn heißt, woraus man Gin macht. Dem lebendigen Esel passiert rollenwidrig etwas Menschliches, woraus eine Ulk-Improvisation entsteht, die uns die Tränen in die Augen trieb. Entfesselte Komödie. Der »Teufel« schrieb übrigens auch die Musik, und die Schauspieler konnten auch singen, wenn ihre Rolle es verlangte. Vielseitige Komödianten im besten Sinne wie zu den Anfangszeiten des Theaters.

Doch wir haben eine eingangs gestellte Frage noch nicht beantwortet: Ob die Engländer nun Europäer sind, so wie wir das auf dem Kontinent meinen, obwohl wir es ja auch noch nicht sind. Nun, gewiß, sie sind für die Freihandelszone, wenn auch nicht für den Gemeinsamen Markt. Aber können sie überhaupt Europäer sein? Wer die herrliche Kathedrale in Wells bei Bristol mit ihren burg- und klosterartigen Nebengebäuden, mit den stumpfen Türmen und der typisch englischen Gotik gesehen hat, wird verstehen, daß der Kölner Dom einem Amerikaner mehr bedeuten kann als einem Engländer. Sie unterscheiden sich deutlicher von uns, die Engländer, als beispielsweise die Franzosen, kein Zweifel.

Eines Morgens kam ich zum Frühstück in die Halle des großen Hotels. Ich sah zwei meiner Kollegen und am Tisch unmittelbar daneben einen unbekannten Herrn. Ich setzte mich mit einem Gruß an diesen Tisch. Da schoß einer der Ober quer durch den schwach besetzten Raum und fragte den Herrn: »Soll ich Ihnen einen anderen Platz besorgen, Sir?« Der Angesprochene verneinte, wobei er mir freundlich zulächelte. Er war offensichtlich Engländer und verzichtete trotzdem auf die vom Ober angebotene »splendid isolation«.

(2.2.58)

Seit drei Jahren hat er mit keinem deutschen Journalisten gesprochen. Mr. Allan John Percival Taylor, Professor für moderne Geschichte am Magdalenen-College in Oxford, auch in Deutschland bekannt als ausgesprochener Gegner der Wiedervereinigung. Das zentrale Londoner Informationsbüro, das die Rundreise von sechs deutschen Journalisten in England einfallsreich dirigierte, brachte es binnen weniger Stunden fertig, daß wir nun dem Mann in einem Oxforder Hotel gegenübersaßen, der im deutschfeindlichen Beaverbrook-Blatt »Sunday Express« und im »Independent Television«, der zweiten privaten Fernsehgesellschaft neben BBC, seine zugespitzten Sentenzen wie Pfeile aus dem Köcher seiner wissenschaftlichen Reputation holt.

Eine der ersten Fragen, die ich ihm stellte, war: »Glauben Sie nicht, daß Sie mit Ihren Ansichten in Ihrem eigenen Volk nur eine sehr schwache Minderheit vertreten?« Die kleinen scharfen Augen musterten mich kurz, dann sagte er: »Ich will die Frage negativ beantworten. Das englische Volk kümmert sich gar nicht um Ihre Wiedervereinigung (couldn't care less).«

Man sagt Professor Taylor in England nach, daß er eine gewisse Freude am Schockieren hat und bisweilen, von der Lust an der Pointe hingerissen, über den Bereich der eigenen Ansicht hinausschießt. Das hat ihm auch Popularität bei Leuten eingetragen, die seine Ansichten durchaus nicht oder nur mit Einschränkungen teilen. Denn das tut wohl wirklich nur eine kleine Minderheit, unter der allerdings einflußreiche Personen wie eben Lord Beaverbrook sind.

Es ist aber zweifellos nicht überspitzt, wenn Taylor von dem Desinteresse seiner Landsleute an der *Wiedervereinigung* spricht. Man macht sich auf dem Kontinent nur schwer eine Vorstellung davon, wie tief der Kanal ist, was die Auffassungen des sogenannten Mannes auf der Straße angeht. Neuseeland auf der anderen Seite der Erdkugel gehört eben zum Commonwealth. Dort weiß mancher britische Untertan verständlicherweise besser Bescheid als an der Oder-Neiße-Grenze.

Mit diesem Stichwort kehren wir zu Professor Taylor zurück, der zwischen zwei Schlucken seines »Lager«, des schwachen englischen Biers, die Deutschen in die Zange seines analysierenden Mißtrauens zu nehmen beginnt:

1. Wenn die Deutschen die Wiedervereinigung erreichen, die Deutschen, deren Potential allein schon in der Bundesrepublik höher ist als das englische, dann wird ihre nächste Forderung bestimmt das Gebiet jenseits der Oder-Neiße-Linie sein. Ich habe 300 Briefe von Deutschen bekommen, die zumeist kein Hehl aus dieser Forderung machen, ja die England sogar tadeln, weil wir 1939 die Polen unterstützt haben. Man kann den Deutschen nicht trauen.

2. Es ist doch selbstverständlich, daß wir zunächst daran interessiert sind, die Probleme der ehemaligen Gegner Deutschlands, unserer Verbündeten, lösen zu helfen, wie die Polens und der Tschechoslowakei. Im übrigen ist Deutschland 1918 in Versailles bei der Grenzziehung auf Kosten Polens sehr gut weggekommen.

3. Je mächtiger Deutschland wieder wird, desto größer ist die Gefahr eines neuen »Anschlusses« Österreichs. Ich habe viele Jahre in Österreich gelebt und weiß, wie anziehend »das Reich« dort wirkt. Das einzige Gegengift gegen diese Haltung waren die Jahre des Anschlusses selbst. Aber ob es ausreicht?

4. Wir Engländer dürfen nicht noch einmal den Fehler des ersten Zugeständnisses machen, wie in München. Der arme Hitler (poor little fellow) durfte nach München mit Recht erwarten, daß man ihm auch Polens wegen keine Schwierigkeiten machen würde. Es war geradezu unlogisch von uns, dann einzugreifen. Diesmal müssen wir gleich deutlich machen, daß wir auch zum ersten Zugeständnis, einer Diskussion über die Oder-Neiße-Grenze, nicht bereit sind. Und die käme doch gleich nach der Wiedervereinigung.

Auf unseren Einwand, daß wir die Wiedervereinigung nicht um unserer schönen blauen Augen willen forderten, sondern weil damit doch ein neuralgischer Punkt der Weltpolitik verschwände, meint Professor Taylor: »Wieso neuralgischer Punkt? Es sind auch andere Länder in der früheren Geschichte geteilt worden, wie Frankreich und Belgien. Das hat sich doch sehr gut eingespielt.«

Und nun betritt der Historiker allmählich den Boden, auf dem man ihm nicht mehr folgt, wohingegen man seine Analyse wohl ablehnen, sie aber bei einem Engländer durchaus begreiflich finden kann.

Während er sich seiner Vorstellung eines künftigen Mitteleuropas zuwendet, findet er noch Zeit, einen meiner Kollegen darauf hinzuweisen, daß er diese Suppe gar nicht bestellt habe; sie sei für ihn. Man kann sich direkt vorstellen, wie dieser Mann mitten in einer Fernsehsendung mit dem Lächeln eines Fauns den Aufnahmeraum verließ, weil er sich über etwas geärgert hatte. Uns gegenüber zeigt er sich jedoch bemerkenswert geduldig. Seine Theorie:

Es geht nicht um die Wiedervereinigung der Deutschen, sondern um eine Erleichterung der Bedingungen in allen Ostblock-Ländern. Man müsse versuchen, auch in der ›DDR‹ allmählich, wie in Polen, ein freieres System zu erreichen, so daß dann zwei freie deutsche Staaten nebeneinander bestünden.

Auf unsere Bemerkung, daß das doch utopisch sei, weil damit von den Russen eine Verminderung ihres Einflusses ohne Gegenleistung verlangt würde, geht er nicht ein. Und auf unsere Feststellung, daß eine deutsche Wiedervereinigung für die Russen interessant sein könnte, wenn dafür in Westdeutschland einige Zugeständnisse gemacht würden, sagt er: »Aha, Sie wollen auf Kosten der Freiheit in ganz Deutschland die Wiedervereinigung erreichen. Das ist ja schrecklich.« Und als ich sage, er habe uns mißverstanden, meinte er: »So, und warum ist die KP in Westdeutschland verboten?«

Einen Tag zuvor hatte ihn ein Professor der Ost-Berliner Linden-Universität besucht und über das »gute Verhältnis zwischen der ›DDR‹ und Polen« gesprochen. Taylor greift das auf und verkündet mit einem Augenzwinkern einen jener Sätze, die vor dem Fernsehpublikum sicher besser bestehen als vor der Geschichte, die sein Fach ist: »Warum nicht Vereinigung zwischen der ›DDR‹ und Polen?« Nun, er glaubt selbst nicht an das, was er da sagt, und würde es sicher auch nicht schreiben.

Zwei Stunden haben wir uns unterhalten. Er betont, daß er kein Feind der Deutschen sei. Er hat dafür auch einen Beleg. Ein Werk aus seiner Feder über Bismarck, in dem er den deutschen Kanzler nach seiner Aussage so günstig darstellte, daß er von Engländern deshalb angegriffen wird. Taylor berichtet: »Ein Hamburger Verlag wollte eine Übersetzung des Werkes herausbringen. Kürzlich bekam ich die Absage unter Hinweis auf meine Artikel über Deutschland. Eine merkwürdige Begründung, finden Sie nicht? Ich werde es jetzt einem ostdeutschen Verlag anbieten.«

Auf die Frage, warum er eine Einladung des Kuratoriums Unteilbares Deutschland zu einer Diskussion abgelehnt habe, antwortet er sinngemäß, er habe sich von einem solchen Zusammentreffen nichts versprochen. *(31.1.58)*

Mitternachtssonne - das Lächeln Lapplands

Die Menschen haben den Felsen Nordkap genannt, zu dem wir in halsbrecherischer Fahrt über Serpentinen, die aus den Felsen gebrochen sind, hinaufjagen. Die Menschen haben gesagt, es sei der nördlichste Punkt Europas, obwohl das gar nicht stimmt; der nördlichste Punkt unseres Erdteils ist die fast unaussprechliche Klippe Knivskjelodden, etwas weiter westlich, ebenfalls auf der Insel Mageröy gelegen. Aber sie ist nicht so imposant wie der Nordkap-Felsen, der aus 307 Meter Höhe steil in das Eismeer abfällt. Also nahmen die Menschen lieber den; so sind sie nun einmal. Selbst in einer Gegend, wo sie augenscheinlich gar nichts zu suchen haben, erlauben sie sich Extravaganzen. Die Erdensöhne wirken wie Fremdkörper hier oben, in dieser unwirtlichen Landschaft, die eher für Riesen oder andere Ungeheuer als Tummelplatz bestimmt ist. Der Schöpfer scheint hier beim Erschaffen der Welt nicht ganz fertig geworden zu sein. Nackte Felsen ragen aus dem Meer. Kein Baum, kein Strauch.

Es ist jetzt 11 Uhr nachmittags – so kann man hier sagen – denn auch das große Lebensgestirn scheint hier aus der Reihe zu tanzen. Bis Mittsommer geht die Sonne nicht unter. Eine unwirkliche Szenerie. Mit uns meint sie es allerdings nicht so gut. Nebel verhüllt die Zipfelmütze Europas. Wer den Film Orphée gesehen hat, kann unsere Stimmung bei der Fahrt durch diese andere Welt ungefähr nachfühlen. Jetzt tritt der Fahrer des polnischen Wagens (sie werden zu Dumping-Preisen verkauft) scharf auf die Bremse. Eine Schranke, nanu? Die beiden Berliner denken gleich an die Grenze. Es ist aber nur der Wegezoll für die Erhaltung der Straße zu entrichten, die erst im vorigen Jahr fertiggeworden ist. Bis dahin war das Nordkap nur auf dem Seeweg zu erreichen, denn von der Ortschaft Honningsvag im Süden der Insel am Porsanger-Fjord bis zum Kap-Felsen sind es immerhin 38 Kilometer. Wenige Stunden zuvor sind wir mit dem Schiff den Fjord hinaufgefahren. Wir rieben uns die Augen, als wir an den vegetationslosen Felsen plötzlich, wie aus der Spielzeugschachtel der Riesenkinder aufgebaut, viele hundert bunter Häuser entdeckten. In allen Farben hat der Mensch versucht, der Eintönigkeit der Landschaft, in der es neun Monate kaum hell wird, einige belebende Tupfen aufzusetzen.

Im Nebel kribbeln etwa 200 bis 300 Touristen umher. Vom Opel-Rekord 58 bis zur russischen Limousine mit norwegischem Kennzeichen sind fast alle Autotypen der Welt zu verzeichnen. Es ist unbeschreiblich – dieser Kontrast zwischen urweltlicher Szene und Souvenirjägerei, die in Garmisch-Partenkirchen oder Palma de Mallorca auch nicht anders sein kann. In einer Bretterbude drängen sich die Leute nach dem Nordkap-Stempel. Am Briefkasten schreibt einer stehend vermutlich seinem Kollegen, daß er nun ist, wo jener bestimmt noch nicht war. Bockwürste sind auch zu haben. Neben dem Restaurationsgebäude, dessen Fenster noch blind sind – es wird wegen des späten Sommers in diesem Jahr erst zur nächsten Saison fertig – schlägt ein Mann mit einem Hammer ein Stück Stein vom Nordkap los. Mit diesem Briefbeschwerer wird er zu Hause vermutlich eine ganz andere gesellschaftliche Position einnehmen. Ich erzähle das nicht, um zu beweisen, daß es hier oben auch nicht anders ist als in den Brennpunkten des Touristengewimmels – im Gegenteil. Der Rummel ist ein Tropfen auf den zwar kalten, aber riesigen Stein. Diese Landschaft schluckt die paar Menschlein, daß selbst der Vergleich mit den Ameisen noch eine Schmeichelei wäre. Sie ist nicht majestätisch, nein, das Wort wäre zu menschlich. Der nächste König ist mehr als 2500 Kilometer Luftlinie entfernt. Sie ist urgewaltig, erschreckend und verwirrend mit der Sonne, die über dem Horizont plötzlich nicht mehr weiterfällt, sondern auf ihm entlangläuft wie auf einer Schiene und dann wieder emporsteigt.

Nur ungern legt man sich schlafen. Man muß damit rechnen, wenig später schon wieder von einem Sonnenstrahl wachgekitzelt zu werden, weil das Rouleau nicht ganz dicht schließt. Die Schwalben denken nicht daran zu schlafen. In Ivalo am Inari-See im finnischen Lappland sahen wir sie um Mitternacht bei der Jagd. Einen weiten Weg haben sie hinter sich, diese Zugvögel, aber dafür ist hier der Mückentisch auch besonders reichlich gedeckt. Wann schlafen denn die Tiere eigentlich? Bei Hammerfest habe ich gegen Mittag eine weiße Fläche auf dem moosigen Felsen gesehen. Erst glaubte ich, es sei Schnee. Aber näherkommend sah ich, daß es viele hundert Möwen waren, die den Kopf in das Gefieder gesteckt hatten.

Im Hotel bat eine Frau morgens um halb eins den Kellner, den Vorhang zu schließen, weil die Sonne sie blende. Er tat es sofort. Der Service in den Hotels ist ausgezeichnet. Die Wildnis hat an bestimmten Punkten fließend warm Wasser und allen sonstigen Komfort. Der dunkle Anzug ist sehr zu empfehlen, wen man nicht beim »Middag«, dem Abendessen, erleben will, daß verschiedene Damen aus Paris, München oder Helsinki den Kopf heben, weil da einer im Reisedreß an die Tafel tritt.

Die Sorge mit den exakten Reisevorbereitungen, die man jedem Touristen in Skandinavien nur empfehlen kann, hatten wir knapp 20 Journalisten aus sieben Ländern nicht, die auf Einladung der Schwedischen Staatsbahn an einer Jubiläumsfahrt der sogenannten Nordkalottentour (Kalotte = Kugelabschnitt, Gebiete nördlich des Polarkreises) teilnahmen. Vor zehn Jahren, als bei uns Blockade war, wurde zum erstenmal diese zehntägige Omnibusreise von Lulea in Nordschweden durch das finnische und norwegische Lappland zum Nordkap und über Hammerfest, Tromsö nach Narvik unternommen, die im Mittsommer veranstaltet wird und für diese Saison schon ausverkauft ist. Unsere Augen wurden in diesen zehn Tagen fast überfordert. Gelegentlich fielen sie auch zu. Von Stockholm aus gerechnet sind wir etwa 5000 Kilometer mit Bahn, Bus und Schiff gefahren.

Die Busfahrt führte durch die Gebiete Finnlands und Norwegens, in denen 80 Prozent aller Ortschaften von den Deutschen bei Kriegsende zur »Verbrannten Erde« gemacht wurden. Wir sind an einigen verkohlten Trümmerstätten vorbeigefahren. Keine Hütte wurde ausgelassen, jeder Steg gesprengt, alle Telefonmasten umgelegt. Das meiste ist wieder aufgebaut. Zum Teil größer und natürlich moderner, beispielsweise im finnischen Rovaniemi, der Stadt unmittelbar am Polarkreis. Vor dem Krieg 9000 Einwohner, heute 20 000. Den Aufbauplan entwarf Alvar Aalto, durch sein Hansaviertel-Haus in Berlin gut bekannt. In Baracken hatte man nach dem Krieg wieder begonnen. In Norwegen reicht die »Verbrannte Erde« vom Nordkap bis zum Lyngfjord. Hammerfest, das 1809 von den Engländern, 1891 durch Feuer und 1945 von den Deutschen zerstört wurde, hatte vor dem Kriege 3600 Einwohner, heute 5000. Tromsö, dieses zivilisatorische Inselwunder inmitten von Wasser, Schnee und Fels, wäre auch noch in die Luft gejagt worden, wenn der Krieg eine Woche länger gedauert hätte. Der norwegische Student, der mir das erzählt, sagt es leidenschaftslos und sachlich.

Aber mit der gleichen Sachlichkeit bittet er um Verständnis dafür, daß diese Generation den Deutschen vergeben, aber nicht vergessen kann, was sie angerichtet haben. Das ist die Einstellung in ganz Skandinavien. Man begegnet uns höflich, korrekt, aber mit einer gewissen Reserve, die wir nur zu gut verstehen können. Wenn man dieses Verständnis ausdrückt, ist die Brücke schnell geschlagen, was sich mitunter darin zeigt, daß der Gesprächspartner vom Englischen betont zum Deutschen übergeht, auch wenn es ihm sprachlich schwerer fällt.

Hammerfest konnte nur zu Schiff erreicht werden, bis die Straße vom Süden der Insel Kvalöy fertig wurde. Die Damen schlossen die Augen an den Stellen, wo man vom Busfenster fast senkrecht 50 Meter tief ins klare Fjordwasser sehen konnte. An der letzten Straßenschleife vor Hammerfest baut man schon Hotels. Die Lappen wissen, daß sie das Rentierleder an den Füßen schonen können, wenn sie einen Bus anhalten und sich mitnehmen lassen. Die amerikanischen Virginia-Zigaretten scheinen dem kleinen Mann besonders gut zu schmecken. In Tromsö wird gerade die längste Brücke Norwegens mit 1300 Meter Länge 14 Meter hoch über den Sund gebaut. 1960 ist sie fertig. Auf der anderen Seite der Insel werden wir an den Krieg erinnert. Da liegen die Geräte, die in einem Monat etwa die letzten Stahlplatten des Schlachtschiffes Tirpitz geborgen haben werden. Am 12. November 1944 wurde es von Fliegerbomben nach tagelangen Angriffen kieloben gekippt. Ein Bergungsunternehmer kaufte das Wrack für 50 000 Kronen und hat rund 10 Millionen daran verdient. Deutsche Spezialisten bergen Stück um Stück. Der größte Teil wurde nach Deutschland verkauft. An die 1200 gefallenen Matrosen erinnert in Tromsö noch ein großes Kreuz; sie sind inzwischen in einem großen Soldatenfriedhof in Narvik beigesetzt worden. Auf Tromsö, dem Tor zum Eismeer, war der einzige Punkt unserer Reise, an dem die Herbheit des fast unberührten Nordens durch einen gewissen Liebreiz gemildert wurde. In den Straßen dieser Stadt war man, auch wenn da plötzlich ein ausgestopfter Eisbär stand, wieder in Europa, so wie man es gewohnt ist. Und man möchte hier dem Golfstrom ein besonders herzliches Dankeschön sagen, daß er den Menschen am 70. Grad nördlicher Breite, wo in Alaska und Sibirien nur Bären sich einigermaßen wohlfühlen, ein so freundliches emsiges Gemeinwesen gestaltet.

Meine Fahrt unter der Mitternachtssonne war so ausgearbeitet, daß man von einem Ende der Erzbahn in Schweden ausgehend, erst die Schwermut der finnischen Weiten empfand, bei deren Anblick man die Musik von Jan Sibelius besser versteht, und dann wie erlöst die verschwenderisch gegliederte von einem Kilometer zum anderen neue Ausblicke bietende Fjordküste Norwegens begrüßte. Unvergeßlich der Blick aus 400 Meter Höhe vom Schneefelsen hinab auf den Kvänangenfjord, den die Sonne tief unter uns durch einen Regenbogen schmückte. Schweden ist der wohlhabendste unter den skandinavischen Brüdern, die keine Grenzschwierigkeiten oder Minderheitenprobleme kennen. Das Schmuggeln ist ein Kavaliersdelikt, wie sogar der Schuldirektor von Haparanda schmunzelnd bekennt. Die finnischen Fischer dürfen bis ans schwedische Ufer nach Lachsen jagen und umgekehrt. Gleich hinter der Zollschranke steht ein Gasthaus für Kriegsinvaliden. Da wird der Unterschied zu Schweden besonders deutlich.

In den finnischen Ortschaften bleiben vielfach breite Flächen zwischen Häusern als Straße. Es erinnert ein wenig an Rußland. Aber die Holzhäuser in den Wäldern sind meist ebenso rot gestrichen wie im übrigen Nordskandinavien. Immer wieder sieht man die einzelnen farbigen Punkte am Kemi-Fluß hinauf, dem größten Strom Finnlands. Man begreift es nicht, warum die Menschen in dieser Gottverlassenheit sich nicht häufiger zu Ortschaften zusammenschließen. Aber wie will ein Großstädter überhaupt diese Menschen hier oben begreifen, deren Kinder alle mit ernsten Gesichtern winken, wenn der Bus vorbeifährt. Sie freuen sich über die Abwechslung, aber sie brauchen sie nicht. Kaffee – den brauchen sie. Bei den Holzfällern hängt der Kessel immer über dem offenen Feuer. Kein Gast darf es wagen, den Willkommenstrunk auszuschlagen.

Hügelauf, hügelab fährt der Bus. Am Polarkreis eine kleine Hütte für Touristen. Das finnische Mädchen spricht Englisch, Deutsch und Schwedisch. Wo sie's so gut gelernt hat? In der Schule natürlich. Und wieder Wald, Wald, Wald. Wenn auch immer spärlicher. In der schönen neuen Kirche von Rovaniemi sieht man selbst Christus zwischen Nadelwald und Birken. Die Landschaft hat die Menschen geprägt. Sie erlaubt ihnen nicht, ihren Glauben in der Fremde anzusiedeln, auch wenn er von dort kam. Und so sieht man keine Maultiere an der Krippe, sondern Rentiere. Hundert Kilometer nördlich von Inari wird die Baumgrenze erreicht. Das isländische Moos, das bei uns Gräber schmückt, leuchtet. Die genügsame Kiefer versucht vergeblich noch ein paar Zweige aufzuheben. Nur die Birke schafft es, der nördlichste Baum. In der Ferne leuchten die Schneeflecken von Norwegens Bergen. An einer Abzweigung auf einer Hügelgruppe sehe ich eines der rührendsten, weil überflüssigsten Verkehrsschilder Europas. Die Straße, auf der wir kommen, und deren Staub wohl höchstens alle Stunde von einem Fahrzeug aufgewirbelt wird, hat Vorfahrt! Nur noch Moos, Beerengestrüpp, eine Art Brombeere, aus der ein wohlschmeckender Likör gebrannt wird, und Preiselbeeren, die zum mürben Rentierfleisch gut munden. Das ist Lappland. Die Landschaft lacht nie, und sie lächelt nur im Sommer. Die Mitternachtssonne ist ihr Lächeln. Die Kinder haben drei Monate Schulferien, damit sie so wenig Stunden wie möglich verpassen, bevor das Land wieder die weißen Trauergewänder anlegt.

Keine unserer Wildarten kann sich dort oben halten. In bestimmten Gegenden Bären, Wölfe, Elche. Hinter Ivalo am Inari-See, an dessen Ostzipfel schon die Sowjetrussen sitzen, sehen wir die ersten Rentiere. Teile jener großen Herden, die im Sommer in die Berge ziehen, weil sie Kälte brauchen, gefolgt von den Lappen, ihren Besitzern, die heute nur noch zu einem geringen Prozentsatz wirklich Nomaden sind, aber noch immer fast alle in Zelten wohnen, aus denen der Rauch des Feuers steigt. Lappen, die ihre blauroten grellbunten Gewänder und die spitzen Schuhe aus Rentierleder tragen, mit denen sie leicht in die Skier schlüpfen und die Bindung halten können. 40 000 etwa gibt es noch von dieser finno-ugrischen Bevölkerung, die ihre eigene Sprache spricht und nicht von den alten Bräuchen läßt. Die meisten leben in Norwegen, 8000 in Schweden und 2000 in Finnland. Sie haben volle Bürgerrechte in den Ländern, wenngleich die Nomaden noch den Rentieren über die Grenzen folgen. Übrigens rechnen die Lappen die Wegstrecken nach Kaffeekochabschnitten, also den Entfernungen zwischen zwei Punkten, an denen man wieder Appetit darauf hat. Jeder weiß dann, wie weit das ist.

Immer wieder verblüffend der Kontrast zwischen Wildnis und Zivilisation an den Haltepunkten. Im Hotel in Ivalo sitzen finnische Holzfäller im Arbeitsanzug neben gutgekleideten Touristen. Die Empfangsdame war bisher Fernsehschauspielerin in Amerika, ist aber Lappland-crazy, wie sie sagt, und da ihre alte Mutter in Helsinki ihre Unterstützung braucht, macht sie im Sommer diesen Job. Aus der Sauna springen wir in den etwa 15 Grad kühlen Ivalo-Fluß, dem wir im Adamskostüm vierzig Meter vor der vollbesetzten Hotelveranda entsteigen. Später sitzen wir mit sorgfältig gebundener Krawatte denselben Gästen gegenüber. Hier ist eben alles anders. Die Frau des Bootsführers auf dem Inarisee hat den Nagellack einwandfrei aufgetragen. Der Herr aus München mit dem riesigen BMW, den wir von Rovaniemi bis Hammerfest immer wieder trafen, hat bei einem Sommergang Elche gesehen. Wir müssen uns weiter mit Rentieren begnügen und ein paar Bleßhühnern, die den Motorenlärm nicht so gewohnt sind wie ihre Vettern an der Krummen Lanke und wegtauchen.

Nicht zu vergessen natürlich die Fische. Für 10 Kronen pro Person fährt uns der Fischer von Hammerfest in einer Nußschale hinaus auf den Fjord, wo wir von 23 Uhr bis 2 Uhr bei Sonne, Wind und Regenschauern fischen dürfen. Der Kahn schaukelt gewaltig, aber man gewöhnt sich schnell an die einseitigen Kniebeugen. Da können einem die Stipper von Spree und Havel wirklich leid tun. Man läßt eine Nylon-Schnur mit vierfachem Haken an einem Stück Metall, das wie ein Fisch blitzt, ohne Köder in die Tiefe. Etwa 30 Meter bis auf den Grund. Dann holt man die Leine etwa ein bis zwei Meter ein, daß der Haken über dem Grund hängt und zieht, läßt wieder los, zieht, läßt wieder los, bis man einen Ruck spürt. Bald zappelt ein siebenpfündiger Dorsch an Deck. So geht das noch fünfmal binnen eineinhalb Stunden. Zwischendurch gibt's Kaffee in der winzigen Kajüte, in der gerade vier Mann Platz haben. Und noch einmal die Leine ausgeworfen. Ein Rotbarsch zappelt am Haken. Die Laune der Landratten wird trotz Regen und Kühle immer besser.

Wenn man von Fischen im hohen Norden spricht, muß man dem Lachs ein besonderes Kapitel widmen, der im Fluß geboren wird, dann ins Meer schwimmt, um nach drei bis fünf Jahren ein einziges Mal wieder zurückzukehren zum Laichen, und zwar, wie man durch Kennzeichnen junger Fische feststellte, immer in den Fluß, in dem er geboren wurde. Lachs ist an jeder Tafel da oben zu finden. Schon zum Frühstück wird er gereicht. An dem großen Büffet, an der jede Mahlzeit zu einer Qual der Wahl wird, besonders in Schweden, wo das Smörgasbrod im Angebot der verschiedensten Speisen von den Heringsstücken bis zum braunen Käse der Magenkapazität weit überlegen ist. Wir sahen den Lachs in Tromsö im Tiefkühlraum, wir beobachteten die Fischer am Torne-Fluß, wo sie mit einem korbartigen Netz den Lachs aus den Stromschnellen holen. Dort schmeckte er uns am besten. In einer verräucherten Hütte am offenen Holzkohlenfeuer gebraten, auf Pflöcke gesteckt, wird er immer wieder gewendet, bis er nach ein bis zwei Stunden gar ist. Man ißt ihn mit den Fingern – eine besondere Touristenattraktion. Kraftwerke an den Flüssen haben dem Lachs vielfach den Weg abgeschnitten. Zwar hat man versucht, Lachstreppen in den Staudämmen zu lassen, sogar Lachsfahrstühle eingebaut, die mit einer Selenzelle versehen den Käfig nach oben befördern, sobald ein Fisch hineingesprungen ist. Aber man hat wenig Erfolg damit gehabt.

Nach der windungsreichen Fahrt die Fjorde entlang, sahen wir in Narvik die Eisenbahn wieder - die ersten Schienen seit Rovaniemi. 1953 bis 1957 baute die Demag-Duisburg eine riesige Verladebrücke am Hafen, durch die die Kapazität auf 4000 Tonnen pro Stunde erhöht wurde. Der Hauptkassierer der Erzgesellschaft, deren Anteile fast ganz in schwedischer Hand sind, erzählt mir auch von der Wintermüdigkeit, die bei ihm etwa im Dezember einsetzt, die er aber mit Dorschlebertran binnen 14 Tagen überwindet. Gegen unsere Müdigkeit half kein Lebertran. Wir fuhren wieder mehr als 2000 Bahnkilometer ins wunderschöne Stockholm zurück, über die vielen Älve, die wir in der Schule mühsam auswendig lernten, ohne zu wissen, daß viele von ihnen so breit sind wie der Rhein und die Millionen Baumstämme wie Streichhölzer zum Meer treiben. Gut 7000 Kilometer war die Reisestrecke in 14 Tagen. Sie führte in eine Welt, in der die Natur noch so souverän ist, daß mein Kollege mich ans Kupeefenster rief und staunend sagte: »Sieh mal da drüben - ein Mensch!« Es war so, als wenn man auf dem Kurfürstendamm ein Pferd sieht. Und dann wieder in die Enge, in der fast soviel Menschen leben wie in ganz Norwegen... *(13.8.58)*

Ein junges Volk von 4000 Jahren

...und seht euch das Land an, wie es ist, und das Volk, das darin wohnt... (4. MOS. 13/18)

Die Dame an der Paßkontrolle des Flughafens Lod, knapp 20 km südöstlich von Tel Aviv (Frühlingshügel) trägt ein ärmelloses Kleid. Als sie die Handtasche hebt, wird auf dem Unterarm die tätowierte KZ-Häftlingsnummer sichtbar. Wie schwer will einem Mann mit dem Paß der deutschen Bundesrepublik angesichts solcher Spuren der schöne jüdische Gruß *Shalom* (Friede) über die Lippen. Am Toten Meer hatte uns der Gastwirt bei 38 Grad im Schatten das Grußwort – es entspricht dem arabischen Salam – erläutert. Wenn in früheren Zeiten ein Bewohner Palästinas auf einsamem Pfad einem Fremden begegnete, so bot er ihm Shalom, um ihn der eigenen Friedfertigkeit zu versichern. Absalom heißt Vater des Friedens und Salomon zu deutsch Friedrich. Der Wirt wollte wissen, ob wir unseren Heinrich Heine kennten. Er bezog sich auf die Harzreise. Der Dr. phil. aus Paris hatte als Austauschlehrer im Braunschweigischen gearbeitet. Das Mahl war vortrefflich, obgleich am Sabbat (Freitag bis Sonnabend, jeweils Sonnenuntergang) nicht gekocht werden darf. Schon auf dem Hinflug erwähnte eine der Stewardessen, ihr Vater habe zwanzig Jahre in Berlin gelebt. Der gute Geist des Hotels in Herzliya nördlich Tel Aviv, der sich und uns an Vicki Baums »Menschen im Hotel« erinnerte – ein gebürtiger Schwabe. Im Kibbutz im Jordantal führte uns ein knapp 40jähriger. Er hatte im Nachbarhaus der Berliner Synagoge gewohnt und in Berlin W die Schulbank gedrückt. Der Schatzmeister des Kibbutzes stammte aus Schöneberg und hat im vergangenen Jahr in seinem alten SPD-Versammlungslokal ein, wie er sagt, »sentimentales Bier getrunken«. Die Verkäuferin in dem kleinen Geschäft im Tel Aviver Einkaufsviertel konnte kaum Englisch, sprach dann aber so gut Deutsch, daß man nach ihrer Herkunft nicht zu fragen brauchte. Im Bus, im Taxi, in der Gaststätte antworteten viele Israelis deutsch, sobald sie die Unterhaltung der Journalisten gehört hatten. Dies, obgleich soeben der Ärztekongreß Deutsch als Tagungssprache abgelehnt hatte; obgleich der als antinazistisch bekannte und von vielen gewünschte Film »Wir Wunderkinder« nicht laufen durfte, weil die Aufführung deutscher Filme in Israel noch grundsätzlich verboten ist. Nicht ein böses Wort bekamen wir zu hören, wenngleich manches deutliche. Zum Beispiel: Die Spanier haben vor 600 Jahren die Juden ermordet und vertrieben. Das ist *heute* vergessen.

Wir – das waren 12 Berliner Journalisten, und der stellvertretende Leiter des Informationszentrums im Senatspresseamt, das den einwöchigen Besuch arrangiert hatte. Anlaß war die erstmalige Beteiligung der Bundesrepublik an der zum dritten Male stattfindenden Handelsmesse in Tel Aviv, ferner ein »Deutscher Tag« mit der ersten öffentlichen Rede des deutschen Botschafters Dr. Pauls und schließlich eine Modenschau von 12 Berliner Firmen *(Berlin-Fashion-Export)* im Hilton Hotel, wo sechs israelische und sechs Berliner Mannequins, von Susanne Erichsen vorgestellt, für eine Kollektion von fast 150 Modellen viel Applaus einheimsten. Wichtige Anlässe gewiß, aber unsere Erwartung und Spannung galt natürlich dem gelobten Land einer viertausendjährigen Geschichte, galt dem beispiellosen Heute biblischer Verheißung, der Zuflucht und stolzen Bewährung vieler Menschen, die im deutschen Namen gemartert wurden. Auf einem Hügel vor Jerusalem, der Stadt Davids, führt die »Straße der Gerechten«, gesäumt von jungen gespendeten Bäumen, zum Mahnmal für die Ermordeten. *Yad Vashem* seine hebräische Bezeichnung, was soviel heißt wie Name und Hand.

Wir waren gewappnet mit jener Geduld, die für Generationen unser Teil sein muß, jenseits einer materiellen Wiedergutmachung, die nichts wiedergutmachen kann, aber den Überlebenden hilft. Wir haben diese Geduld nicht benötigt. Sie wurde uns im Gespräch zwar immer wieder anempfohlen, aber im Lande nirgends abverlangt, auch dort, wo der gedrängte Zeitplan ein Überschreiten des offiziellen Rahmens erlaubte. Als vor gut zehn Jahren der erste Deutsche ins Land kam, nachweislich ein Antifaschist, mußte er unter falschem Namen einreisen, weil sonst für seine Sicherheit nicht hätte garantiert werden können. »Sie können gehen, wohin Sie wollen.« So gingen wir durchs Jordantal und durch die Wüste, sahen Wolkenkratzer des Touristenkomforts und orientalische Armut in den Gassen, schwammen im See Genezareth, speisten delikaten Fisch, wie ihn schon Petrus gefangen hat und der nach ihm benannt wurde. Wir spürten allenthalben die Spuren der Jahrtausende und diskutierten mit jungen *Sabre.* So heißen eigentlich die am Straßenrand wachsenden hohen Gliederkakteen. Nun sind sie Symbol und Synonym für die jungen, im Lande geborenen Israelis. Es sind schon 40 Prozent der jetzt 2,6 Millionen Einwohner. Im Gespräch mit ihnen zeigte sich, daß die Ablehnung der Deutschen in Israel zwar eine Konvention sei, daß aber der einzelne Besucher und seine Argumente willkommen sind. Die Stacheln befinden sich außen.

Kurz vor der Jahrhundertwende begründete Theodor Herzl die zionistische Weltbewegung, rief zur Rückkehr aus der Diaspora in das Land der Väter auf. Sein Grab liegt auf einer Parkhöhe nahe dem Mahnmal in Jerusalem. 85 000 Juden lebten 1914 in Palästina. Bei Ausbruch des Zweiten Weltkrieges waren es 650 000. Als im Mai 1948 der Staat Israel proklamiert wurde und die Engländer abzogen, waren es 760 000 Juden, seit 132 nach Christus erstmals wieder unabhängig und frei, doch schon mußten sie gegen die von allen Seiten einfallenden Araber in den Krieg ziehen. Die Trümmer eines syrischen Flugzeugs, zu einer Art Denkmal gehäuft und von Kakteen bewachsen, erinnern in einem der Kibbutzim, die wir besuchten, an jene Tage. An den Engpässen auf der Straße zum 800 Meter hoch gelegenen Jerusalem liegen neben der Straße unter den Pinien zerschossene Wracks behelfsmäßig gepanzerter Autos, mit Mennige-Anstrich gegen Rost geschützt und mit verwelkten Kränzen geschmückt. Zeugen der Entsatzversuche für die belagerte Hauptstadt. Rund 6000 Israelis sind damals gefallen, die meisten im Kampf um Jerusalem. Der Friedhof liegt unweit des Mahnmals für die Opfer der »Endlösung«. Heute führen fünf Straßen nach Jerusalem, und mehr als Grenzzwischenfälle können die Araber gegen die hervorragend ausgerüstete und disziplinierte Armee nicht riskieren. Mit 18 wird der Israeli volljährig und wehrpflichtig, auch die unverheiratete Frau.

Das neue Israel ist jung. Mehr als 58 Prozent der Bürger unter 30, nur 5,6 Prozent über 65 Jahre alt. 2,2 Millionen Juden, über 200 000 Moslems und rund 55 000 Christen, ferner Drusen und andere. Die meisten Einwanderer beherrschen inzwischen die Landessprache *Iwrit*, das Hebräisch des

Alten Testaments. Die junge Hostess, die uns die Industriemesse zeigte, spricht mit der Mutter noch Deutsch, nur mit der Mutter. Ihr Vater war ein sehr bekannter Jurist in Kassel. In der nächsten Generation wird Englisch das Deutsche so gut wie völlig verdrängt haben. Und so merkwürdig es klingen mag, wird gerade das helfen, die Wunden vernarben zu lassen. Es geht im Verhältnis zwischen Deutschland und Israel gewiß nicht darum, gemeinsame gute deutsche Erinnerungen zu beschwören. Das Porträt einer Büste Einsteins im Deutschen Pavillon auf der Messe erinnert nicht nur jüdische Besucher daran, wie Deutschland viele seiner größten geistigen Potenzen behandelt hat. Die Übermittlung der deutschen Kultur ist bei den Israelis aus Mitteleuropa in guten Händen, zumal viele Schlüsselpositionen bislang mit jüdischen Einwanderern aus deutschsprachigen Ländern besetzt sind. Noch wird selbst gegen Aufführungen Orffs protestiert, dessen Instrumental-Studio einer der Ausstellungsbeiträge war. Geduld... Botschafter Pauls sprach in seiner Rede von unendlicher Geduld, betonte aber vor uns Journalisten, er sei »kein Sühneprinz«. Die Israelis, mit denen wir sprachen, schätzen ihn gerade darum. Dr. Pauls kritisierte öffentlich die Berichterstattung der israelischen Presse über Deutschland. Und ein Israeli gab zu, die Zeitungen betonen das Negative, weil die Leser es angeblich so wollten. Es dürfte eher umgekehrt sein. Die unfreundliche Berichterstattung bestärkt immer wieder die verständliche Abneigung.

Im Deutschen Pavillon gingen während der Messe täglich anonyme Bombendrohungen ein. Die israelische Polizei untersuchte sehr häufig, gründlich und unauffällig. Die vorübergehende Sperrung des Pavillons wurde jeweils mit einem Hinweisschild begründet, es fände zur Zeit ein Empfang statt. Eine der radikalen Parteien opponierte dagegen, daß die deutschen Aussteller eine Informationsbroschüre auch in Hebräisch verteilten. Sie war sehr gefragt, der Pavillon gut besucht. Zwar seien die deutschen Ausstellungsstücke von einem Hafenarbeiterstreik in Haifa stärker betroffen gewesen als andere, wie wir von deutscher Seite hörten, aber der stellvertretende Ausstellungsdirektor charakterisierte den deutschen Beitrag: Zeitpunkt und Inhalt (Musikinstrumente, Sprachlabor, Informationen über Berlin) sind richtig. Unter dem Wahrzeichen des fliegenden Kamels findet nach den klimatischen Bedingungen der Hauptbesucherverkehr am Abend bis Mitternacht statt. Eine Seilbahn und eine Art Lunapark machen die Messe zum Volksfest. Der Pionier als Großstädter.

Ja, dies ist ein Land, wo Milch und Honig fließen, auch der Menge nach genügend Wasser, doch nur in den drei Wintermonaten. Der Gesamtniederschlag entspricht dem in England, womit das Problem der Speicherung und Bewässerung schon charakterisiert ist. Im Winter schwellen die Rinnsale auf die zweihundert- bis dreihundertfache Wassermenge an. In Galiläa fällt vierzigmal soviel Regen wie am Roten Meer, an der zehn Kilometer schmalen Südspitze des Landes. Von den 20 700 qkm sind jetzt 4000 landwirtschaftlich genutzt. Fast die Hälfte des Landes ist ja Wüste. Die Fläche der bewässerten Felder wurde seit 1949 verfünffacht. Große Überlandleitungen mit einem Rohrdurchmesser von mehr als zweieinhalb Metern führen vom See Genezareth in die Negev-Wüste. Rund 90 Prozent des Wasserreservoirs sind genutzt. Von einer sommerlichen Beschränkung des Haushaltswasserverbrauchs ist nichts zu spüren. Man kann so oft duschen wie in jedem anderen Land, wobei trotz Swimmingpool das Bedürfnis unter fast senkrecht stehender Mittagssonne höher ist.

Zur Zeit bereitet Israel gemeinsam mit der amerikanischen Regierung ein Projekt vor, um Seewasser mittels Atomkraft zu entsalzen. Wir kamen auch durch Kana (nordöstlich Nazareth), wo nach dem Neuen Testament Christus Wasser in Wein verwandelte. Das Wunder wird als Wirtschaftswunder von den Israelis im Großen gefordert und geleistet. Fast 100 000 Tonnen Wein und mehr als 850 000 Tonnen Zitrusfrüchte werden jährlich ausgeführt. Die Berieselungsanlagen sprühen meist nachts, damit die Verdunstung gering gehalten wird. Bananenstauden, Baumwollfelder, Zuckerrübenäcker und Dattelpalmen zeugen von der Fruchtbarkeit des Bodens. Der Weizen beispielsweise ist von so hoher Qualität, daß Israel ihn zumeist ausführt und geringwertigen Weizen zum Brotbacken einführt.

Über die landwirtschaftliche Tragödie des Mittleren Ostens hielt uns der israelische Begleiter ein sachkundiges Kolleg. Es war auch mehr als eine Geste, daß für diese strapaziöse Begleitung der Leiter der Auslandsabteilung des Israelischen Presseamtes P. Shaul Arie sich selbst zur Verfügung stellte. 59 Jahre alt, gebürtig aus Ostböhmen, studiert in Prag, sechs Jahre in der englischen Armee gegen Deutschland gekämpft, Major im Unabhängigkeitsfeldzug und im Sinai-Krieg. Über die Genealogie aller Fürstengeschlechter Palästinas im Altertum referierte er in einer Weise, daß wir ihn verdächtigten, er sei schon unter Herodes Pressesprecher gewesen. Zwanzig Meter vom Drahtzaun, nachdem noch zwei kleine Libanesen die Grenze verletzt hatten, um Zigaretten einzutauschen, erläuterte er: Bis zum Ende der byzantinischen Zeit, mehrere Jahrhunderte nach Christus, bestimmte die Landwirtschaft trotz vieler Kriege das Dasein der Völker Palästinas. Dann fielen die arabischen Nomaden ein. Ein Baum bedeutet für den Nomaden nur einmal ernten und Holz, so daß die Wälder jener Zeit verschwanden. Die Feldeinteilung entsprach dem arabischen Prinzip von Gleichheit und Gerechtigkeit. Unser Begleiter deutete über die Grenze auf die Felder der libanesischen Seite. Wie schmale Handtücher ziehen sie sich hügelan. Der Sinn dieser Einteilung: Jeder soll gleich viel von dem schlechteren Land oben und dem besseren unten haben. Diese Gerechtigkeit vernichtete die Bodenkultur. Die Felder müssen quer zum Hang angelegt und gepflügt werden, um der starken Erosion zu begegnen. Das Land wurde immer unfruchtbarer. Von der Fünf-Millionen-Bevölkerung der byzantinischen Zeit waren noch 200 000 übrig, als Napoleon durchs Land zog. Die Araber drüben in Libanon pflügen noch heute hangauf, hangab. Sie wissen inzwischen, daß es falsch ist, aber ihre patriarchalischen Eigentumsverhältnisse verhindern ökonomische Vernunft. Die Israelis dagegen terrassieren das Land mit moderneren Mitteln wie im Altertum. Sie entsteinen die Felder im nördlichen Galiläa, der israelischen Schweiz mit dem höchsten Berg des Landes (1200 Meter). Anderswo ließen sich Felder mit viel geringeren Kosten fruchtbar machen. »Aber was nutzen uns die alten Wachbunker der britischen Besatzung. Nur ein besiedeltes Land läßt sich bewachen.

Von solchem Pioniergeist zeugt ein weiteres Projekt. Die Kapazität Haifas, des Hafens an der einzigen Bucht der langen Küste, ist erschöpft. So wurde ein künstlicher Hafen vor die Küste bei Ashdod gebaut. Am vergangenen Mittwoch liefen erstmalig zwei Zerstörer der Flotte dort ein. Ashdod wurde vor mehr als 3000 Jahren von den Philistern gegründet. Der Name Palästina ist eine griechische Verballhornung des Wortes Philister. So etwas weiß ein gebildeter Israeli. An anderem Ort wurde uns ein Stein gezeigt, der auf die Zeit des Auszugs des Volkes Israel aus Ägypten datiert werden kann. Vierzig Tage haben die Kundschafter laut Altem Testament für die Erkundung Kanaans gebraucht. Wir hatten sechs Tage, freilich motorisiert. *(10.7.66)*

Der Hradschin steht mitten in Europa

Die Reisetage schlossen nicht zufällig den Volkstrauertag und den Bußtag ein. Den Weg markierten hinter Wannsee der Sowjetpanzer vom Typ 34 und das gleiche Siegessymbol der Roten Armee in der Prager Vorstadt. Deutsche wie Tschechen danken die damit charakterisierte Situation »dem Führer«. Die Dame, die mir in Prag Briefmarken verkaufte, sagte: »Bitta schön, nach Westdeutschland es kostet doppelt soviel wie nach Ost – das ist die Strafe!« Sie schmunzelte, seufzte und fügte hinzu: »Eine komische Einrichtung.« So umriß sie – ein weiblicher Schwejk – die Spaltung Europas, tat es mit jenem böhmischen Charme, der Grau in Gold zu verwandeln bemüht ist. Unsere gespannte Erwartung, wie Kaiser Karl IV., Sohn einer Przemyslidin und eines Luxemburgers, sich mit dem Zentralkomitee der tschechoslowakischen KP vertrüge, war nicht gering, zumal diese Fahrt mehr sein sollte als ein touristischer Abstecher in die Stadt architektonischer Herrlichkeit, der ersten Universität Mitteleuropas, Kafkas und der Karpfengasse. Kränze vor dem früheren KZ Theresienstadt und am Mahnmal in Lidice waren äußere Zeichen dafür. Harry Ristock, der Charlottenburger Stadtrat für Volksbildung, legte sie nieder. Er hatte diese Fahrt auf den Spuren schon zahlreicher Jugendreisen vorbereitet. Fast alle Schulleiter Charlottenburgs, rund 40, beteiligten sich auf eigene Kosten. Eine Genehmigung, am Ort auch mit den Behörden Verbindung aufzunehmen, hatte das Landesschulamt erteilt.

»Wer nicht über die Karlsbrücke gegangen ist, war nicht in Prag«, sagt man an der Moldau. Das ließe sich erweitern: Wer nicht in Prag war, weiß nicht, zu welch wahrhaft sich türmenden Leistungen die fruchtbare Spannung zwischen Slawen und Germanen Europa befähigte, Spannungen, die freilich manchmal auch furchtbar waren. Johann Ziskas riesiges Reiterdenkmal ragt aus der Historie. Stalins monumentaler Sockel steht seit mehreren Jahren leer. »Nicht mehr modern«, hieß es. Die kahle riesige Konsole ein Symbol für kommunistische Geschichtskorrektur. Karl IV. blieb und wird weiterhin benötigt.

Von der Moldau zunächst zur Eger. Nahe ihrer Mündung in die Elbe errichtete Maria Theresias Sohn Josef II. die Feste Theresienstadt gegen die siegreichen Preußen. In der sogenannten kleinen Festung wurde 1914 der Attentäter von Sarajewo inhaftiert. 1940 evakuierten die Nazis die 6000 Einwohner zählende Stadt für ein Getto, das sogleich 60 000 deportierte Juden aus West-Europa aufnahm. Die Kleine Festung wurde Konzentrationslager. Die Dame, die uns durch trostlose Verließe und über Hinrichtungsstätten führte, äußerte, nie werde sie begreifen, wie eine solche Kulturnation einen solch perfekten Apparat des Sadismus hervorbringen konnte. In einer der Kirchen am Hradschin stecken noch die Kanonenkugeln der Schweden, die aus der herrlichen Bibliothek des Klosters Strahov den Codex Argenteus, die Wulfila-Bibel nach Upsala entführten. Johann Hus wurde nach dem Konzil zu Konstanz als Ketzer verbrannt. Sein riesiges Denkmal beherrscht den Altstäder Ring. Natürlich guckten wir aus dem Fenster, aus dem die kaiserlichen Räte geworfen wurden, womit der 30jährige Krieg ausgelöst wurde. Vom Freitod des jüngeren Masaryk, seinem Fenstersturz aus dem Czernin-Palast war offiziell natürlich nicht die Rede. Die Geschichte der Menschen steckt voller Missetaten und Elend, aber wir bleiben die Antwort schuldig, wenn nach jener schrecklichsten Manifestation deutscher Gründlichkeit im SS-Staat gefragt wird. So standen wir auch stumm 20 km nordwestlich von Prag in der sanften Talmulde, wo einst das Dorf Lidice lag, Objekt grausamer Vergeltung für Heydrichs Tod. Oben hinter einem Rosenhang das neue Lidice. Kalt fegte der Wind über den Hang. Das Frösteln hatte andere Gründe.

Bedrückung der nahen Vergangenheit und auch der Gegenwart. Welch ein Kontrast: das um den Hauptbahnhof herum nahezu ausradierte Dresden, wo auf dem Schutt der Prager Straße jetzt ein ansehnliches Neubauviertel entsteht. Und wenige Stunden später die völlig unzerstörte goldene Stadt, deren tausendjährige Schönheit die vielen grauen Flecken planwirtschaftlicher Engpässe überstrahlt. Sonst indes verrät die Fahrt durch die ›DDR‹ und die Tschechoslowakei das ökonomische Gefälle nach Süden. In den Zonendörfern sind Fernsehantennen die Regel, auf der böhmischen Seite die Ausnahme. 3500 Kronen kostet ein Fernsehgerät, fast drei Monatsverdienste eines tschechischen Arbeiters, rund zwei eines Lehrers. Wenig Licht hinter den Fenstern, die zum Teil nur mit Decken verhängt sind.

Von einem der sieben Hügel hinab nach Prag, jene unvergleichlich glückliche Vermählung von Stadt und Fluß. Eine Million Einwohner hat die Hauptstadt und soll auf diesem Stand gehalten werden. Jeder 14. Tschechoslowake wohnt in dem 1922 gebildeten Groß-Prag. Auf den Anhöhen im Nordwesten, wo die Straße zum Flugplatz führt, sind große Neubauviertel entstanden, vor fünf Jahren noch eintönig à la Charlottenburg-Nordost, vor zwei Jahren schon gefällig. Die Erhaltung der historischen Substanz der Stadt der 113 Türme und 14 Brücken fordert hohe Summen. Sie werden aufgebracht, vor allem seit der devisenbringende Tourismus eingeplant wurde. Das Palais Kinsky, wo Kafka im Deutschen Gymnasium zur Schule ging, ist vom Baugerüst umgeben. In den Höfen des Hradschin begegnen Touristinnen mit vielbestaunten Pelzmänteln den böhmisch-bunten Kopftüchern der Landfrauen. Das Volk hat, scheint's, dort ein viel unmittelbareres und herzlicheres Verhältnis zu seiner Geschichte als bei uns. Eine Begleiterin erläutert uns, wie enttäuscht der Prager »Winterkönig« Friedrich von der Pfalz gewesen sei, als die protestantischen Briten ihn nicht gegen das katholische Habsburg unterstützten, obgleich er doch eine Engländerin geheiratet hatte. »Die Engländer waren im Unterstützen nie so heiß«, sagt sie beziehungsreich.

Eine ältere Frau fragt den Besucher, woher er komme. »So, aus West-Berlin? Und wie finden Sie Prag?« Die bewundernde Antwort unterbricht sie mit der Feststellung: »Es ist eine traurige Stadt, schon mehr als 25 Jahre.« Sie verstummt, weil eine Kollegin sich nähert. Ein alter Herr, der kurz vor Mitternacht am Wenzelsplatz ein Lokal geschlossen findet, sagt: »Kommunistische Wirtschaft«. Immerhin, der Friseur einige Häuser weiter hatte noch nach 21 Uhr geöffnet. Offen geschimpft wird nicht. Die Zeitungskioske bieten ausnahmslos linientreue Gazetten feil, darunter ein paar westliche kommunistische Organe. Im Buchladen ein Bergengruen neben Kubys »Rosemarie« in Tschechisch.

Beim Einkaufen und in den Lokalen empfindet der Westdeutsche ähnlich wie vermutlich ein Amerikaner nach dem Kriege in Deutschland. Selbst zum offiziellen Kurs von einer Mark für vier Kronen kann er im vorzüglichen russischen Restaurant »Moskwa« am »Graben« vier Gänge für 15 Mark speisen. Auch in den kleineren Lokalen ist die Küche böhmisch gut. Das Sauerkraut schmeckt wie bei Muttern. Die Lebensmittel sind vergleichsweise günstig zu kaufen. Ein

Kilo Roastbeef für 33 Kronen. Auch die Mieten sind niedrig. Ein Pullover allerdings, der bei uns keine 40 Mark kostete, falls überhaupt eine solche Qualität angeboten würde, ist mit 400 Kronen ausgepreist, ein Drittel fast des Monatsverdienstes eines Facharbeiters. Für ein Nylonhemd muß selbst ein Arzt drei Tage arbeiten. Ein Skoda des Typs, wie er auch bei uns gekauft wird, kostet 45 000 Kronen. Dagegen fährt man für 60 Heller jede Strecke mit der Straßenbahn, dem in dichter Folge eingesetzten Hauptverkehrsmittel, das auf den Ausfallstraßen dem Bus weicht. Der Straßenbahnschaffner springt schnell in den Bäckerladen, bevor die Fuhre weitergeht, eines der kleinen Beispiele sympathischer Improvisation. In den Kellergewölben der Altstadt sitzt die Jugend bei Wein und Salzmandeln, die Mädchen mit geringen Mitteln hübsch zurechtgemacht. Die Bedienung ist zahlreich und beflissen. Das Motel, in dem wir untergebracht waren, hielt jedem westlichen Vergleich stand. (12 Mark pro Nacht das Einzelzimmer ohne Frühstück.)

Am späten Nachmittag und am Abend wimmeln die Menschen trotz Novemberwetter geradezu südlich in den Straßen. Im »Merian«-Heft über Prag hat August Scholtis den alten Roßmarkt, das sanft zum Nationalmuseum ansteigende Rechteck des Wenzelsplatzes ein »Konglomerat von jungtschechischem Trotz und Altwiener Charme« genannt. Lenin will dazu nicht recht passen. Zwei junge Männer an der Straße erwiesen unserem Bus, als sie das West-Berliner Kennzeichen entdeckt hatten, den Hitlergruß. Dies war der Einzelfall, die Ausnahme in allgemein wohlwollender Höflichkeit. Bei den deutschsprechenden, meist älteren Pragern spürte man auch Herzlichkeit. An den nach Westen führenden Straßen deuten Schilder mit deutschen Ortsnamen über die Landesgrenzen hinweg. In Ulbrichts Reich, das sich um Weltniveau bemüht, wird etwa an der Kreuzung der Dresdener Autobahn mit dem Berliner Ring beim Transit-Reisenden vorausgesetzt, er wisse, daß er nicht dem Wegweiser Berlin, sondern dem Schild Leipzig-Magdeburg folgen muß, um nach West-Berlin zu gelangen. In der Tschechoslowakei wurde auf der Vorderseite unseres Visums die Staatsangehörigkeit »deutsch« in »West-Berlin« abgeändert. Da gleichen sich die Bilder wieder.

»Bei uns müssen Sie Geduld und Nerven haben«, sagte uns eine Einheimische, die erwähnte, zwei Besucher aus der ›DDR‹ hätten im Veits-Dom den Hut aufbehalten und Zigaretten geraucht. Touristen-Takt ist ein weites Feld. Doch sie erzählte gerade von diesen und fügte hinzu: »Jeder hat eine andere Kultur.« Spricht man mit tschechischen Kommunisten, so hört man keine Klischees oder gar den berüchtigten Parteischul-Akzent. Einer wies, als ich die architektonische Schönheit eines Institutsneubaus bewunderte, unaufgefordert darauf hin, man habe aber viel Ärger mit dem Baumaterial gehabt.

In der Flagge des Staatspräsidenten, die über dem Hradschin weht, wenn er in Prag ist, steht der hussitische Wahlspruch: »Die Wahrheit siegt«. Darüber ließe sich ironisch meditieren. Versuchen wir lieber, sie beim Wort zu nehmen. Hus ist älter als Novotny. Der Weg über die älteste, 500 Meter lange Steinbrücke Mitteleuropas, von der Statue Karls IV. zu seiner Residenz, wo heute das Zentralkomitee den Kronschatz hütet, läßt die Gegenwart verblassen. Autos haben auf der Karlsbrücke nichts verloren. Und niemand, auch nicht der alltägliche Prager, vermag es, durch diese Skulpturengalerie, die mit ihren Steinheiligen auch einen Bußgang für Ketzer sein sollte, zu hasten. Die Moldau scheint nach Smetanas Noten zu rauschen. Hier, wo die Salzstraße und die Bernsteinstraße des Mittelalters sich trafen, wo Magdeburger und Nürnberger Stadtrecht sich schieden, wo tschechische Studenten gegen die Schweden kämpften – hier erscheint die Größe der Vergangenheit wie ein ständiges Versprechen einer besseren Zukunft, die nur über eine Brücke zwischen West und Ost zu erreichen ist. Denn der Hradschin steht mitten in Europa.

In der Pinkas-Synagoge am alten jüdischen Friedhof, der das Grabmal Rabbi Löws birgt, bedecken die Namen von mehr als 77 000 ermordeten Juden die Wände. Wer sie sieht, weiß, daß wir Deutschen nicht auf die anderen warten dürfen. So wollten die Kränze aus Charlottenburg in Lidice und Theresienstadt nicht nur als Geste verstanden sein. Einer der Charlottenburger Schulleiter hatte für Theresienstadt einen Auftrag. Ein Israeli, der schon vor 1933 aus Berlin ausgewandert ist, besuchte kürzlich hier seine alte Schule. Er hörte von der Reise und bat den Schulleiter, nach seiner vermißten Mutter zu forschen, von der er nur vermutete, sie sei nach Theresienstadt deportiert worden. Die Dame, die uns durch das ehemalige KZ geführt hatte, konnte binnen fünf Minuten anhand ihrer Kartei die Antwort geben: 1942 im Getto verstorben. *(26. 11. 66)*

Deutsch versteht man gut in Budapest

Das Gebäude des Zentralkomitees der ungarischen Arbeiterpartei, wo János Kádár sein Volk, wie mancher sagt, am langen Zügel lenkt, liegt im V. Bezirk am östlichen, dem Pester Donauufer, wo der Sankt-Stephan-Ring auf die Margaretenbrücke trifft. Heiliger Stephan. So heißt er noch, weil er auf ungarisch seit Menschengedenken *Szent Istvan* hieß. Dasselbe gilt für den Roosevelt-Platz an der Kettenbrücke. Wer wird denn seine Nationalgeschichte mißachten, nur weil er Kommunist ist.

Zwischen Krawatten im Textilgeschäft ein Lenin-Bild. Plakate, die an die Feiertage zur Oktober-Revolution am 7. November erinnern. In der Schule des City-Bezirks einige Bilder des russischen Revolutionärs, aber nirgends ein Kádár-Kopf. Als Kekkonen, der finnische Ministerpräsident, Budapest besuchte, zeigte die Hauptstadt die Flaggen Suomis und das Grün-Weiß-Rot Ungarns, des seit 1956 einzigen Ostblockstaats, der kein kommunistisches Emblem im Banner führt. Rote Fahnen sah der Finne nicht.

Kein Grund, an der Diktatur zu zweifeln. Aber es sind nicht nur Äußerlichkeiten. Deutsche, die viele Jahre im Lande leben, sagen Kádár nach, er wisse, daß das ungarische

Roß die Kandare schlecht vertrage. Er habe aber auch Dubcek vorher gesagt, daß auf den Prager Frühling ein schrecklicher Reif fallen werde. Die 30 000 Toten von 1956 sind nicht vergessen. 220 000 Ungarn wanderten damals aus, von denen mindestens 30 000 zurückgekommen sein sollen, nicht nur Piroschkas wegen. Wenige Völker, sagt man in Budapest, leben so ungern anderswo als daheim, obwohl die zweitgrößte ungarische Stadt Cleveland in den USA ist mit 600 000 Magyaren. Natürlich sind alle Flüchtlinge von damals auch als Gäste willkommen, nicht zuletzt aus Valuta-Gründen. In Brooklyn mögen sie noch arm sein. In Budapest oder Debrecen hat die Tante aus Amerika die Handtasche voll harter Währung.

Nein, ein Diskussionsthema sei das Jahr 1956 in Ungarn nicht mehr, aber ein stummer Gast auch bei den Maßnahmen der Regierung. Es sei fraglich, ob Husak in der CSSR zustande bringe, was Kádár, dessen damalige Rolle geschichtlich noch nicht geklärt sei, erreicht habe. Ungarn versteht sich als eine Art Land des gesunden Menschenverstandes im Ostblock. Am rund 50 Meter hohen Befreiungsdenkmal auf dem Gellert-Hügel, benannt nach dem italienischen Missionar, den die Magyaren über den Felsen stürzten, steht in halber Höhe ein Sowjetsoldat mit Blick nach Südosten, woher die Rote Armee 1944 anrückte. Über ihm, doppelt so groß, eine Frauengestalt mit einem Palmzweig in den erhobenen Armen.

Der Friede als Dominante auf diesem Boden, der die Römer und Attilas Hunnen beherbergte, getränkt der Sage nach mit Nibelungenblut, bevor die Ungarn kamen: Nomaden aus der Steppe zwischen Don und Dnjepr, sprachverwandt mit den Finnen. Als sie sich auf dem Lechfeld bei Augsburg blutige Köpfe geholt hatten, wurden sie seßhaft. Dann kamen die Tartaren. Mehr als anderthalb Jahrhunderte regierte der Halbmond, dann Habsburg, Horthy, die Nazis, Sowjets, Aufstand... Viele Gründe, Freiheitskämpfer zu gebären, deren Denkmäler die ganze Stadt schmücken. Aber man wird geduldig, ohne das Temperament zu verlieren.

Auf dem Milleneumsplatz, der steinernen Jahrtausendfeier der Landnahme, haben sie ihre Könige einträchtig versammelt. In der Stephans-Basilika unter 96 Meter hoher Kuppel singt ein kniendes altes Weiblein mit Fistelstimme auf Deutsch zur Ehre Gottes. Einem Schauspieler des Schloßpark-Ensembles mit gütigem Gesicht und Backenbart sagt eine Greisin, er sehe aus wie der Kaiser Franz Joseph und dieser habe ihr bei einem Besuch in Budapest die Wange getätschelt. Das habe sie sich gemerkt? fragt der Berliner. Antwort: »Ja, warum denn nicht!« Ein junger Mann aus der ›DDR‹ bekommt eine Theaterkarte für das Berliner Gastspiel, freut sich. Er habe mal rausgewollt, nur für drei Tage. Budapest – ob das denn schon »raus« sei. Jedenfalls etwas anderes. Dabei hat die ›DDR‹ zweifellos einen höheren Lebensstandard als Ungarn. Bilanz eines Lebenskünstlers: 80 Prozent geben wir fürs Essen aus. Und Rákosi, der Stalinist, habe gesagt, die Ungarn äßen ihre Zukunft auf. Fünf bis zehn Prozent für die Wohnung. Was noch bleibt?

2000 Forint ist das Durchschnittseinkommen. Lohnsteuer wird nicht gezahlt, nur Sozialabgaben sind zu leisten. Zum offiziellen Wechselkurs entspricht das rund 260 DM und auch etwa dieser Kaufkraft. Die Miete ist das wenigste. 160 Forint für zwei Zimmer, wenn man sie hat. Die Wohnungsnot in Budapest ist katastrophal, an eine Änderung in absehbarer Zeit nicht zu denken. Mit Balken abgestützte Treppenhäuser, sanierungsreife Hinterhöfe machen vollends begreiflich, warum auch außerhalb der Hauptverkehrszeiten die Boulevards voll von Fußgängern sind, die Straßenbahnen dicht bei dicht fahren und die älteste U-Bahn-Linie des Kontinents proppenvoll ist. Sie fährt unter der Straße der Volksrepublik, was ungarisch ganz schlicht *Nepköztársaság* heißt. Immerhin merkt sich das besser als die Vokabel für Universität, nämlich *Tudományegyetem.*

Was das Gedränge auch erklären hilft: Fast jeder fünfte im Lande lebende Ungar ist Budapester (zwei zu 10 Millionen). Tagsüber lebt jeder vierte in der Haupstadt, die zugleich 60 Prozent der Industrie beherbergt. Nimmt man noch dazu, daß in jeder Wohnung Holz, Braunkohle und alles mögliche verheizt wird, so versteht man den Vergleich, Budapest sei zugleich das Ruhrgebiet Ungarns. Es bedarf schon solch ungewöhnlichen Sommerwetters wie während der Charlottenburg-Woche, um Londoner Smog mit seinen Folgen zu verhindern. Denn auch die ungarischen Personenwagen (nach einer amtlichen Statistik ein Auto auf 100 Einwohner) scheinen sich in der Hauptstadt zu konzentrieren. BMW, Fiat, Volkswagen, Trabant, Wartburg, Wolga - alles, was Europa in hohen Produktionsziffern auf den Markt bringt, fährt hier. Meist sind es neue Fahrzeuge, weil Gebrauchtwagen mit besonders hohem Zoll belegt werden, da sie später zuviel Ersatzteile benötigen. 100 000 Forint kostet ein VW, also 50 durchschnittliche Monatseinkommen. Woher dann die vielen Wagen? Es sind vielfach Geschenke von Verwandten im westlichen Ausland.

Das Aufbringen der Betriebskosten bleibt dennoch ein Rätsel, das allenfalls so lösbar scheint: Eine Familie mit nur einem Verdiener gibt es praktisch nicht. Jeder, der noch kann, arbeitet. Wenn er mit der regulären Arbeit, deren Intensität häufig dem Einkommen angepaßt wird, fertig ist, arbeitet er schwarz und das dann fleißig. So wird erklärlich, wie Textilgeschäfte so mutig sein können, ein Polohemd »Made in Italy« aus Tarvisio für 680 Forint anzubieten. Ein französisches Hemd sei für 1100 Forint ausgepreist gewesen, erzählte uns ein ungarischer Rundfunk-Kollege. Er habe eine Reportage darüber machen lassen. Tags darauf kostete das Hemd 800 Forint. Natürlich sei das auch noch absurd, aber er gab das als Beispiel auf unsere Frage, wie weit die Freiheit der Kritik reiche. Auch hätte ein Mann in öffentlicher Fernsehsendung fragen können, warum die Arbeiter im Westen soviel verdienten.

Der Deutschunterricht der Schulen muß sehr gut sein. Fast jeder Gebildete spricht es, auch unter den Jungen, obwohl natürlich Russisch in den Schulen die erste Fremdsprache ist. Deutsch versteht man in jeder Hinsicht in Budapest sehr gut. Ein Schulatlas zeigt die Abkürzung für Bundesrepublik und

›DDR‹. Quer über dem Gebiet zwischen Rhein und Oder aber seht: *Nemet* (Deutsch). Nur der stellvertretende Chefredakteur des kommunistischen Zentralorgans »Népszábadság« (Volksfreiheit) bezeichnete das als falsch. Andere ungarische Journalisten hielten es für korrekt und amüsierten sich darüber, als wir ihnen das Verhältnis West-Berlins zur Bundesrepublik damit erläuterten, daß man an der Spree gelegentlich formuliere »Berlin und die übrige Bundesrepublik«. Im ›DDR‹-Zentrum am Engels-Platz schlugen wir in dem dort angebotenen Jugend-Lexikon das Stichwort »West-Berlin« nach. Einwohnerzahl, Fläche, selbständiges Gebiet auf dem Territorium usw... Von westlichen und westdeutschen Agentenzentralen und Untergrundorganisationen zur Unterminierung der ›DDR‹ mißbraucht... An der ›DDR‹-Botschaft, einem repräsentativen modernen Gebäude in der Népstadion-Straße, zeigte sich aufgeregtes Personal, als das Haus fotografiert wurde.

Die Ungarn lassen die ›DDR‹-Genossen bei aller Solidarität offenbar nicht im unklaren darüber, daß sie trotz oder wegen ihrer Rohstoffabhängigkeit vom Osten den Handel mit dem Westen zugunsten der Devisenlage ausbauen wollen. Fünf Prozent des Außenhandels entfallen auf die Bundesrepublik, zehn Prozent auf die ›DDR‹.

Im Rathaus des V. Bezirks sehen Budapester auf die bunten Motive der Charlottenburger Bildwerfer, die noch bis Monatsende blinken sollen. Sie lassen sich in ihrer Landessprache, die so restlos unverständlich ist, aber wie von Liszt komponiert klingt, erläutern, was der Westen zeigt. Manch einer mag stumm fragen, warum der Paprika der Geschichte die Gulaschsuppe des Lebens so ungleich würzt. Nicht auf den Appetit kommt es eben an, sondern, wo man sitzt. Was man draus macht? Aus bescheidenen Stoffen einen gewissen Chic; aus der Armut eine bestimmte Würde. Der ungarische Pilot landete in Schönefeld ohne merkbaren Aufsetzer. Die flugerfahrenen Passagiere applaudierten. Letzter Eindruck von *Magyarország.* Was das heißt? Ungarn natürlich.

(19.11.69)

Arbeit befriedigt auch das Nationalgefühl der Japaner

Zuckmayer hat in »Des Teufels General« zu erklären versucht, warum die Deutschen etwas taugen, unter anderem nämlich wegen ihrer Nazi-widrigen hoffnungslosen Rassenmischung aus Germanen, Römern, Juden, Wikingern, Ungarn und was sonst noch alles dabei sein mag. An der Mischung kann es bei den Japanern nicht liegen, daß sie so tüchtig sind. Drei Wochen lang nur schwarzes, allenfalls graumeliertes Haar, nur braune Augen und schlanke, höchstens mittelgroße Körper mit lässigen Bewegungen, die man bei uns nur dem sportlichen Typ zuschreibt. Ein nahezu rassereines Volk auf einer Insel, die erst vor hundert Jahren sich dem Fremden zu öffnen begann, das aber noch heute all seinen Schaufensterpuppen westliche Gesichtszüge gibt. Die so adrett und kleidsam uniformierten Schulklassen bestürmen den auf fünfzig Meter als solchen erkennbaren Ausländer um Autogramme, nur weil er fremd aussieht. Dabei gilt ein Doitsu, ein Deutscher, mindestens soviel wie drei Amerikaner, weil er rarer ist. Ohnehin schwärmen die US-Bürger über die Inseln der aufgehenden Sonne, wo Hiroshima nur noch als Museum Bedeutung zu haben, die Vergangenheit bewältigt zu sein scheint, meist nur in Gruppen und auch nur dort, wo der Fremdenführer es fordert. So erregt ein einzelgängerischer Europäer auch in Tokio mehr Aufsehen als ein Japaner im Wedding. Rush ohne Hast

Mit wachsendem Staunen beobachtet der Reisende eine nicht zuletzt deshalb gänzlich andere Welt, weil sie einige unserer vordringlichen Probleme auf den ersten Blick nicht zu kennen scheint. Hier ist Enge ohne Druck möglich, ohne Hast, ohne Nervosität, ohne Gereiztheit, ohne Zerren von Mutterhand an Kinderarm. Im Raum Tokio-Yokohama leben auf einer Fläche wenig größer als Groß-Berlin 15 Millionen Menschen. Der Begriff der rush-hours schildert dort allenfalls einen Dauerzustand, ohne dessen bei uns übliche Belastungen.

Die Organisation und Präzision, mit der diese Menschenmassen wie in einem Termitenhügel klaglos und nahezu reibungslos bewegt werden und sich bewegen, läßt verblassen, was man als Berliner Tempo gerühmt haben mag. Man meint, wenn in Tokio je irgendwo ein Stau entstünde, würde sogleich eine Kommission dessen Ursachen ergründen und sie so unauffällig beseitigen, wie zwölf trillerpfeifende Polizisten mit einem Demonstrationszug auf der Ginza und nebenbei dem gesamten Verkehr fertig werden.

Möglich wird dies einmal durch außerordentlich einfallsreich angewandte Technik. Die Fahrkarten-Automaten wurden schon als bescheidenes, aber typisches Beispiel geschildert. Hinzu kommt räumliche Großzügigkeit an neuralgischen Punkten. Der Ginza-U-Bahnhof hat über 25 Ausgänge. Die meisten Cities gibt es unterirdisch noch einmal, in Nagoya wie in Osaka und sowieso in Tokio. Gut einen Kilometer kann man durch lichtdurchflutete Arkaden mit vielen Geschäften und kleinen Lokalen ohne Smog, ohne Ampel, ohne Schubsen gehen. Das Gehen ist auch wegen der selbstverständlich anmutenden Disziplin der Japaner ein Vergnügen.

Trotz dreimaligen EXPO-Besuchs, trotz tagelangen Umherstreifens in den größten Städten des Landes, in denen ein Fünftel der Gesamtbevölkerung von über 100 Millionen lebt, war es nur einmal nahe daran, daß ich mit einem U-Bahnzug nicht mitgekommen wäre, was bedeutet hätte, höchstens fünf Minuten später zu fahren. Fernzüge sind ausverkauft, wenn alle Sitzplatzkarten vergeben sind. Stehplätze werden nicht angeboten. Die Fahrt im Tokaido-Expreß, der in der Spitze unmerklich weit über 200 km/st fährt, ist Erholung.

Diese Sonderstrecke für die schnellsten Züge der Welt war an einem meiner Besuchstage für zwei Stunden wegen Erdbebens unterbrochen. Ein solches für die Bevölkerung nicht bemerkbares Beben in zehn Kilometer Tiefe war doch stark genug gewesen, daß die automatische Stromabschaltung für die Tokaido-Strecke betätigt wurde. Daraufhin werden die

Gleise geprüft, was seine Zeit dauert. Das Erdbeben hatte nach der siebenstufigen japanischen Skala die Intensität drei und wurde von der »Japan Times« in einer kleinen Meldung registriert. Blickt man vom Tokio-Tower auf den größten Bahnknotenpunkt Shimbashi, wird die schier unglaubliche Zugdichte erkennbar, die durch ein weiteres Phänomen möglich wird: die Fülle an Personal.

Dieses in der Spitze der Industrienationen arbeitende Volk hat trotz seines ganz auf den Export angewiesenen, an Bodenschätzen armen Wirtschaftspotentials auch für Dienstleistungen aller Art genügend, ja geradezu üppig Arbeitskräfte. Noch ehe man im Lokal sitzt, hat man das übliche Glas Eiswasser und die Speisekarte. Wer will, kann sogleich bestellen. Will er noch nicht, wird niemand ungeduldig, wie überhaupt jedwede Tätigkeit, die zugleich unhöflich ist, nicht ins Japanische übersetzbar erscheint. Wie schnell hat man sich an die tiefen Verbeugungen gewöhnt, weil sie nur eines vieler Zeichen einer wirklich tiefverwurzelten Höflichkeit sind, die ungezwungen wirkt. Auch die sechste Begrüßung an der sechsten Rolltreppe findet man keineswegs komisch.

Es paßt alles zusammen: Die Vielfarbigkeit der Lichtreklamen, die meist als Festgewand getragenen Kimonos, die überhaupt gewählte, wenn auch von den Jungen salopp getragene Kleidung mit den leichten Stoffen, wobei die Männer fast ausschließlich Grautöne bevorzugen. Nur Coca Cola darf offenbar nicht japanisiert werden. Überall sieht man es riesig und nur in lateinischen Schriftzeichen. Doch bleiben wir beim Personal, den vielen Kellnern, den aufmerksamen Verkäufern, den Fahrkarten-Knipsern, den Straßenfegern, bis hin zu den Schuhputzern. Die Fülle erklärt sich auch aus der Arbeitsleistung der einzelnen. Hier wird noch härter, länger und meist auch in Überstunden geschafft.

Die Frage, wieviel er oder andere verdienen, hat mir nicht ein Japaner beantwortet. Wahrscheinlich war die Frage allenfalls einem ausländischen Journalisten zu verzeihen. Aus einem Leitartikel der »Japan Times« kann das Nötige entnommen werden. Der japanische Unternehmer-Verband beklagte, daß die alljährliche Frühjahrs-Lohnwelle diesmal auf 17,5 Prozent steige, was 8774 Yen ausmache. Daraus läßt sich ein Durchschnittseinkommen von rund 500 DM monatlich errechnen, vermutlich ist das ohne Überstunden und die verhältnismäßg hohen Sozialleistungen für eine meist unternehmenstreue Arbeiterschaft anzusetzen. Besser zu produzieren als die ausländische Konkurrenz bedeutet hier nicht nur Job und Lohn und Auskommen, sondern auch Befriedigung eines ungebrochenen Nationalgefühls. Nur die Höhe der genannten Prozentziffer könnte andeuten, daß der japanische Arbeiter sich seiner im Weltmaßstab der Industrienationen wohl einzigartigen Stellung im Verhältnis von persönlichen Ansprüchen und Leistung kritisch bewußt wird.

Da die Preise denen in Deutschland nahezu gleich sind, ob für Erdbeeren, Fernsehapparate, Schuhe oder Armbanduhren, kann man sich die Bedürfnislosigkeit einer Bevölkerung vorstellen, in der die meisten dennoch ihr Fernsehgerät, die Waschmaschine, einen vorzüglichen Fotoapparat haben. Sicher hält auch die Familie in der Hinsicht sehr zusammen, eine Theorie, die man bei den betulichen Familienstücken im Fernsehen bestätigt findet. Denn ihr Haus ist ihre Burg mehr noch als anderswo. Auch untereinander sind die winzigen, meist einstöckigen Häuser völlig abgekapselt mit Papierschiebefenstern und Grundstücksmauern, nie Zäunen, durch die man in Nachbars Garten gucken könnte.

Zuvorkommenheit und Distanz halten sich durchaus angenehm die Waage, wie überhaupt in diesem Land der Sinn für Formen und Farben sich schon in den Gebrauchsgegenständen beweist und bewährt, auch den gefälligen und niemals auffälligen Autotypen. Rund zehn VWs und ein paar weniger Mercedes sah ich in drei Wochen; sonst nur zwei Exemplare anderer ausländischer Typen.

Moderne Gebäude von auffallender architektonischer Kraft sieht man kaum. Hier herrscht eher amerikanische Zweckmäßigkeit vor. Die 1964 zur Olympiade gebauten

Hochstraßen, die gebührenpflichtigen Expressways, scheinen im Gegensatz zu unseren Schnellstraßenbrücken nicht reparaturanfällig zu sein. Große Tiefbauprojekte werden Tag und Nacht mit bemerkenswert geringer Beeinträchtigung des Verkehrs ausgeführt.

Auch in anderer, bei uns beklagenswerter Hinsicht, kommt man in diesen Mammutstädten besser miteinander aus. Die Läden haben keine bestimmten oder starren Schlußzeiten. Jeder wählt seinen freien Tag oder opfert ihn auch der Saison. In den Kaufhäusern kribbelt es besonders am Sonntag, zumal die Japaner noch lieber Shopping zu gehen scheinen als wir – bei weniger Kleingeld. Und wenn bei uns die Kaufhäuser im Niveau und Angebot durchaus unterschiedlich sind und auch sein wollen, so sind solche Unterschiede weder an der Ginza in Tokio noch in Osaka festzustellen.

Ob es Klimagewöhnung oder Intensität der Körperpflege ist – trotz der Menschenfülle ist die Luft nirgends verbraucht, was natürlich auch auf die überall surrenden Klima-Anlagen zurückzuführen ist. Über Lautsprecher werden in den Zügen ausführliche Auskünfte gegeben, was der Zugereiste allerdings auch dann schlecht versteht, wenn es, wie in den EXPO-Zügen, auf Englisch geschieht. Japanisches Englisch ist eine Sprache für sich. Ganz abgesehen davon, daß mein schlichter Name nicht einem einzigen Japaner glatt über die Zunge geht. So läßt sich vorstellen, wie verzweifelt die Telefonvermittlung war, als ich in Berlin (sie fragte, in welchem Land das läge) einen Kollegen namens Dr. Apitzsch sprechen wollte. Auch muß man lernen oder wissen, daß die Frage, ob ein Lokal dies oder jenes hätte, nicht mit nein beantwortet werden darf, sondern erst einmal mit einem nickenden hai (ja) und dem Zusatz: Das haben wir nicht. Auch wird ein Japaner auf die Frage, wie man wo hinkommt, keinesfalls zu verstehen geben, das wisse er nicht. Er verlöre dann wohl sein Gesicht. So kann man trotz freundlichster Auskunft die Orientierung verlieren. Doch werden solche Schlüsse mit aller Vorsicht angeboten, da möglicherweise einfach sprachliche Mißverständnisse vorliegen.

In einem wesentlichen Punkt sind die Japaner den Deutschen gleich, in der Aggressivität am Steuer. Zwar gibt es kein Vogelzeigen oder Schimpfen, aber es wird aus der Spur gefahren, geschnitten, behindert und gehupt, was das Zeug hält. Bei der sonst bewiesenen Geduld und Ungezwungenheit fällt das besonders auf. Denn Toleranz bestimmt auch die undogmatischen religiösen Bräuche, besser Gewohnheiten. Gelassenheit verbreiten die trotz ihrer bronzenen Masse so heiter wirkenden Buddhas und der harmonische Schwung der Tempeldächer und Tore, die zu den Shinto-Schreinen führen und zur Besinnung und Vorbereitung auffordern.

(29.5.70)

Apollo 8 auf Jules Vernes Spuren

»Trotz seiner hohen Geschwindigkeit scheint sich das Projektil nicht zu bewegen. Eine gleichbleibende Fortbewegung im leeren Raum ist für den menschlichen Organismus nicht zu spüren... In ihrem Projektil eingeschlossen hätten die Mondfahrer glauben können, sie befänden sich in absoluter Ruhe. Nur an dem sich allmählich vergrößernden Mond konnten sie ihre Fortbewegung erkennen.«

An dieser gewiß auch von der NASA für korrekt befundenen Beschreibung irritiert allenfalls, daß das Raumschiff Projektil genannt wird.

Dem Autor der zitierten Sätze ist es nicht zu verübeln, denn seine Beschreibung der Reise zum und um den Mond wurde erstmals 1865 veröffentlicht.

Was lag näher, als sich das erregende weihnachtliche Warten auf eine glückliche Landung von »Apollo 8« im Jahre 1968 mit der erneuten Lektüre von Jules Vernes Utopie aus dem Jahre 1865 zu erleichtern. Wir erblicken gebannt auf dem Fernsehschirm aus 300 000 Kilometer Entfernung den Planeten, mit dem wir selbst rotieren. Welche Kenntnisse und welch geniale Vorstellungskraft aber gehörten dazu, dieses Ereignis damals aus ferner Zukunft in die Biedermeier-

Welt zu projizieren und dabei die spätere Wirklichkeit mit geradezu unglaublicher Zielsicherheit anzuvisieren.

Jules Verne, 1835 in Nantes geboren und 1905 in Amiens gestorben, zeitweilig Jura-Student und Verfasser von Opern-Libretti schildert nicht nur spannend und anschaulich, wie man aus Jugend-Tagen noch weiß, sondern auch mit literarisch-satirischem Anspruch an den reifen Leser. Einer seiner drei - jawohl auch drei - Mondfahrer begegnet der Erörterung der Frage, ob man eine Frau mitnehmen könne, mit der Bemerkung: »Zum ersten Male hat ein Mensch die Möglichkeit, sich an einen Ort zu begeben, der dem Gesetz der Erbsünde nicht unterliegt. Diese Chance darf nicht leichtfertig vertan werden.«

Geradezu Einsteinsche Formulierungen belegen Jules Vernes wissenschaftliche Bildung. »Entfernung ist ein relatives Wort. Es gibt keine Entfernung. Der Raum, der die Planeten voneinander trennt, ist nichts anderes als der Raum, der die Moleküle der uns bekannten festen Stoffe unterscheidet.« Und sogleich läßt er seinen gallischen Esprit blitzen, indem er diesen Worten eines der Astronauten vor einem vieltausendköpfigen Publikum den Ruf aus der Menge folgen läßt: »Nieder mit der Entfernung!«

Jules Verne kennt die Leute, nicht nur seine Zeitgenossen. Die Situation der öffentlichen Meinung vor der erfundenen Mondfahrt charakterisiert er spöttelnd: »Der Mond wurde Mode. Die Söhne und Töchter der besseren Familien mußten Beethovens Mondscheinsonate einüben... Es gab keinen Amerikaner, der sich erlauben durfte, über den Mond nicht Bescheid zu wissen, selbst wenn sein übriger Bildungsstand noch so niedrig war.«

Wie sorgfältig und exakt Jules Verne die Leser seiner Phantasiereise vorbereitete, ohne etwa die interplanetaren Gegebenheiten vorauszusetzen, zeigt folgender Vergleich, der sogar Prof. Heinz Haber im Fernsehen Ehre machte: »Wer immer noch nicht verstand, warum der Mond der Erde stets das gleiche Gesicht zukehrte, dem wurde ein Experiment fürs eigene Heim vorgeschlagen: Gehen Sie ins Eßzimmer und laufen sie dergestalt um den Tisch herum, daß Ihre Augen stets seinen Mittelpunkt fixieren. Wenn Sie Ihre Kreisbewegung vollendet haben, sind auch Ihre Augen über jeden Punkt des Zimmers gelaufen. Sie haben also eine umläufige *und* eine rotierende Bewegung vollzogen. Und nun denken Sie sich nur noch, das Zimmer sei das All, der Tisch die Erde und Sie selber der Mond.«

Sogar die Grundstücksmakler wurden nicht vergessen. Schlagzeilen des »New Yorker Herald«: »Schon verkaufen die ersten Farmer von Florida ihr Land. Sie fragen sich: Hält die Halbinsel den Rückstoß aus? Oder: Muß Florida platzen?« Doch die Meldungen waren nicht seriös. Soviel Angst hatten selbst Vernes fiktive Farmer gar nicht. Vielmehr handelte es sich um einen klassischen Fall von Manipulation der öffentlichen Meinung. Es bewarben sich nämlich Texas und Florida um den Startplatz für den Mondschuß. Das New Yorker Blatt hatte, von der Texas-Lobby bedrängt, versucht, Florida mies zu machen. Heute ist das kein Problem mehr. Start in Florida. Kontrollzentrum in Houston/Texas.

Nicht erst an dieser Stelle wird der Leser, dem zwar der Name Jules Verne geläufig, seine Science Fiction vom Mondschuß aber nicht bekannt oder nicht mehr in Erinnerung ist, sich fragen: Drei Astronauten, Start in Florida? Stimmt das denn alles überein. Ja, die Parallelen sind wirklich »phantastisch«. Ein Europäer läßt schon damals die Mondfahrer in den USA starten, wenngleich der Roman während der verheerenden Sezessionskriege zwischen den Nord- und Südstaaten geschrieben wurde. Der Franzose begründet das militärisch: »In einem waren die Amerikaner ihren Kollegen ganz sicher weit voraus: In der Ballistik.« Daß Wernher von Braun und Debus darüber schmunzeln, spricht nicht gegen Verne. Dieser sah nicht prinzipiell, aber hinsichtlich der heutigen Raumfahrtmotive etwas zu schwarz. Denn er ließ die Idee der Mondreise aus dem Bedauern des Klubs der Kanonenerfinder darüber entstehen, daß gegenwärtig ein Krieg leider nicht möglich sei. Gegenwärtig hieß es damals. Denn Verne legte den Mondschuß in seine Zeit. In welchen Monat?

Bitte festhalten: Dezember - wegen der günstigen Stellung des Erdtrabanten. Daß er ausgerechnet auf Texas und Florida tippte... Dichterische Freiheit? Bewahre. Wegen der Monddeklination käme nur ein Ort zwischen dem Äquator und dem 28. Breitengrad in Frage, was für den Süden der USA gerade noch zutrifft. Mexiko deshalb den Krieg zu erklären, um es bei der Gelegenheit gleich zu vereinnahmen, wurde als zu kostspielig verworfen, zumal ja das Projekt nicht vom Staat, sondern von einem Club unternommen wurde. Die Finanzierung des Unternehmens wird weltweit »urbi et orbi« betrieben. Man appellierte »an alle Menschen, die guten Willens sind. Das hatte, wie stets, Erfolg«.

Die Umlageergebnisse bei den einzelnen Staaten und Völkern benutzt Verne zu einer Charakterisierung der Nationen. Rußland kommt dabei sehr gut weg. Den Russen wird Mitte des 19. Jahrhunderts nachgerühmt, sie seien »wissenschaftlich aufgeschlossen«. Dies Prädikat erhalten nur die Urgroßväter sowjetischer Astronauten. England knausert, »weil der Schuß auf den Mond gegen das Prinzip der Nichteinmischung verstößt«. Die Schweiz gibt 257 Franken, denn es sei »unklug, Kapital in dieses vage Unternehmen zu investieren. Vielleicht hatten die Schweizer gar nicht so Unrecht«. Der Vatikan ließ es bei 740 römischen Talern bewenden. Erstens, um »nicht durch Protzerei aufzufallen«. Außerdem hatten »die Bischöfe sich erst 40 Jahre zuvor mit dem Dekret von 1822 zu den Lehren des Kopernikus bekannt«. Und Preußen? Die Schlacht bei Königgrätz ist noch nicht geschlagen. Der Deutsch-Französische Krieg steht einige Jahre bevor. Es habe »durch Überweisung von 250 000 Talern seine Allerhöchste Genehmigung und Billigung gegeben«. Die Franzosen »fanden die Sache erstmal komisch. Schließlich kamen aber doch 1,2 Millionen Franc zusammen - dafür darf man sich auch ein wenig lustigmachen«. So der französische Autor.

Nach der Finanzierung kann der Startplatz gesucht werden. Er lag auf dem Stones Hill genau südlich von Cape Canaveral, dem heutigen Cape Kennedy. Der Mondbahnhof der NASA wurde von Jules Verne auf etliche hundert Meilen genau fixiert. Da er die Mondreise in seine Zeit verlegte, mußte er auf Möglichkeiten verzichten, die erst in Peenemünde erprobt wurden. Der Kanonen-Klub plant zunächst nur einen unbemannten Mondschuß aus einer 270 Meter langen Kanone, aus der man mittels 400 000 Pfund Schießbaumwolle einem Geschoß die notwendige Entweichgeschwindigkeit verleihen kann. Jules Verne gab 11 000 Meter/sec. an, das ist etwas weniger als das Anfangstempo von Apollo 8. Dafür hatte aber auch Jules Verne eine Flugzeit von knapp 100 Stunden bis zum Mond errechnet. Wie wird die Kanone genannt? Columbiade. Vergleichen nicht auch wir die Apollo-Fahrt in ihrem welthistorischen Rang mit der Entdeckung Amerikas?

Aus dem bloßen Mondschuß wird auf Vorschlag eines französischen Feuerkopfs (Wahlspruch: Na und?) die bemannte Raumfahrt in einem hohlen Projektil, das aus Aluminium gefertigt wird und etwas größer ist als die Apollo-Kapsel. Bremsraketen sind vorgesehen. Die Probleme des Rückstoßes, der Reibungshitze, der Entweichgeschwindigkeit und Gravitations-Bedingungen zwischen Mond und Erde werden genau geschildert. Der Sauerstoff für die Besatzung wird wie bei Apollo auf chemischem Wege gewonnen, was vorher am Boden durch Selbstversuch des Kanonenklub-Schriftführers erprobt wird. Die Astronauten sind zwei Amerikaner und ein Franzose, wobei einer der Yankees gegen den anderen wettet, sie würden den Mond nicht erreichen, sondern auf die Erde zurückfallen. Bei den Vorarbeiten kommt es zu Unfällen. Dazu Verne: »Keinem Amerikaner würde deshalb ein graues Haar wachsen, da seine Fürsorge eher auf ein ganzes Volk oder die Menschheit im allgemeinen gerichtet ist als auf die Persönlichkeit des Einzelnen.« Man ist versucht, an die Kennedys zu denken.

Mit dem Count-down irrte Verne nur in der Zählrichtung. Er läßt die letzten 40 Sekunden bis zum Feuerkommando im Kontrollstand von 0 an laut durchsagen, ein Count-up also. Übrigens war die Mondfahrt durch einen ballistischen Tierversuch vorbereitet worden, nur nicht mit Affe oder Hund, sondern mit Kater und Eichhörnchen. Als man das Projektil aus dem Meer fischte, war der Kater ein wenig durcheinander. Das Eichhörnchen hatte er gefressen.

Wegen der ungeheuren Beschleunigung fallen die drei Astronauten in Ohnmacht, erholen sich aber bald. Die Mahlzeiten sind gemütlicher als in der Apollo-Kapsel, weil Verne die Schwerelosigkeit erst an jenem neutralen Punkt eintreten läßt, wo Mond und Erdanziehung einander aufheben. Die Verlangsamung des Projektils bis dahin und die dann wieder zunehmende Geschwindigkeit dagegen beschreibt und begründet er exakt. Auch die Rückkehr der Astronauten ist recht plausibel. Statt wie gewünscht auf dem Mond zu landen, zieht die Kapsel nur jene elliptische Schleife, die auch »Apollo 8« für den Notfall ohne weitere Mondumkreisungen verfolgen soll. Den entscheidenden psychologischen Nachteil von Barbicane, Nicholl und Ardan gegenüber Borman, Lovell und Anders beklagt der französische Astronaut mit dem Scherz: »Warum haben wir kein Kabel an das Projektil gehängt. Wir hätten dann laufend zur Erde telegrafieren können.« Barbicane wendet fröhlich ein: »Die Erde hätte bei ihrer Umdrehung den Draht aufgewickelt und uns zurückgezogen.«

Auf einen Kapsel-Hitzeschild müssen Vernes Raumfahrer verzichten. Ihre Bremsraketen haben sie schon am Mond verbraucht, so landen sie ungebremst und somit nur dank dichterischer Freiheit glücklich im Pazifik. Sie werden von der US-Marine aufgefischt, wenn auch nicht so programmgemäß, wie wir es für Apollo 8 uns alle zu Weihnachten wünschen. Bei Verne sieht das so aus: »... war schon so nahe, daß er die Luke des Projektils sehen konnte. Sie stand offen. Das erste Boot legte an, und noch bevor man das offene Fenster erreichte, war Michel Ardans klare helle Stimme zu hören: Full house, Barbicane! Die Astronauten pokerten, und zwar bereits um die Wäsche.«

Übrigens berichtete der Raumschiff-Kommandant dann im »New York Herald« exklusiv über die Reise zum Mond.

»Die Veröffentlichung ließ die Auflageziffer der Zeitung auf 5 Millionen hochschnellen. Drei Tage später war ganz Amerika bis aufs letzte Detail über den Mondflug informiert.« Auch das ist im Zeitalter des Fernsehens anders als Verne es sehen konnte, was die Genialität seiner Tele-Vision vor mehr als 100 Jahren nicht mindert. *(25.12.68)*

Der Überfall am Riverside

Vor einer Stunde ist er in Manhattan angekommen. Der junge Berliner ist nicht zum erstenmal in den Staaten. Er spricht amerikanisches Englisch so umgänglich, daß ein späterer Gesprächspartner argwöhnen wird, aus New York könne er nicht sein, das höre man, wohl aus Wisconsin? Im übrigen ist er mit Westside-Stories und Ratschlägen besser versehen als mit Reiseschecks: Nie allein ausgehen, abends und in Parks möglichst gar nicht, in der U-Bahn den mittleren Wagen benutzen, wenigstens 15 Dollar bei sich haben, um Straßenräuber nicht zu verärgern. Schon gut. Da wäre er also.

Sie gehen im abendlichen Riverside-Park Luft schnappen. Drei Europäer und Sidney, der New Yorker, der die Touristen gastfrei aufgenommen hat und meint, die Füße müßten sie sich schon vertreten nach der langen Reise. Er kenne sich hier aus, und schließlich seien sie zu viert. Doch da sind auf einmal zwei, drei, jetzt schon fünf und schließlich acht dunkle Gestalten, junge Burschen, Neger, die ihnen zu folgen scheinen.

Sidney hat es längst gespannt und sagt: »Nicht umdrehen, rasch weitergehen, aber nicht laufen.« Die dunkelhäutigen Gestalten gehen schneller, sind heran. Vier bleiben hinten, vier überholen. Und nun fragt einer, wie es im Groschenkrimi steht, den jungen Berliner nach der Uhrzeit.

Während dieser so lässig wie möglich antwortet, spürt er einen Druck im Rücken und hört eine rauhe Stimme: »This is a gun.« Er merkt, daß die Drohung unwahr ist. Es könnte ein Ellbogen sein, mit dem die Waffe vorgetäuscht ist, aber das beruhigt wenig, denn dies ist ja wohl erst der Anfang des Überfalls.

Der Hüne, der nach der Zeit gefragt hatte, will auch schon mehr, die Uhr. Was sagt man in solcher Situation und dann noch in fremder Sprache. Das Herz schlägt rasch, während der Mund fabuliert, die Armbanduhr sei ein Geschenk des Großvaters. Sie bedeute nicht nur Zeitansage. Er möge sie ihm doch lassen.

Was man für einen Quatsch redet, wenn die Pulse jagen. Das ist ja ganz nett erfunden, doch was interessieren einen Straßenräuber die verwandtschaftlichen Beziehungen zu einem Wertobjekt. Wie denn? Zögert er etwa?

Die schwarzen Finger gleiten vom Handgelenk des Weißen. Soll das bedeuten, er will die Uhr nicht mehr? Hat er womöglich selber einen so netten Großvater, daß er es nicht über sich bringt? Barsch verlangt der andere Geld.

Zu dumm. Entgegen den Empfehlungen hat der Berliner ganze drei Dollar in bar bei sich. Die beiden Täter, die sich mit ihm beschäftigen, werden ärgerlich, nehmen die paar Scheine, fordern mehr, glauben seinen Beteuerungen nicht.

Wie sehr man in solcher Situation mit sich beschäftigt ist, schießt es ihm durch den Kopf. Schon einmal hatte er eine ähnliche Situation zu Hause am oberen Kurfürstendamm zu bestehen. Doch da war er allein und konnte den Ganoven dank schneller Füße entkommen. Wie ergeht es den anderen?

Er blickte hinüber, hört, wie einer der Freunde mit dem Mut der Wut schreit: »Stop it!«, als ihm die Räuber direkt an die Jacke wollen, weil sie seinen Geldangaben nicht trauen. Und schließlich macht sich seine Spannung und Furcht in einer wortreichen Verwünschung Luft. Auf gut Deutsch.

Die Stichworte verwandeln die Szene, als halte einer die Zigarette an einen prallen Luftballon. Der Knäuel von frech fordernden Schwarzen und verschreckten Weißen löst sich, und einer der Täter sagt: »Hey, wir wußten nicht, daß ihr Fremde seid. Okay, geben wir ihnen das Geld zurück. Nein, dem nicht, der ist von hier!«

Er meint Sidney. Die anderen bekommen die entrissenen Scheine auf Dollar und Cent in die Hand gedrückt. Dann verschwindet der Pulk der gegenüber Touristen so zuvorkommenden Straßenräuber schnell, wie er aufgetaucht war.

Sidney scheint das alles mit Fassung zu tragen, obgleich er selbst hier am Riverside zum erstenmal und nun gar exklusiv Opfer eines Straßenraubs wurde. Er hat auch eine Theorie über diese ausländerfreundliche und beim Ausführen der Tat eher unsicher wirkende, offenbar unbewaffnete Bande.

Es gäbe hier organisierte Trupps, die im Park privat nach ihrer Vorstellung für Ordnung sorgen, vor allem gegenüber professionellen Straftätern. Gelegentlich besserten sie aber auch die eigene Kasse unkonventionell auf, wobei sie dann, wie demonstriert, feine Unterschiede machen.

Der junge Berliner atmet tief durch, als erwache er aus einem schlechten Traum. Aber es war wirklich so. Kaum ein paar Stunden in New York, schon überfallen und doch nicht ärmer als zuvor. Keine fünf Minuten hat es gedauert. Er blickt auf die Uhr, die nicht vom Großvater stammt, und empfindet erleichtert dieses Landes schier unbegrenzte Möglichkeiten. *(28.9.80, vom Sohn erlebt.)*

Auf den Spuren der Deutschen in den USA

Er heißt Krause, ist 49, arbeitet seit 35 Jahren in der Branche und kann noch gut berlinern. Gelernt hat er im Adlon. 1953 ging er in die USA. Es war die Auswanderungswelle nach dem Kriege, die Ende der fünfziger Jahre abebbte, wie manche zuvor. Am 6. Oktober wird er als Manager des Franklin-Plaza-Hotels in der City von Philadelphia dafür sorgen, daß beim Gala-Diner für 500 Personen, darunter 200 aus der Bundesrepublik, alles klappt und Bundespräsident Carstens, das deutsche Staatsoberhaupt, die Nacht darauf in der Präsidentensuite des 800-Zimmer-Gebäudes angenehm ruht. Bange ist dem Deutsch-Amerikaner nicht. Er kennt das aus New York, wo Nixon und John F. Kennedy zu betreuen waren.

Wer aus Europa komme und eine gute Ausbildung habe, könne sich durchsetzen. Und die Deutschen, deren Nachfahren mit über 50 Millionen noch immer die stärkste ethnische Gruppe in den USA bilden, sind anpassungsfähig.

Wie amerikanisch es bei dem Empfang zur Erinnerung an die erste deutsche Einwanderung von 13 Familien aus Krefeld zugehen wird, werden die Gäste spätestens beim Anschneiden der Torte sehen. Der Teig ist schwarz, rot und gold geschichtet, wie der Amerikaner aus Berlin verrät. Seine Frau stammt aus Überlingen am Bodensee. Kennengelernt hat er sie in den Staaten. Schließlich sind die alte und neue Welt nicht mehr so weit auseinander wie damals, als die Deutschen auf ihrer »Concord« noch fast zweieinhalb Monate brauchten, bis sie an dem Pier anlegten, an dem im Jahr zuvor William Penn angekommen war. Seine zehn Meter hohe Statue auf dem Rathaus beherrscht das Bild der Stadt am Delaware-Strom (»Lederstrumpf« gelesen?). Der britische König hatte Penns Vater Geld geschuldet und dem Sohn dafür Land in einer seiner Kolonien zugesprochen. In dieser verwirklichte William Penn als wohlhabendes Mitglied der Sekte der Quäker seinen Traum, eine Zuflucht brüderlicher Liebe (griechisch: philadelphia) zu schaffen, und gründete die Kolonie inmitten des fruchtbaren, hügelreichen, nach ihm benannten Landes Pennsylvanien (Penns Wälder). Auf dem Kennedy-Platz in der City steht eine moderne Skulptur, deren große Buchstaben LOVE an die Sinngebung der Stadt erinnern.

Viele Deutsche waren Penns Ruf gefolgt, der auf einer Reise an den Rhein für seine neue Welt geworben hatte. Knapp einhundert Jahre später, zur Zeit der Unabhängigkeitserklärung, machten ihre Nachkommen ein Drittel der Bevölkerung Philadelphias aus, das mit 25 000 Einwohnern die zweitgrößte englische Stadt nach London war. Noch heute führen die Autos im Nummernschild die Bezeichnung »keystone state«, das heißt Schlüsselstein-Staat und meint die sechste, die mittlere der 13 britischen Kolonien in Amerika, in deren Hauptstadt die Lösung vom Mutterland ausgerufen wurde und die bis 1800 auch die Hauptstadt der Vereinigten Staaten war.

Der junge, sonst in der Schulverwaltung tätige Mann, der uns im vorzüglichen Deutsch die historischen Stätten erläutert, trägt den Dreispitz und die grüne Tracht der Quäker des 14. Jahrhunderts. John Roberts war 1972/73 Austauschschüler am Spandauer Kant-Gymnasium. In Freiburg hat er ein Jahr Germanistik studiert, obwohl er keine deutschen Vorfahren hat. Deutsche aber waren es, die auf Anregung des aus Franken eingewanderten Rechtsanwalts Pastorius als erste gegen die Sklaverei opponierten.

In Germantown, dem Ortsteil Philadelphias, dessen Name anzeigt, wo die ersten Deutschen siedelten, sind heute fast 85 Prozent der Bevölkerung farbig. Philadelphia selbst hat rund vierzig Prozent schwarze Bevölkerung unter insgesamt 1,8 Millionen Einwohnern. Eine der Schulen hat gerade Schluß, als wir vorbeikommen. Was an der Menge der fröhlichen dunkelhäutigen Jugendlichen auffällt: Jeans mit Fransen oder sonst vernachlässigte Kleidung ist nicht zu sehen. Das kommt bunt, »poppig« und adrett daher.

Von Germantown ist es nicht weit zum Chestnut-Hill (Kastanienhügel), dem Dahlem von Philadelphia, wo die Stadt am englischsten ist und auch die Politiker gern wohnen in viktorianisch geprägten, nie protzigen Häusern. Von dort bis zur City erstreckt sich der Fairmount-Park. Die Philadelphians vergessen nicht, darauf hinzuweisen, daß er viel größer sei als der Central Park in New York. Die Rivalität mit der Stadt, die ihnen den Rang ablief, ist unverkennbar. Wo schließlich war die Wiege der USA? Wo die grüne Oase mit der Independence Hall und der Freiheitsglocke, deren Nachbildung in Schöneberg läutet? In Philadelphia. Fährt man vom Fairmount-Park weiter nach Nordwesten, durch altes Indianergebiet, erreicht man die weiten, locker bewaldeten Hügel und Senken von Valley Forge (Talschmiede), den historischen Nationalpark. Dort exerzierte der ehemals preußische Hauptmann von Steuben mit den Truppen des Aufständischen. Nach einem Besuch in Paris bei Benjamin

Franklin war er auf dessen Empfehlung im harten Winter 1777/78 von Washington zum Generalinspekteur und Ausbilder der Armee ernannt worden. Die ersten Dienstvorschriften schrieb er in Französisch, da er kein Englisch konnte. Sein Quartier wie das Washingtons ist zu besichtigen. Philadelphia war zu der Zeit von den Briten besetzt, denen die Amerikaner in einem Gefecht bei Germantown von Valley Forge aus mächtig zusetzten. Schon am Flugplatz wird der Einreisende von einem großen Transparent in der Halle begrüßt, auf dem steht, es gäbe keinen Ort in der Welt an dem soviel für die Freiheit getan worden sei wie in Valley Forge.

Weniger spektakulär, aber interessant und aktuell alternativ sind die Leute, die bei Lancaster, rund hundert Kilometer westlich von Philadelphia auf gut halbem Wege nach Harrisburg ihr Land wie die Vorväter bestellen. Ohne Traktor, mit natürlichem Dünger. Künstliche Energie gewinnen sie nur aus Windrädern. Schon von weitem erkennt man ihre Häuser, weil die Stromleitung an ihnen vorbeigeht. Und manch Älterer sagt beim Abschied »Koom ball widder«, komm bald wieder. Das ist Pennsylvanisch-Dutch, womit nicht Holländisch gemeint ist. Dutch ist hier nur eine amerikanische Aussprache von Deutsch. Diese pietistischen Naturfreunde heißen Amish people, benannt nach dem Gründer ihrer Sekte, Jakob Ammann, einem Schweizer, der sich vom Glauben der Mennoniten absonderte und dessen deutsche Anhänger vor der Verfolgung durch die großen Kirchen Anfang des 18. Jahrhunderts auf Einladung Penns ins Land der Religionsfreiheit und der Bruderliebe entwichen. Sie benutzen nur, was für den Lebensunterhalt notwendig ist, nichts, was ihre Konvention für Luxus erklärt. Das erlaubt einen Kühlschrank, aber keinen Fernseher und kein Autofahren. Im Auto dürfen sie sich nur mitnehmen lassen. Da die strenge Einhaltung der Regeln erst mit der Volljährigkeit einsetzt, nutzen manche Jugendliche die Zeit zuvor, um den Führerschein zu machen. Diese dürfen auch noch so fotografiert werden, daß ihre Gesichtszüge zu erkennen sind. Erwachsenen ist das untersagt. Die Mädchen unterscheiden sich von den verheirateten Frauen durch gewisse Merkmale der schlichten Tracht. Die verheirateten Männer tragen einen Kinnbart. Der Gottesdienst wird von Predigern aus den eigenen Reihen in Hochdeutsch gehalten, und zwar abwechselnd in einem der Häuser der Distriktsmitglieder. Kirchen gibt es nicht. Es dauert vier Stunden, danach werden alle Teilnehmer bewirtet. Den von Benjamin Franklin erfundenen Blitzableiter lehnen die Amish-Leute ab. Denn ob es einschlägt, ist Gottes Wille. 12 000 von ihnen etwa leben in Lancaster County. Auf rund 100 000 wird ihre Zahl in USA und Kanada geschätzt. Bankkonten gelten ihnen nicht als Luxus, sondern als Notwendigkeit. Viele sind wohlhabend. Bei Notfällen helfen sie einander. Die Familien haben, wie es hieß, sieben bis acht Kinder. Daraus folgt mathematisch, daß die Angabe unseres nicht zur Sekte gehörenden Fremdenführers, von zehn Heranwachsenden blieben neun in der Gemeinde mit ihren strengen Regeln, nicht stimmen kann. Sonst müßten die Gemeinden sprunghaft wachsen. Die »plains people«, wie sie wegen ihrer Bedürfnislosigkeit genannt werden (plain = bescheiden) leben in unmittelbarer Nachbarschaft der fancy people, der amerikanischen Zivilisation, in der beispielsweise der Mercedes ein Statussymbol ist. Viele Junge dürften die Geborgenheit, aber auch die Kargheit verlassen. Immerhin ist ihnen durch Ausnahmegesetz des Staates erlaubt, auch Vettern und Cousinen zweiten Grades zu heiraten.

Nachwuchsprobleme haben auch die deutschen Vereine, die in Philadelphia die Tradition gesellschaftlich und sportlich pflegen. Sie finanzierten zum Großteil die einwöchige Jubiläumsveranstaltung in Philadelphia. Auf einem Empfang der Lufthansa, welche in Zusammenarbeit mit dem Fremdenverkehrsbüro der USA die Atlantiküberquerung für uns Journalisten hin und zurück mit gewohnter Präzision besorgte, machte der Direktor für den Bereich der Ostküste (ohne New York), Peter Ossendorf, nach Kriegsende auch zeitweilig Berliner, mit Vertretern solcher Initiativen bekannt. Die älteste Vereinigung besteht 215 Jahre und hat 600 Mitglieder. Eine andere, der Erzgebirgsverein, nimmt längst nicht mehr nur Sachsen auf. Woher sollten sie kommen? Wöchentlich erscheint ein kleines deutschsprachiges Blatt. Aber nur ein Teil der Kinder interessiert sich für deutsche Aktivitäten, die nun aus Anlaß des Jubiläums wieder einmal Auftrieb erhalten.

Gestern eröffneten die Bürgermeister von Philadelphia und Krefeld das Tricentennial, die Woche des deutsch-amerikanischen Jubiläums mit einer Steuben-Parade über den den Champs Elysées nachempfundenen Benjamin-Franklin-Parkway zur Halle der Unabhängigkeit. Später gibt es Bier auf dem Krefeld-Platz und »Gemütlichkeit« auf dem Kennedy-Platz. Die Gorch Fock, das große deutsche Segelschulschiff, wird am 5. Oktober festmachen, wo 1682 der Gründer Penn an Land ging. Die Begleitung des Bundespräsidenten hat bei der Vorbereitung für das nächste Wochenende vorsorglich wissen lassen, Carstens möge keine Shrimps. Die Amerikaner mögen, ob deutsch-stämmig oder nicht, die Oktoberfeste, wo immer sie veranstaltet werden, und die Parade für den Preußen Steuben, denn an den Deutschen schätzen sie gut organisierte Fröhlichkeit und unternehmungslustige Verläßlichkeit. Ein Mitarbeiter der Stadtverwaltung von Atlantic City, der im Jahr nach der Blockade als Soldat in Berlin einen Panzer kommandierte, wollte bei einem Bier wissen, ob es bei uns noch die Parade der Alliierten und das »Resi« gebe. Was letzteres betrifft, mußte ich ihn enttäuschen. *(2.10.83)*

Atlantic City im Strom der »Goldsucher«

Die enge, ausgebuchte Turboprop-Maschine des Pendelflugdienstes von Philadelphia nähert sich rüttelnd der Küste und der langgestreckten Insel. 25 Minuten dauert der Flug über New Jersey, den »Gartenstaat«. Im Auto braucht man auch nicht mehr als eine gute Stunde für die 90 km bis zu dem noch jungen Spielerparadies im Einzugsbereich der Großstadt am Delaware. Überhaupt leben nur ein paar Autostunden von Atlantic City 52 Millionen US-Bürger. Eine Wiederherstellung der alten Eisenbahnstrecke von Philadelphia zur See ist gegen den Widerstand einer Bürgerinitiative geplant. Las Vegas hat Konkurrenz bekommen. So kann der Verkehrsdirektor der Stadt am Meer stolz verkünden, die 91 Casinos in der Wüste von Nevada machten inzwischen kaum mehr money als die jetzt neun Casino-Hochhäuser, die zusammen mit der alten Convention-Hall aus den zwanziger Jahren nun die Skyline der »meistbesuchten Stadt« der USA bilden.

50 000 Einwohner hat Atlantic City und an Spitzentagen ein Mehrfaches an Besuchern. Im Oktober vorigen Jahres kamen allein 31 600 Busse mit über einer Million Fahrgästen hereingeschwappt. 323 000 Flugankünfte auf zwei Airports, davon einem auch für große Jets, wurden 1982 registriert, 81 Prozent mehr als im Vorjahr. 23,1 Millionen Besucher insgesamt kamen 1982. Fast alle wollen, was noch vor sechs Jahren hier nicht erlaubt war: spielen. Gambling. Der Boom dieses bis vor wenigen Jahren immer mehr herunterkommenden Seebads durch die Invasion einer ganzen Heerschar »einarmiger Banditen«, ist ungemein amerikanisch.

Schon auf der Fahrt vom citynahen Flugfeld für den Kurzstreckenverkehr zum Hotel, einem der neuen riesigen Spielkästen, bleiben die Kontraste nicht verborgen. Verfallende Häuser im Nordteil der Stadt, wo zumeist Schwarze die verbliebenen Behausungen nutzen. Sie machen 55 Prozent der Einwohner aus. Nur ein paar Blocks entfernt die Reihe der Casino-Hotels. Keines darf weniger als 500 Betten haben. Kein Apartment unter 32,5 qm Raum. Die Spielsäle sind groß wie Fußballfelder. Auf gut 4000 bis knapp 6000 Quadratmeter drängen sich je Haus an die 8000 Personen um mit ernsten Gesichtern die Hebel der »slot machines« zu drücken oder den Kartengebern und Croupiers auf die Finger zu schauen. Neben den neun Casinos sind drei im Bau, zwei als sicher geplant. Nach dem Bericht der Casino-Control-Commission von New Jersey verfügen die bisherigen (Stand von Ende 1982) über mehr als 12 000 »einarmige Banditen mit Einwurfschlitzen für Fünf-Cent-Stücke bis zu mehreren Dollar. Dazu kommen insgesamt knapp eintausend Spieltische. »Black Jack« (17 und 4) ist dabei das einzige Spiel, bei dem es auch auf die Geschicklichkeit des Pokerns ankommt. Es bringt den Unternehmern auch, wie es heißt, am wenigsten ein.

Um den »slot machines« den »Jackpot«, den Hauptgewinn herauszukitzeln, müssen drei einzelne Dollar eingeworfen werden. Wie der Zufall spielt, wurde in der Nacht, bevor meine Journalistengruppe wieder abfuhr, in unserem Hotel das Blinken und Klingeln ausgelöst, mit dem der Spielautomat alsbald gesperrt wird und in dem Fall ein Gewinn von über 622 000 Dollar angezeigt wurde. Als Gewinner präsentierte man ein Ehepaar, er Ende 40, sie etwas älter, aus einem Ort nördlich Philadelphia, mittlere Kaufleute, die erzählten, sie kämen so zweimal die Woche für ein paar Stunden mit dem Wagen zum Spielen herüber. Gut 3000 Dollar hätten sie schon einmal gewonnen. Was sie mit nun so vielen anfangen würden, konnte oder wollte der Mann noch nicht sagen. Auf jeden Fall bekäme die Frau erst einmal einen Mercedes. Es war auch von einem arbeitslosen Lastwagenfahrer die Rede, der es erst drei Monate zuvor auf 1,25 Millionen Dollar gebracht hätte.

Daß ein Casino draufzahlen müßte, ist nicht zu befürchten, wie der Kontrollbericht ausweist. Immerhin muß ein »einarmiger Bandit« von Gesetzes wegen mindestens 83 von 100 hineingesteckten Dollars in bestimmter Zeit wieder als Gewinn hergeben. Manche Casinos, heißt es, steigerten auch bis auf 85. In welchen Portionen es am Gerät klappert oder gar vielversprechend schrillt, das eben entscheidet Fortuna mit Hilfe der Technik.

Die durchschnittliche Tageseinnahme des größten Casinos wurde für 1982 mit 590 344 Dollar angegeben, der Tagesdurchschnitt aller neun mit 4 090 860. Die Jahreseinnahme der Casinos betrug 1982 knapp eineinhalb Milliarden Dollar.

Den Spielern wurden im ertragsreichsten Monat, dem Juli, laut Kontrollkommission knapp 170 Millionen Dollar abgenommen.

Die Manager nahmen es mit Pokerface hin, als ich erwähnte, daß das Berliner Spielkasino den Fiskus mit 90 Prozent am Umsatz beteiligen muß. Die Casinos von Atlantic City zahlen ganze acht Prozent der Einnahme an den Staat New Jersey. Das waren 1982 gut 117 Millionen Dollar. An die Stadt zahlen sie nur vier Prozent auf das Anlagevermögen. Das waren 1982 bei einem im Kontrollbericht angegebenen Volumen von 1,614 Milliarden Dollar also knapp 65 Millionen.

Die Frage, warum von dem goldenen Segen in der Stadt gleich neben dem legendären Boardwalk, der 5 km langen Strandpromenade, mit dem riesigen Ocean I, einem in die See ragenden Einkaufszentrum in Schiffsform, so wenig zu spüren sei, wurde von Stadtverwaltern und Casino-Managern als zu ungeduldig empfunden. Die Spielerhotels geben viel Lohn und Brot, locken aber auch viele an, die durch Arbeit Dollars verdienen wollen. So liege die Arbeitslosenquote nach wie vor bei 15 bis 18 Prozent. Daher ist das Amt des Bürgermeisters, derzeit meines Namensvetters Michael J. Matthews, eines demokratischen Abgeordneten im Parlament von New Jersey, auch Bürde. Während unseres Aufenthalts lief gerade eine Art Volksbegehren, eine Petition auf vorzeitige Abwahl wegen Inaktivität. Der Bürgermeister wehrt sich gerichtlich. Er hofft durchzukommen und meint, in drei bis fünf Jahren würden sich die Casinos auch für die Stadt auszahlen.

Denn selbst die »Miss Amerika« die schon 1921 in Atlantic City »erfunden« wurde, konnte das alte Seebad nicht wieder flott machen. Wie es ein noch heute amtierendes Gründungsmitglied des Komitees für den Miss-Wettbewerb einräumt, wurde dieser nur geschaffen, »to extend the season«, um die Saison in den September zu verlängern. Jetzt läuft das nebenher. Die erste Volksabstimmung über eine Einführung des Spielens war gescheitert. Nach entsprechendem Werbefeldzug klappte es drei Jahre später, und 1978 wurde für hundert Millionen Dollar das erste Casino-Hotel in den USA außerhalb Nevadas am Strand des Atlantik errichtet. Trotz der vervielfachten Konkurrenz konnte auch das erste Casino seine Einnahmen seit 1978 fast verdoppeln. Allerdings scheuen die Veranstalter keine Mühe, dem Gast das Spielen angenehm zu machen.

Natürlich gibt es in keinem der Hotels ein 13. Stockwerk. Im »Golden Nugget«, dem viktorianisch-smart eingerichteten Prunkstück erklingt im Lift beim Abwärtsfahren, also Richtung Spielsaal, anfeuernd flotte Musik. Sobald man aufwärts fährt, wird man melodisch beruhigt, was häufig auch nötig ist. Der weißhaarige, wohl weit über 70jährige Mann im Fahrstuhl sagt, er sei müde. Ob es denn gelohnt habe? »Nein«, sagt er, »aber man tut es doch.«

Die es tun, sind meist ältere, die es sich leisten können. 10 Uhr vormittags, wenn der Spielsaal geöffnet wird, stehen Dutzende bereits an, weil sie das Glück nur von einem bestimmten »Banditen« oder Spieltisch erhoffen. Sicherheitspersonal hat die Augen überall, bis 4 Uhr früh. Konzentriert gehen die Spieler zu Werke, als müßten sie arbeiten. Draußen strahlte an unserem spätsommerlichen Ankunftstag die Sonne vom wolkenfreien Himmel. Kaum ein Boot auf dem Wasser, keine Surfer, keine Schwimmer. Ein paar Flanierer, sonst nur Gambler, die bei künstlicher Beleuchtung dem Dollar nachjagen. Der aus Saarbrücken stammende alte Taxifahrer tippt an die Stirn. »Money, money – und irgendwann fallen sie um.«

Nicht jeder ist ein »high roller«, wie man die Spieler nennt, die nach Beobachtung des Personals jährlich wenigstens eine Million Dollar einsetzen. Im »Golden Nugget« haben sie Anspruch auf ein Apartment on the Top, mit Diener rund um die Uhr, Marmorbad und sonst allem Pipapo. Sie bekommen natürlich auch einen Platz, wenn Frank Sinatra singt.

Wer sich vom Spielen erholen will, findet in guter Auto- und Busreichweite gute Adressen in New Jersey. Etwa am

Cape May, das nach seinem holländischen Entdecker genannte spätere Seebad mit den typisch britischen Häusern der Kolonialzeit an der Südspitze von New Jersey (80 km). Oder man schaut den Glasbläsern der Traditionsfirma Wheaton in Millville zu. Im Smithville-Inn, einem gediegenen Eßlokal aus dem vorigen Jahrhundert am Gänseteich, erzählt eine Baltin in hartem Deutsch, wie sie hier vor 27 Jahren als Serviererin anfing und nun im Management tätig ist. Man kann auch schmunzelnd den »Heidelbeer-Champagner« im hundert Jahre alten Weingut »Renault« kosten. Den von Franzosen gegründeten Betrieb führt jetzt ein Italo-Amerikaner, der zuvor eine Provinzzeitung saniert hatte. Nun macht er in Wein und weiß, was Amerikaner mögen. Riesling? Auch gut, aber May-Wein mit ein bißchen Erdbeergeschmack oder eben der kleine Spritzer Blaubeersaft im Champaign, das macht Umsatz. Der Kunde ist King.

Das Bunny im Playboy-Hotel mit Seeblick in Atlantic City lächelt dazu, als der Manager erwähnt, im Salon privé, wo der Mindestchip 25 Dollar beträgt, werde demnächst Kunst versteigert. Im Angebot sei ein Chagall, taxiert auf 750 000 Dollar. Das ist mehr etwas für die high, high society, in der die in Philadelphia aufgewachsene Grace Kelly eine so bedeutende Rolle spielte.

Die Masse Dollars aber bringen jene Millionen Amerikaner, denen das Goldfieber immer noch in den Adern pulst, für die der schnelle »Ritt« mit dem Straßenkreuzer, Bus oder Flugzeug zur Dollar-Jagd in den neuen Betonburgen an der alten Ostküste nichts anderes, wenn auch bequemer ist, als ihren Urgroßvätern das Schürfen in kalifornischen Claims, die Jagd nach dem schnellen Geld, dem sagenhaft großen »Golden Nugget«, dessen Nachbildung im gleichnamigen Hotel in einer Vitrine zum Spielen animiert. Man meint, Charlie Chaplin müßte jeden Augenblick vorbeiwatscheln, im Goldrausch, versteht sich. *(6. 11. 83)*

Perestrojka à la carte

Langsam anzuspannen und schnell vorzufahren, liegt im Charakter dieses Volkes.

(BISMARCK NACH DREI MONATEN PETERSBURG ÜBER DIE RUSSEN)

Wie organisiert man die Erneuerung?

(LENIN: THEMA EINES HANDSCHRIFTLICHEN PROGRAMMENTWURFS, WEIHNACHTEN 1917)

Unweit des Moskauer Domizils von Tolstoi und der Nikolauskirche, in der Puschkin getraut wurde, in einem Hinterhaus am Komsomolskij-Prospekt Ecke Frunsestraße, kehren wir ein. Diese alte Vokabel wird bewußt gewählt, denn hier fragt uns keiner, mit welcher Gruppe wir kämen. Die Wirtin wartet auf Gäste. Sie bedient sie nicht im Staatsauftrag, sondern kocht und schenkt aus auf eigene Rechnung. Dies ganz legal, nicht nur geduldet, sogar mit einem staatlichen Zuschuß. Perestrojka macht's möglich, die Veränderung, an die sich so viele Hoffnungen knüpfen. Manche Moskowiter wollen aber nichts davon wissen. Es gab Drohbriefe gegen das Lokal und gegen Veröffentlichungen darüber, Beschimpfungen einer kapitalistischen Zelle auf dem Boden der revolutionären Gesellschaftsordnung. So erzählt der sowjetische Kollege, indem er Glasnost praktiziert. Die Wirtin Michailowa umgeht die Frage, berichtet zufrieden und auch stolz von Einnahmen an die 600 Rubel allein am ersten Sonntag. Eben schaut wieder eine Frau in die kleine Gaststube zu ebener Erde mit rund zwanzig Plätzen. Sie wolle erst einmal gucken. Wenn die Küche so sei wie die Einrichtung, werde sie wiederkommen.

Tatsächlich verraten die schmucklosen Buchstaben »Guria« an der Wand über der Eingangstür nicht, wie gemütlich es sich an den Tischen sitzt, wie gut man ißt und trinkt. Guria ist eine der sechs Landschaften Georgiens am Südhang des Kaukasus. Aus Georgien stammte nicht nur Stalin. Es ist auch die Heimat der Wirtin. Aus dem Ort ihrer Jugend ist ein Maler ins ferne Moskau gereist, um ihr eine Wand ganz mit grusinischen Bergen und Tälern zu schmücken. Das

Mobiliar wurde aus zweiter Hand angeboten. Da hieß es schnell zugreifen, wie das Unternehmer dann auch zu tun pflegen. Das Startkapital war vorhanden. 3000 Rubel aus der Familie. Viel Geld beim Monatseinkommen eines Ingenieurs von 250 Rubel. Er muß anders als die Angehörigen der Nomenklatura, davon leben. 1500 Rubel hat der Staat auf zwei Jahre für ein Prozent Zinsen Kredit gewährt. Schließlich gibt es seit dem 1. Mai dieses Jahres das »Gesetz über die persönlichen Erwerbsmöglichkeiten«. Als die Michailowa, früher Buchhalterin und zuletzt Dispatcherin, also organisatorisch tätig, davon hörte, hatte sie die Sache alsbald mit der Familie besprochen und den Raum für 80 Rubel im Monat gemietet. Ihre Wohnung im Geschoß darüber kostet sieben Rubel monatlich bei einer Nutzfläche von 38 Quadratmeter, die Küche nicht gerechnet. Die ersten Besucher, die es sich schmecken ließen, waren meist Moskauer aus Georgien, vielleicht auch Touristen von dort aus der Schar der angeblich täglich zwei Millionen Besucher Moskaus. Die Hauptstadt hat inzwischen 9,5 Millionen Einwohner, mehr als zweimal soviel wie ganz Georgien.

An Nachfrage wird es dem ersten Privatlokal nicht fehlen. Das Gesetz erlaubt nur Familienbetriebe. Eine Putzfrau darf zusätzlich beschäftigt werden. So bedient die 21jährige Tochter, Mutter zweier Kinder und Abendstudentin für Bauwesen. Der Mann der Wirtin ist Ingenieur der Holzversorgung und den halben Monat auf Dienstreise. Jetzt ist er zu Hause, schaut kurz herein. Schürze und weiße Mütze zeigen, wo er sich nützlich macht. Die Michailowa ist schon lange Moskowiterin. Aber sie reist gern zum Bruder nach Georgien. Ob es sie irgendwann wieder dorthin zöge? Ihr Gesicht wird für einen Augenblick ernst: »Wo die Eltern begraben sind, dahin soll man zurückkehren.«

Die Urzelle menschlichen Miteinanders, die Familie, spielt auch oder gerade in der sozialistischen Ordnung einer Weltmacht mit vielen Völkern und weiten Räumen, Landschaften, Straßen und Plätzen eine erkennbar stabilisierende Rolle. Die kleinen Mädchen mit den zwei Schleifen in den

Zöpfen, die Jungen, deren Hosen nie Fransen haben, und Kinderhände haltende Eltern fallen selbst im Massenstrom der U-Bahn-Stationen auf. Freilich sind dort Ellbogen nützlich. Einer der bedeutendsten sowjetischen Autoren, Wassily Aksjonow, schreibt in einer von »Merian« in dessen Moskau-Heft veröffentlichten köstlichen Erzählung, die Moskowiter wirkten in katastrophalen Situationen ganz sympathisch. »In normalen Zeiten dagegen sieht man in den Bussen und in der Metro fast nur saure Gesichter.« Er ist Russe aus Kasan, wo der entscheidende Sieg über die Tataren erfochten wurde. Er muß es wissen.

Freilich sind Beobachtungen in Berliner Verkehrsmitteln kaum erfreulicher. Ganz subjektive Eindrücke und buchstäbliche »Erfahrungen« in je drei Tagen Moskau und Leningrad und dem Nachtschnellzug dazwischen führen aber zu dem Schluß: Bei flüchtigen Begegnungen in den Millionenstädten erscheinen einem die Einheimischen eher grob. Auch neigen sie dazu, im Zweifel oder vorsorglich erst einmal »Njet« zu sagen. Kommt man näher zusammen, merkt man im Sinne der eingangs zitierten Erkenntnis Bismarcks, daß die Russen »langsam anspannen, aber dann schnell vorfahren«. Übrigens auch sehr schnell fahren. 60 km/st sind für Kraftfahrzeuge in der Stadt erlaubt. Zwanzig darüber (wie bei uns) ist die Regel und der Zebrastreifen eine Risikozone. Irgendwie klappt es aber immer, obwohl es zunächst nicht so aussieht.

Beispiel der Transportversuch vom Hotel aus in Leningrad. Die Dispatcherin für Taxis hat eine Stunde Mittagspause, wovon erst fünf Minuten vergangen sind. Der Portier sagt auf die Frage nach einem Taxi: »Manchmal kommt eins vorbei.« Während wir noch unschlüssig draußen stehen, tippt uns ein Mann auf die Schulter und deutet auf einen Kleintransporter. Der Portier hat ihn offenbar ohne Aufhebens für uns angeheuert. Nein, Wichtigtun ist nicht ihre Art. Übrigens nennt der gute Mann nach der Ankunft als Mindestpreis für die Fahrt das Doppelte dessen, was das Staatstaxi auf der Herfahrt gekostet hatte.

Er unterstellt zu Recht, daß zwei Besucher aus dem kapitalistischen Ausland für eine solche kalkulatorische Berücksichtigung des Verhältnisses von intensiver Nachfrage und knappem Angebot Verständnis hätten. Inzwischen verkehren auch offiziell Privattaxis. Nur eines anzuhalten, ist schwierig, da viele der großen Durchfahrtstraßen Halteverbot haben.

Außer dem von uns besuchten, seit gut 14 Tagen geöffneten Privatlokal gibt es nach Darstellung eines sowjetischen Kollegen inzwischen in Moskau noch ein weiteres. Insgesamt seien bisher 25 Familienbetriebe, die irgend etwas anbieten, zugelassen, Kioske oder Friseure beispielsweise. Die Diskussion halte freilich an. Denn anders als etwa in der DDR werde die staatliche Sanktionierung auch eines äußerst bescheidenen privaten Geschäftsbetriebes eben als grundsätzliche Änderung verstanden. Perestrojka.

Dabei ist Fürst Potemkin, einer der Favoriten der großen, »preußischen« Katharina II., auch in fast siebzig Jahren Sozialismus nicht untergegangen. Es gilt, die Fassade zu wahren. Am Ankunftsabend sollte später noch im alten, bequemen, wohnlichen Hotel »National« mit Blick auf den Kreml der Hunger gestillt werden. Am besten wohl in dem Salon, in dem ausdrücklich nur mit Valuta oder einer der üblichen Kreditkarten gezahlt werden kann. Der amtliche Kurs für den Rubel ist knapp drei DM. Auf der Straße werden flüsternd 150 Rubel für 100 DM angeboten. Was gibt's denn zu essen? Der Ober überreicht eine opulente Speisekarte. Nun geschieht, was sich ständig, ob an der Moskwa oder an der Newa, als unumstößliches Ritual wiederholte. Man wählt, beim erstenmal sorgfältig, später wissend und das Spiel nur mitmachend, aus dem reichhaltigen Angebot. Dann bekommt man gesagt, daß es das nicht gibt, das auch nicht. Nein, das auch nicht. Suppen überhaupt nicht. Nitschewo. Bei anderer Gelegenheit in Leningrad blieb uns nur die Wahl zwischen Schaschlik und Kaviar. Beides vorzüglich. Aber warum sagt man nicht gleich, was Sache ist? Wäre das schon zuviel Glasnost? Es handelt sich um eine von Mitteleuropäern erst zu erlernende Form einer harmlosen Abart des russischen Rouletts. Es könnte ja sein, der Gast trifft ausgerechnet beim ersten oder vielleicht zweiten oder dritten Versuch das, was es wirklich gibt. Warum den Kitzel nehmen, der den Appetit nur würzt? Man kann aber auch an ein reichhaltiges Buffet mit Selbstbedienung kommen. Eine freundliche Frau nimmt einem sogar kopfschüttelnd den Tee wieder weg, weil man ihn am Samowar zu sehr verdünnt habe, und hilft, ihn richtig zu bereiten. Das ist mehr Mütterchen Rußland als Fastfood. Einen Wodka gibt es keinesfalls vor 14 Uhr, auf die Sekunde. Der einzig erkennbare Betrunkene, den wir sahen, war ein Ausländer. Das Übertreten des zeitlichen Bedienungsverbots kostet nach Bekundung eines Bayern, der es im Ural erlebt haben wollte, 100 Rubel Strafe. Den Gast? Nein, den Kellner. Das wäre mehr als die Hälfte seines regulären Monatseinkommens.

Was dagegen in Moskau, insbesondere vor dem Hochhaus des Hotels »Intourist« unweit des Kremls, am Wochenende auffiel, war die offene, obgleich in der Sowjetunion noch mit Strafe bedrohte, Prostitution unter den Augen der allgegenwärtigen Miliz. Nach dem Aussehen der Frauen dieses ältesten Gewerbes zu urteilen, handelt es sich jedenfalls nicht um Anschaffen für Drogenkonsum, sondern schlicht persönlichen Nebenerwerb in Devisen. Die unverhüllte Prostitution wurmt den sowjetischen Kollegen. Sie sei absolut nicht mit der Rolle der Frau in der sozialistischen Gesellschaft zu vereinbaren. Bis vor zehn Jahren hätte es so etwas auch nicht gegeben.

Die Trennung zwischen inländischer Währung und Valuta, die auch auf russisch als »harte Währung« bezeichnet wird, ist nicht so strikt wie in der DDR. So wird dem Gast in Hotels beispielsweise für Stadtrundfahrten die Wahl der Währung anheimgestellt, wenngleich hinzugefügt, man zöge Devisen vor. Auch hier verbindet sich wie etwa bei der Grenzkontrolle auf den Flughäfen Stichprobenstrenge mit einer gewissen Großzügigkeit. Auf keinem Flughafen der Welt habe ich allerdings meinen Trauring auf ausdrücklichen, zunächst unverstandenen Fingerzeig als eingeführten Wertgegenstand abgeben müssen, was durch das Lächeln des Zöllners ein wenig entschärft wurde. Sehr gründlich ist stets die Kontrolle der Papiere mit der aus der DDR bekannten Sichtverdeckung der Prozedur.

Auch als Einzelreisender steht man beim jeweiligen Intouristbüro, ob am Flughafen oder Bahnhof, namentlich in einer handgeschriebenen Kladde. Der Fahrer wartet dann schon. Man bildet sich auch nichts darauf ein, wenn es funktioniert. Blickt man morgens aus dem Zug verschlafen auf Holzhäuser und Nebel über sumpfige Brachflächen und denkt, eine Erfrischung wäre jetzt recht, bringt der Schaffner unaufgefordert ein Glas Tee. So karg wie diese Dörfler in ihren Katen an ungepflasterten Wegen und die Städter in engen Wohnungen und klafterbreiten Straßen mit scheppernden Lastwagen, teils geflickten Pkw neben den schwarzen schweren Limousinen der Oberschicht möchte unsereiner nicht leben. Einen Briefkasten mit der Aufschrift, zwischen acht und 18 Uhr würde geleert, ließen wir Schwarz-Schilling nicht durchgehen. Ein Fahrrad habe ich in drei Tagen Moskauer Innenstadt nicht erspäht, in Leningrad dreieinhalb, darunter eins für ein offensichtlich privilegiertes Kind. Hunde kann oder will der Moskowiter sich offenbar nicht leisten, der Leningrader schon eher. Hingegen habe ich noch nie so viele Uniformen und Aktenkoffer gesehen. Der Eindruck, daß die meisten Offiziere es bis zum Oberst bringen, wird sowjetischerseits, allerdings nur inoffiziell, mit dem Witz bestätigt: Wissen Sie, warum die Oberstleutnante nicht auch Schafsfellmützen tragen wie die Obersten? Weil es mehr Oberste gibt als Schafe.

Was an alledem ist russisch, was sozialistisch? Wo ist Perestrojka zu spüren? Von allem etwas. Nicht alles aber ist zu haben. Auch nicht für den Ausländer. Eine ältere Frau in Leningrad, die uns soeben noch freundlich begrüßt hat, verläßt die mit uns geteilte Parkbank und sucht eine andere auf, als sie Deutsch sprechen hört. Es dürfte kaum ältere Leningrader geben, in deren Familien nicht zumindest eines der fast 660 000 Opfer der 900tägigen deutschen Belagerung zu beklagen wäre. Wie gut verstehen wir solche Distanz, die sicherlich kein Ausdruck von Fremdenfeindlichkeit an sich ist. Auf die Frage nach dem Verhältnis zu den Deutschen erzählt der russische Kollege, er ist um die Vierzig, er habe als Kind noch Partisan und Faschist gespielt. Natürlich wollte keiner der Faschist sein. Es mußte ausgezählt werden. Sein Sohn hat das nicht mehr gespielt. Deutsch werde in den Schulen wieder mehr gelernt, nach Englisch. Französisch, die Sprache der europäischen Oberschicht von Petersburg und Moskau bis Berlin in den Jahren Katharinas und auch noch zur Zeit des Berliner Kongresses, findet weit weniger Interesse. Dabei mögen die Russen die Franzosen besonders, sagt er, weil sie zu leben verstünden.

Der Russe lebt in seiner Geschichte, deren Beschwörung dem Volk bei der Abwehr des Angreifers im Zweiten Weltkrieg geholfen hat. Die Besucherströme im Leningrader Russischen Museum bestätigen das populäre Verhältnis zur Kultur von den Ikonen des 12. Jahrhunderts bis zu Kolossalgemälden wie »Die Saporoger Kosaken schreiben dem türkischen Sultan einen Brief« von Repin. Vor dem Ausgang hängt tatsächlich, mehr schlecht als recht am Fenster im Rücken des Besuchers, der dem Rundgangpfeil folgt, ein Kandinsky von 1919. Hier scheint die Perestrojka noch anzuspannen, beim Vorfahren in ein unbefangenes Denken gegenüber einem großen, aber unbequemen Sohn der Mutter Rußland zu zögern. Ein junges Mädchen steht davor und kann sich von dem Filigran der Konturen der »Composition 218« nicht trennen, kehrt noch einmal zu einem Blick auf den Wegbereiter moderner Kunst zurück.

Ein Unikum der politischen Art bringt die Suche nach Stalin im Moskauer Lenin-Museum. Schließlich war er damals dabei. Die Präsentation der Dokumente verrät eine nahezu religiöse Verehrung bis hin zu dem kirchenähnlichen großen Buntglasporträt des Begründers der Sowjetherrschaft. Und der später gefürchtete Kampfgefährte? Tatsächlich, ein einziges Mal blickt Stalin in 28 Sälen aus einem Gruppenbild der siegreichen Anführer der Bolschewiki.

Hat die sowjetische Darstellungsart, die Sprache etwas von dem, was der emigrierte Schriftsteller Wladimir Woinowitsch in einem jüngst veröffentlichten Brief ihr nachsagt? Ihre Beherrschung verschaffe »die Fähigkeit, das Eine zu denken, ein Zweites darunter zu verstehen, etwas Drittes zu sagen und ein Viertes (das Wichtigste) herauszulassen.« Versuche von Mächtigen, sich um eine unangenehme Antwort zu drücken, sind keine sowjetische Spezialität, obwohl deren besondere sozialistische Form in einer Routinepressekonferenz des Sprechers des Außenministeriums, Gerassimow, in einleitenden Ausführungen anklang. Doch auf Fragen nach Insassen von psychiatrischen Anstalten räumte Adamischin, einer der stellvertretenden Außenminister, ein, damit habe man Probleme. Die Anstalten unterstünden indes nun nur noch dem Gesundheitsministerum. Unsere jeweils gut eineinhalbstündigen Gespräche mit Generalmajor Lebedew und dem führeren Botschafter in der Bundesrepublik und Chef der Presseagentur »Nowosti«, Falin, ließen die Bereitschaft zu offenen Antworten im Ansatz erkennen. Ein General, der die wirtschaftlichen Probleme der Sowjetunion in Zusammenhang mit den Abrüstungsbemühungen bringt, denkt offensichtlich weiter als manche Militärs sonst. Und eine Antwort auf die deutsche Frage wird im Sinne Gorbatschows zwar auf nicht absehbare Zeit verschoben, aber jedenfalls nicht ausgeschlossen. Eine Formulierung Falins, West-Berlin sei eine »große Messe des Möglichen« in der nun einmal gegebenen geographischen Situation, ist jedenfalls sehr zitierfähig. Wasser und frische Luft würden zumindest für unsere Kinder ohnehin bald wichtiger sein als alles andere. Die dadurch provozierte Frage, ob das nicht im Widerspruch zum Ausbau der Kernkraft in der Sowjetunion stehe, beantwortet Falin mit der von den Sowjets bisher so nicht gehörten These, die Nutzung der Kernkraft sei eine Übergangslösung.

Im Alltag hat die Perestrojka noch einen Weg mit vielen Schlaglöchern vor sich, wie sie auch auf den riesigen Durchfahrtsstraßen nicht selten sind. Fußgänger müssen mit unvermittelt zehn Zentimeter unter Niveau liegenden Kanalisationsdeckeln rechnen. Die Rückbenennung einer Straße, die einen Namen zur Würdigung des U-Bahn-Baus bekommen hatte und nun wieder so heißt wie zur Zarenzeit, führt zu öffentlichem Streit. Das wäre auch bei uns so, hat in Moskau aber eine grundsätzliche politische Note. Immerhin, so hören wir, sei schon in den fünfziger Jahren der Abriß einer der bekannten Kirchen zwecks gerader Führung eines Prospekts an Bürgerprotesten gescheitert. Unter den Initiativen gäbe es aber auch solche, die reaktionäre Ziele historisch verbrämten. Die sieben Hochhäuser der Stalinära im Zuckerbäckerstil, darunter auch die Lomonossow-Universität und das Außenministerium, werden von vielen Moskauern als Fremdkörper angesehen. Übrigens brachte es der Milizwächter vor der Uni nicht über sich oder über seine Vorschrift, einem ausgewiesenen sowjetischen Journalisten mit zwei deutschen Besuchern eine kurze Besichtigung des Universitätsgebäudes zu erlauben. Auch die sonst vielfach bewährte Methode, nicht nachzugeben und irgendwann mit Zähigkeit erfolgreich zu bleiben, verfing hier nicht. Die Aufforderung: »Man raucht nicht auf dem Roten Platz« wäre bei uns sicher frostiger formuliert. Die deutsche Erklärung auf die Frage, warum das Rauchen dort verboten sei: weil das auf allen Flugplätzen so sei, wird als Witz lachend akzeptiert. Für fatalistische Ironie hat man Sinn, wie es der bereits zitierte Schriftsteller Aksjonow formuliert: Es sei eines der in der Bevölkerung verbreiteten Wirtschaftsgeheimnisse, daß ein gebrauchtes Auto teurer sei als ein neues.

Perestrojka sprengt nicht die Dämme der sozialistischen Ordnung, sie erleichtert aber nach den Eindrücken einer solchen Reise in die beiden russischen Hauptstädte Begegnungen der offeneren Art. Sie gibt erste Antworten auf Lenins neu zu stellende Frage, wie man die Erneuerung organisiere.

(30.8.87)

Zu guter Letzt:
Zwei schwache Viertelstündchen

Österreicher und Deutsche unterscheiden sich vor allem durch ihre gemeinsame Sprache. So sagt ein Bonmot. Ein ehemaliger Berliner, der jetzt in Darmstadt lebt, weiß noch mehr.

Im vorigen Herbst besuchte er das Schloß Schönbrunn. Erst eine Viertelstunde vor Toresschluß war er auf eine Ausstellung historischer Prunkwagen und Gespanne gestoßen und hatte gefragt, ob er sie denn noch kurz besichtigen könne. Der Wiener Zerberus sagte: »Ja freilich, schaun's nur herein. Sind aber nur noch gut zehn Minuten. Denn länger offenhalten können wir leider nicht.«

Ähnliches unternahm er im April 1982 bei einem Besuch in der alten Heimatstadt, wo ihm die Zeit für die Pferde von San Marco knapp geworden war. Aber sehen wollte er sie unbedingt noch, obgleich er nach einigen Umwegen erst zwanzig Minuten vor der plakatierten Schlußzeit in der Stresemannstraße eintraf.

Er wurde abgewiesen. Einlaß sei nur bis halb sechs, auch wenn als Öffnungszeit bis 18 Uhr angegeben ist. Jetzt werde schon die Kasse abgerechnet. Müßte dann nicht auch auf dem Plakat stehen, wie lange eingelassen wird?

Darüber will die Verwaltung im Gropiusbau aufgrund unserer Nachfrage nachdenken. Im übrigen entschuldige man sich bei dem Gast, denn das Problem hätte trotz Kassenschlusses gelöst werden müssen.

Der verhinderte Bewunderer der Pferde aus Venedig ist freilich längst wieder in Darmstadt. Womöglich bleibt ihm die Erinnerung an den Unterschied zwischen österreichischer Pünktlichkeit und preußischem Charme. *(29.4.82)*

Printed in Germany
Satz: Mercator Druckerei GmbH Berlin
Druck: Graphische Werkstätten Berlin GmbH
Bindung: Verlagsbuchbinderei Dieter Mikolai, Berlin
ISBN 3-87024-166-7